Wohin treibt unsere Republik?

DER AUTOR:

Rainer Zitelmann, geb. 1957 in Frankfurt am Main, studierte Geschichte und Politikwissenschaft. 1984/85 Promotionsstipendium des Evangelischen Studienwerks Villigst. 1986 Promotion zum Dr. phil. bei Prof. Dr. Dr. K. O. Frh. von Aretin. 1987 bis 1992 Wissenschaftlicher Assistent an der FU Berlin. 1992/93 Cheflektor des Ullstein-Verlages. Seit 1994 Ressortleiter Zeitgeschichte der Tageszeitung *Die Welt*. *Buchveröffentlichungen:* Hitler. Selbstverständnis eines Revolutionärs, Stuttgart 1991[3]; Adolf Hitler. Eine politische Biographie. Göttingen-Zürich 1990[3]; Die braune Elite. 22 biographische Skizzen (hrsg. mit R. Smelser), Darmstadt 1993[3]; Die braune Elite II. 21 weitere biographische Skizzen (hrsg. mit R. Smelser und E. Syring), Darmstadt 1993; Demokraten für Deutschland, Frankfurt/M.–Berlin 1993; Die Schatten der Vergangenheit. Impulse zur Historisierung des Nationalsozialismus, Frankfurt/M.–Berlin 1990 (hrsg. mit U. Backes und E. Jesse); Nationalsozialismus und Modernisierung, Darmstadt 1994[2] (hrsg. mit M. Prinz); Westbindung. Chancen und Risiken für Deutschland, Frankfurt/M.–Berlin 1993 (hrsg. mit K. Weißmann und M. Großheim); Für Deutschland. Die Männer des 20. Juli, Frankfurt/M.–Berlin 1994 (hrsg. mit K. v. Klemperer und E. Syring).

Rainer Zitelmann

Wohin treibt unsere Republik?

Ullstein

Ullstein Report
Ullstein Buch Nr. 36641
im Verlag Ullstein GmbH,
Frankfurt/M – Berlin

Originalausgabe

© 1994 by Verlag Ullstein GmbH,
Frankfurt/M – Berlin
Alle Rechte vorbehalten
Umschlagentwurf:
Volkmar Schwengle
Herstellung: Dieter Funk
Gesamtherstellung:
Ebner Ulm
Printed in Germany 1995
ISBN 3 548 36641 4

Gedruckt auf alterungsbeständigem
Papier mit chlorfrei
gebleichtem Zellstoff

1. Auflage Februar 1995
2., erweiterte Auflage März 1995

Die Deutsche Bibliothek – CIP-Einheitsaufnahme

Zitelmann, Rainer:
Wohin treibt unsere Republik? / Rainer Zitelmann. –
Orig.-Ausg., 2., erw. Aufl. – Frankfurt/M. ;
Berlin : Ullstein, 1995
(Ullstein-Buch ; Nr. 36641 : Ullstein-Report)
ISBN 3-548-36641-4
NE: GT

Inhalt

Vorwort

»Wir haben gesiegt« – dies war die Stimmung vieler Konservativer angesichts des Zusammenbruchs des Sozialismus und der Wiedervereinigung Deutschlands. Dem Jubel folgte der Katzenjammer – bei den Rechten. Und dem Katzenjammer folgte eine Phase neuer Hoffnung – bei den Linken. Der deutschen Linken gelang es, nach einer historischen Schrecksekunde ein Rollback zu inszenieren und die schon verloren geglaubte geistig-politische Hegemonie zurückzuerobern. Zwar konnte Helmut Kohl 1994 noch einmal die Wahlen gewinnen, aber der Koalitionspartner FDP ist erheblich geschwächt und die parlamentarische Mehrheit geschrumpft, während jede der drei Linksparteien hinzugewonnen hat. Die Annäherung zwischen Sozialdemokraten und der linksextremistischen PDS erfolgte in einem Tempo, das nur wenige politische Beobachter für möglich gehalten hätten.

Jetzt brachen wieder längerfristige Entwicklungen durch, die sich seit 1968 in Westdeutschland vollzogen hatten. So ist beispielsweise die rasche Annäherung zwischen PDS und SPD nicht ohne die Analyse jenes Prozesses der »Erosion der Abgrenzung« (Wolfgang Rudzio) zu verstehen, der in den siebziger und achtziger Jahren das Verhältnis von Sozialdemokratie und Kommunismus in Deutschland verändert hatte. Die Linksverschiebung des Meinungsklimas in der Bundesrepublik ist empirisch nachzuweisen, wie die auf Umfragen des Allensbacher Instituts basierende Grafik (vgl. S. 8) belegt. Dabei ist die Veränderung der öffentlichen Meinung sogar noch das schwächste Indiz für die seit 1968 erfolgte »Linksverschiebung des Spektrums« (Jürgen Habermas)[1]: Während etwa 30 Prozent der Bundesbürger ihren politischen Standort rechts von der Mitte definieren, bezeichnen sich nur etwa 15 Prozent der Journalisten als »konservativ«, »christdemokratisch« oder »rechtsliberal«. Und während sich etwa ein Drittel der Bundesbürger als linksstehend einstuft, versteht sich mehr als die Hälfte der Journalisten als »linksliberal«, »sozialdemokratisch«, »grün-alternativ« oder »sozialistisch«.[2]

Die politische Einstellung der Journalisten findet ihren Niederschlag in der Berichterstattung. Eine Analyse des Projektes *Medien-Monitor*, das mit dem Instrumentarium der quantitativen Inhaltsanalyse die Haltung führender deutscher Medien zu politischen Sachverhalten un-

DAS MEINUNGSKLIMA IN DEUTSCHLAND (WEST) VERSCHIEBT SICH NACH LINKS

Einstufung des eigenen politischen Standorts zwischen 0=ausgeprägt links und 100=ausgeprägt rechts.

Vergleich 1978 - 1994
März 1978 ●——————●
August 1994 ▬▬▬

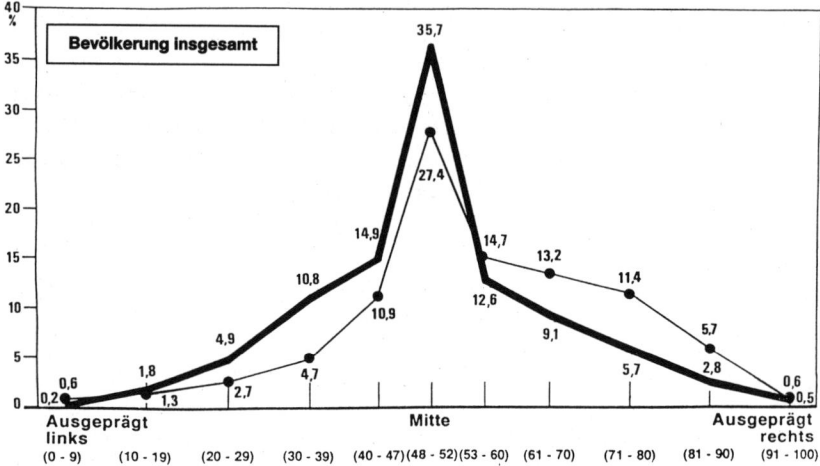

Quelle: Allensbacher Archiv, IfD-Umfragen 3054 und 6000

DAS MEINUNGSKLIMA IN DEUTSCHLAND (WEST) VERSCHIEBT SICH NACH LINKS

Einstufung des eigenen politischen Standorts zwischen 0=ausgeprägt links und 100=ausgeprägt rechts.

Vergleich 1978 - 1994
März 1978 ●——————●
August 1994 ▬▬▬

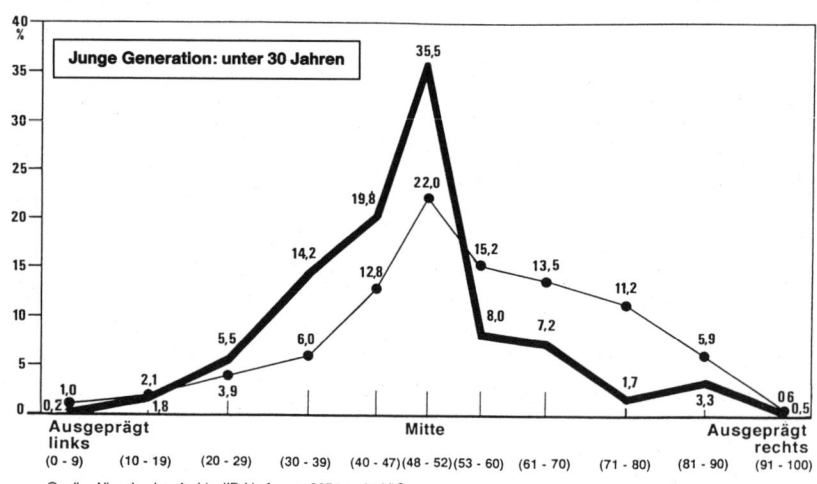

Quelle: Allensbacher Archiv, IfD-Umfragen 3054 und 6000

tersucht, kam beispielsweise für den Zeitraum vom 19. Oktober bis 4. November 1994 zu folgendem Befund: In den untersuchten Medien fanden sich 295 positive Aussagen zur SPD, 227 zur CDU/CSU, 217 zur PDS, 125 zu Bündnis 90/Die Grünen, 115 zur FDP und 2 zu den Republikanern. Und im Zeitraum vom 6. bis zum 18. Oktober 1994 brachten die Medien etwa gleich viele positive Aussagen zu den Politikern Helmut Kohl (97), Klaus Kinkel (94) und Gregor Gysi (95) – Rudolf Scharping kam hingegen nur auf 73 positive Aussagen.[3] Ralf Georg Reuth stellt im Magazin *Focus* zu Recht fest:»Es hat demnach mit dem Zustand der politischen Klasse und ihrer Medien zu tun, wenn so rasch nach dem Niedergang der Diktatur-Partei SED der Wortführer der neuen SED, der PDS, zum Medienstar avanciert.«[4] Die ständige Beschwörung eines »Rechtsrucks« in der Bundesrepublik ist demgegenüber – Arnulf Baring hat dies auf den Punkt gebracht – »eine Erfindung linker Publizisten« und zeugt von einer extrem verzerrten Wirklichkeitswahrnehmung.[5]

Die Linksverschiebung vollzog sich unabhängig von dem 1982 erfolgten Regierungswechsel. Die linksstehende Publizistin Cora Stephan konstatiert:»Tatsächlich war die ›geistig-moralische Wende‹, die Helmut Kohl 1982 versprochen hatte, weitgehend ausgeblieben, kam es keineswegs zu einem auf der Linken gefürchteten ›großen Aufräumen‹, zu einer konservativen Hegemonie der Gesellschaft. Im Gegenteil: eine eher linksliberale Öffentlichkeit überprüfte die neuen politischen Machtverwalter ständig auf konservative Ambitionen, die, wagten sie sich einmal hervor, von ›der Gesellschaft‹ geübt gekontert wurden. . . Die 80er Jahre erwiesen sich nachgerade als Habermassches Diskursparadies, waren geprägt von einer über die Medien vermittelten Selbstthematisierung der Deutschen in Vergangenheit und Gegenwart.«[6]

Die Verschiebung des Koordinatensystems unserer Republik geht auf die Kulturrevolution von 1968 zurück, die wiederum durch Entwicklungen im intellektuellen Bereich, wie die Herausbildung der »Frankfurter Schule« und die Renaissance des Marxismus, vorbereitet wurde. Zwar konnten die 68er ihre Utopien nicht realisieren, aber sie haben in vielen gesellschaftlichen Bereichen geradezu revolutionäre Veränderungen bewirkt. Heute sind sie auf dem Höhepunkt ihrer Macht. Dies gilt insbesondere für den Medienbereich, die evangelische Kirche, die Kulturszene, die Universitäten und andere Bildungseinrichtungen. Aber auch die politischen Parteien sind durch diese Generation geprägt – und zwar nicht nur die Grünen und die SPD; der Einfluß reicht bis in die Reihen der Union.

Als die 68er in Westdeutschland scheinbar am Ende waren, weil die linken Utopien an Überzeugungskraft verloren hatten und durch den Zusammenbruch des Kommunismus und die Wiederkehr des nationalen Gedankens seit 1989 der Prozeß der Entlegitimierung ihrer Macht beschleunigt wurde, erhielten sie Verstärkung durch Hunderttausende kommunistische Kader, Agitprop-geschulte Journalisten und sozialistische »Kulturschaffende« aus der ehemaligen DDR. Hemmungen, sich mit diesen Kräften zu verbünden, wurden – insofern es sie überhaupt gab – rasch überwunden. Deutschland driftet – nicht, wie Friedbert Pflüger 1994 meinte[7], nach rechts, sondern entschieden nach links.

Wiedervereinigung bedeutet *auch*: die Vereinigung des westdeutschen, von 1968 geprägten linksliberalen Establishments mit Teilen der herrschenden Klasse der ehemaligen DDR. Und es sollte auch nicht verdrängt werden, daß das Bewußtsein der ehemaligen DDR-Bürger durch 40 Jahre sozialistischer Indoktrination geprägt ist, zumal dies offenkundig auch Auswirkungen auf das gesamtdeutsche Meinungsklima hat. Der Befund der demoskopischen Erhebungen von Elisabeth Noelle-Neumann ist beunruhigend: »Im materiellen Sinne gleichen sich in unerhörter Geschwindigkeit die Ostdeutschen an die Westdeutschen an, während im geistigen Sinne eine Angleichung der Westdeutschen an die Ostdeutschen stattfindet!«[8]

Sind also jene, die vor 1989 die Ewigkeit der Zweistaatlichkeit beschworen und den real existierenden Sozialismus beschönigt haben, die Gewinner der Wiedervereinigung, und jene, die an dem Gedanken der Einheit entgegen dem Zeitgeist festhielten, die Verlierer? Ist der Marsch in eine andere Republik, vor der Bundeskanzler Helmut Kohl 1994 nachdrücklich gewarnt hat, nicht mehr aufzuhalten? Werden wir zur Jahrtausendwende – oder vielleicht schon früher – in einer von der »Linksunion« (Arnulf Baring) aus SPD, Grünen und PDS regierten rot-grünen Republik leben?

Die Entwicklungen, von denen dieses Buch handelt, erzeugen Widerstand und Gegenbewegungen. Ein Beleg dafür ist der *Berliner Appell*, der im Herbst 1994 von 150 prominenten Politikern, Wissenschaftlern, Schriftstellern, Bürgerrechtlern und Journalisten unterschrieben wurde.[9] Unter der Überschrift »Wehret den Anfängen!« wurde vor der Einbeziehung der PDS in den politischen Entscheidungsprozeß gewarnt und wurden die Tendenzen zur Verdrängung der kommunistischen Vergangenheit kritisiert. Zugleich wurde darauf hingewiesen, daß konservative Intellektuelle, Politiker und Journalisten zunehmend ausgegrenzt und in die Nähe des Rechtsextremismus gerückt werden. Die Unterzeichner setzten sich ein »für eine Rückkehr zum antitotalitären Konsens« und »gegen Bestrebungen, die freiheitlich-demokratische Grundordnung durch eine ›antifaschistisch-demokratische‹ Ordnung zu ersetzen«. Zusammen mit meinen Freunden Ulrich Schacht, Heimo Schwilk, Michael Wolffsohn und Jürgen Braun gehörte ich zu den Initiatoren. Die gleiche Sorge, die uns zu dieser Initiative bewegte, veranlaßte mich dazu, dieses Buch zu schreiben.

»Wohin treibt unsere Republik?« – Der Historiker wie der Beobachter des politischen Geschehens vermag darauf keine sichere Antwort zu geben. Zum Glück sind geschichtliche Entwicklungen nicht determiniert, sondern prinzipiell offen. Nur im nachhinein glauben Historiker, sie wüßten genau, warum es so und nicht anders kommen mußte. Was der Historiker jedoch aus der Rückschau zu leisten vermag, ist nur die Analyse von bestimmten Entwicklungstendenzen, die als Ursachen geschichtlicher Veränderungen benannt werden können. Von solchen Entwicklungstendenzen handelt auch dieses Buch.

Dabei bin ich mir durchaus bewußt, daß wichtige, ja entscheidende Themen, die zur Beantwortung der Frage »Wohin treibt unsere Republik?« behandelt werden müßten, in diesem Buch ausgespart bleiben, so zum Beispiel die nach der Zukunft des Wirtschaftsstandortes Deutschland oder nach künftigen außenpolitischen Verwicklungen, Gefährdungen und Chancen. Um jedoch die auf uns zukommenden Probleme lösen zu können, bedarf es vor allem einer Änderung des geistig-politischen Klimas. Seine Analyse steht deshalb im Mittelpunkt dieser Untersuchung. Die Veränderung dieses Klimas ist überhaupt erst die Voraussetzung für einen rationalen Dialog über Sachfragen. Denn heute ist eine ruhige und sachbezogene öffentliche Debatte, beispielsweise über Fragen der inneren und der äußeren Sicherheit unserer Republik, fast unmöglich, weil man kaum noch eine Frage stellen oder einen Gedanken ansprechen kann, ohne an die von den Wächtern der »political correctness« errichteten Tabus und Denkverbote zu stoßen.

»Tabuzüchtung im Dienst der Aufklärung«, so konstatierte jüngst Martin Walser, sei das »Charakteristikum dieses Jahrzehnts«. Der »Tugendterror der political correctness« habe die »freie Rede zum halsbrecherischen Risiko« gemacht. Wer es dennoch wage, frei zu sprechen oder zu schreiben, müsse darauf gefaßt sein, daß das Gesagte »durch selektives Zitieren wieder zu einem rechtsextremen Horrortext gemacht wird«.[10] Der Tabuschleier, der sich über unsere Republik gelegt hat, ist keineswegs nur ein Problem für die intellektuelle Debatte, die zu ersticken droht. Auch die politische Diskussion über die uns bedrängenden Probleme wie etwa die Möglichkeiten einer wirksamen Verbrechensbekämpfung, den Umgang mit der Einwanderung oder auch die Klärung der außen- und sicherheitspolitischen Interessen Deutschlands wird moralisiert und ideologisiert, pragmatische

11

Lösungen werden dadurch zunehmend erschwert. Dies ist Ergebnis der geistig-politischen Linksverschiebung seit 1968. Erst wenn die Mechanismen dieser Veränderung verstehbar werden, kann sie auch aufgehalten und umgekehrt werden. Voraussetzung dafür ist jedoch eine nüchterne, historisch-politische Bestandsaufnahme. Das vorliegende Buch ist ein Versuch dazu.

Im Unterschied zu den vorangegangenen Büchern, die ich geschrieben oder herausgegeben habe, kann ich bei diesem Thema nicht den Standpunkt des distanzierten und unparteilichen Geschichtswissenschaftlers einnehmen. Die Distanz fehlt mir schon deshalb, weil das Buch zum größten Teil von politischen Entwicklungen handelt, die ich miterlebt habe. Die 70er Jahre habe ich als politisch sehr weit links stehender Schüler und Student erlebt. Die Gründe, warum ich mich von diesem linken Standpunkt zunehmend entfernt habe, sind vielfältig. Der wichtigste Grund war die bittere Erfahrung, daß die Freiheit der politischen und intellektuellen Debatte, die mir ganz besonders am Herzen liegt und die von linker Seite immer wieder vehement gegen die Konservativen eingefordert wurde, in dem Maße von der Linken beschnitten wurde, wie es ihr gelang, Machtpositionen zu besetzen und Teil des Establishments zu werden.

Ich habe Freunden und Kollegen für Kritik an dem Manuskript zu danken. Wichtig waren mir die Hinweise von Dr. Tilman Fichter (Berlin), Ansgar Graw (Berlin), Prof. Dr. Eckhard Jesse (Chemnitz), Rainer Laabs (Berlin), Dr. Klaus Rainer Röhl (Köln), Heimo Schwilk (Berlin), Dr. Enrico Syring (Gießen) und Dr. Karlheinz Weißmann (Göttingen). Für die Korrektur bedanke ich mich bei Herrn Hans-Ulrich Seebohm. Vor allem möchte ich jedoch Frau Prof. Dr. Dr. Elisabeth Noelle-Neumann herzlich danken, die mich immer wieder auf Umfragen des von ihr geleiteten Allensbacher Instituts aufmerksam gemacht hat. Ich war froh, daß sie und ihre Mitarbeiter jene Fragen gestellt hatten, auf die ich Antworten suchte. Ohne das Archivmaterial und die Jahrbücher, die Frau Noelle-Neumann mir zur Verfügung gestellt hat, wäre dieses Buch bedeutend ärmer an Belegen.

Rainer Zitelmann, Berlin im Dezember 1994

Die vorliegende 2. Auflage wurde erweitert um das Kapitel XI: »Gefahren für die geistige Freiheit«. Ich beschreibe hier im wesentlichen besorgniserregende Entwicklungen, die sich nach Fertigstellung der 1. Auflage ereignet haben.

Rainer Zitelmann, Februar 1995

I. Antitotalitarismus oder Antifaschismus?

Der antitotalitäre Konsens

Am Anfang war der Antitotalitarismus. Prägend für die ersten Jahre unserer Republik wirkte die Doppelerfahrung des nationalsozialistischen und des kommunistischen Totalitarismus. Die Männer, die die Bundesrepublik gründeten und ihre Politik in den fünfziger Jahren leiteten, waren über fast alle Bereiche der Politik unterschiedlicher Meinung: Sollte die Wirtschaftsordnung des neuen Staates nach planwirtschaftlichen oder nach marktwirtschaftlichen Prinzipien gestaltet werden? Sollte die Integration Westdeutschlands in die entstehende westliche Gemeinschaft die zentrale Aufgabe deutscher Politik sein, oder das Streben nach Wiedervereinigung? Unumstritten war nur eines: die entschiedene und kompromißlose Ablehnung jeder Art von Diktatur, ob unter rotem oder braunem Vorzeichen.

Konrad Adenauer beschreibt in seinen Memoiren diese Grundeinstellung so:»Der nationalsozialistische Staat hatte uns die Augen dafür geöffnet, welche Macht ein diktatorisch regierter Staat besaß. Ich hatte die Greueltaten des Nationalsozialismus, die Folgen einer Diktatur kennengelernt... Ich hatte von den Verbrechen gehört, die an den Juden begangen, die von Deutschen an Deutschen verübt worden waren... Vom Osten her drohte die atheistische, kommunistische Diktatur. Wir sahen am Beispiel der Sowjetunion, daß eine Linksdiktatur mindestens so gefährlich war wie eine Rechtsdiktatur.«[1]

Auch Adenauers Gegenspieler, der sozialdemokratische Oppositionsführer Kurt Schumacher, war ein ebenso entschiedener Gegner des Nationalsozialismus wie des Kommunismus. Schumacher hatte zehn Jahre seines Lebens in den Konzentrationslagern des Dritten Reiches verbracht. Aber aus dieser Erfahrung resultierte für ihn keineswegs eine Gemeinsamkeit mit den Kommunisten, die ja ebenfalls Opfer des Nationalsozialismus waren. Vielmehr bestärkte ihn seine Erfahrung mit dem Nationalsozialismus in der Ablehnung jeder totalitären, anti-freiheitlichen Ideologie. Sein Antikommunismus speiste sich jedoch – anders als bei Adenauer – zugleich auch aus einer dezidiert nationalen Haltung. Die deutschen Kommunisten sah er als Agentur des sowjetischen Imperialismus, schon deshalb bekämpfte er sie mit aller Konsequenz und lehnte jedwede Form der Zusammenarbeit mit ihnen ab.

13

Die später verpönte Gleichsetzung der kommunistischen und der nationalsozialistischen Diktatur war in den fünfziger Jahren für alle demokratischen Politiker eine Selbstverständlichkeit. Bundespräsident Theodor Heuss erklärte beispielsweise 1952 bei der Eröffnung der Woche der Brüderlichkeit, daß das »Verfahren, um einer Ideologie willen den anderen als Feind anzusehen«, noch nicht überall ausgestorben sei: »Statt Jude sagt man Bourgeois oder Burschui, und schon ist ein volkseigener Betrieb aus der Väter Arbeit geworden.«[2] Und der nationalliberale Politiker Thomas Dehler erklärte im Mai 1950: »Der Kommunismus ist der anders gefärbte Zwillingsbruder des Nationalsozialismus, er bedeutet wie dieser Zwang und Furcht... Der Kommunismus ist der Todfeind jeder Demokratie. Käme er jemals bei uns zum Einfluß, so wäre es um die staatsbürgerlichen Freiheiten getan. Ein neuer autoritärer Machtstaat würde aufgerichtet.«[3]

Später, in den sechziger Jahren, wurde es üblich, im Antikommunismus eine Vorform faschistischen Denkens zu sehen, da ja auch die Nationalsozialisten Antikommunisten waren. Man sprach von bedenklichen Kontinuitäten zwischen dem Dritten Reich und der Bundesrepublik und sah im »primitiven Antikommunismus« die ideologische Gemeinsamkeit, die beide Systeme einte. Dagegen spricht aber, daß die entschiedensten Gegner des Nationalsozialismus oft auch die entschiedensten Antikommunisten waren.

Die Beispiele von Ernst Tillich und Rainer Hildebrandt, den Gründern der antikommunistischen »Kampfgruppe gegen Unmenschlichkeit«, verdeutlichen, daß es eben auch eine Kontinuität von »Antinazismus« und »Antikommunismus« gab. Der religiöse Sozialist Ernst Tillich gehörte zur Bekennenden Kirche, wurde 1936 von der Gestapo verhaftet und verbrachte einige Jahre im KZ Oranienburg-Sachsenhausen und im Gefängnis am Alexanderplatz. Rainer Hildebrandt hatte zum Kreis um den Geopolitiker Albrecht Haushofer gehört und war im Frühjahr 1943 verhaftet worden. Nach einem Jahr Haft wurde er im Juni 1944 entlassen, jedoch nach dem Attentat vom 20. Juli 1944 erneut für sechs Wochen inhaftiert. Hildebrandt und Tillich betrachteten beide Totalitarismen – Kommunismus und Nationalsozialismus – als gleichartig. Sie zogen nach 1945 die Lehre, daß es den Anfängen jeder Diktatur zu wehren gelte. »Man hat uns vorgeworfen, wir hätten zu viel geschwiegen, wir seien nicht aufgestanden, wir hätten alles über uns ergehen lassen«, erklärte Hildebrandt im Mai 1949. Diesem auf die nationalsozialistische Vergangenheit bezogenen Vorwurf stellte er jedoch sofort die Gegenwart gegenüber: »Werden nicht täglich Menschen in der Ostzone verhaftet, weil für sie stillschweigendes Zusehen gleich viel gewesen wäre, wie wenn sie das Unrecht selbst verübt hätten? Die Männer, die Flugblätter verteilen, die Unmenschlichkeit aufdecken, dem System des NKWD nachspüren, sind alle Todeskandidaten.« Hildebrandt sprach hier von der konkreten Widerstandtätigkeit der antikommunistischen Kampfgruppe, deren Tätigkeit er in Kontinuität zum Widerstand gegen den Nationalsozialismus sah:»*Wir haben die Lehren aus der Vergangenheit gezogen!*«[4]

In einer von der»Kampfgruppe gegen Unmenschlichkeit« herausgegebenen Broschüre hieß es 1949:»Sachsenhausen und Buchenwald – diese beiden Namen empfand die Welt als gleichnishaft für die Unmenschlichkeit, Barbarei und den Sadismus des Nationalsozialismus. Und heute haben Sachsenhausen und Buchenwald wieder oder noch immer symbolhaften Klang für einen anderen, nicht weniger furchtbaren Verächter der Menschlichkeit, den sowjetischen Kommunismus. Wo früher die SS quälte und folterte, tun gleiches heute die NKWD und ihre deutschen Söldlinge.«[5]

Während es in den siebziger und achtziger Jahren in»aufgeklärten« Kreisen als»reaktionär« galt, von Menschenrechtsverletzungen und Unterdrückung in den kommunistischen Staaten zu sprechen, war die Erfahrung des roten Totalitarismus in den fünfziger Jahren allgegenwärtig. Nicht nur die Berichte über die Zustände in der Sowjetischen Besatzungszone bzw. der DDR, sondern auch der Eindruck der imperialistischen Expansionspolitik der Sowjetunion, die Ereignisse in Prag (1948), Korea (1950), Ost-Berlin (1953) und Budapest (1956) stärkten den antitotalitären Konsens auch in seiner antikommunistischen Komponente, die in späteren Jahren zunehmend negiert wurde.»Der Begriff der ›freien Welt‹, so sehr er sich als Schlagwort später verbrauchen mochte, bezeichnete damals etwas sehr Reales, und zwar in doppeltem Sinne: sowohl die Befreiung vom Joch der NS-Herrschaft wie nun auch die Verteidigung gegen eine neue diktatorische Überwältigung.«[6]

Daß der Antikommunismus in der Bundesrepublik eine konstitutive Grundlage des Staates war, wird von niemandem bestritten. Oft heißt es aber, dieser Antikommunismus, der»für alle gesellschaftlichen Gruppen typisch war«, sei mit einer Verdrängung des Nationalsozialismus einhergegangen.»Unter den Bedingungen des Kalten Krieges«, so meint etwa der Historiker Anselm Doering-Manteuffel,»gewann der Antitotalitarismus allerdings eine zwangsläufig einseitige Ausprägung, so daß die Frontstellung gegen den Kommunismus auch dahingehend wirkte, eine inhaltliche Auseinandersetzung mit dem Nationalsozialismus zu verdrängen.«[7]

In der Tat wäre es ja auch nicht völlig abwegig gewesen, hätte man sich intensiver mit der gegenwärtigen, noch nicht überwundenen Spielart des Totalitarismus auseinandergesetzt, unter der 17 Millionen

Deutsche litten, als mit jener Diktatur, die zerschlagen und besiegt worden war. Politiker wie Thomas Dehler und Kurt Schumacher warfen den westlichen Besatzungsmächten vor, über der Auseinandersetzung mit der nationalsozialistischen Vergangenheit den Kampf gegen den Kommunismus zu vernachlässigen. So kritisierte Dehler im September 1950 die Besatzungsmächte, sie hätten keine Ahnung von den Aufgaben der Gegenwart. Noch immer führten sie einen Scheinkampf gegen den Nationalsozialismus und übersähen dabei die »Fratze des Bolschewismus«.[8] Kurt Schumacher erklärte im März 1951 in einer Bundestagsrede: »Die Stärke der totalitären Position beruht weitgehend auf der Unkenntnis und der Unklarheit über das Wesen des Totalitarismus bei den westlichen Demokratien und erst recht bei großen Teilen des deutschen Volkes.«[9]

Obwohl es also nahegelegen hätte, dem Kampf gegen den noch herrschenden Totalitarismus eine gewisse Priorität vor der Auseinandersetzung mit dem bereits besiegten Totalitarismus einzuräumen, so war dem in Wirklichkeit keineswegs so. Die Ansicht, vor lauter antikommunistischem Engagement habe man in der Adenauer-Zeit die Auseinandersetzung mit dem Nationalsozialismus versäumt, ist unrichtig. Es ist das Verdienst des Historikers Manfred Kittel, in seiner Studie *Die Legende von der »Zweiten Schuld«* gezeigt zu haben, daß die These von der angeblichen Verdrängung der NS-Vergangenheit auch für den Zeitraum der fünfziger Jahre nicht aufrechtzuerhalten ist.

Die Behauptung, die Deutschen hätten sich, zumal in den fünfziger Jahren, mit der NS-Vergangenheit nicht oder nur höchst unzureichend auseinandergesetzt, keine »Trauerarbeit« geleistet und die Verbrechen des Dritten Reiches »verdrängt«, wurde so oft wiederholt, daß sie heute fast schon kanonische Geltung besitzt. Defizite bestreitet auch Kittel nicht. So weist er etwa darauf hin, daß ab 1948 auch stärker belastete ehemalige Mitglieder von Sondergerichten oder führende Justizbeamte aus der SA im Zuge der immer nachsichtiger agierenden »Entnazifizierung« als »Mitläufer« eingestuft wurden und auf ihre Wiedereinstellung pochen konnten. Darüber hinaus ist oft und zu Recht darauf hingewiesen worden, daß kein einziger Richter des Freislerschen Volksgerichtshofes für die Terrorurteile zur Rechenschaft gezogen wurde. »Dennoch hat es eine über das Personelle hinausgehende, inhaltlich-strukturelle Kontinuität der deutschen Justiz nicht gegeben, die Loyalität der Richter und Staatsanwälte zum demokratischen Staat stand – anders als in der Weimarer Republik – nie ernsthaft in Frage.«[10]

Von Anfang an gab es jedoch beispielsweise im kulturellen Bereich eine intensive Auseinandersetzung mit dem Nationalsozialismus. Carl Zuckmayers Drama *Des Teufels General* – durchzogen von der Frage nach Schuld und Sühne – avancierte 1947/48 zu einem außergewöhnlichen Theatererfolg mit 884 Aufführungen an 17 Bühnen. Romane wie der 1947 veröffentlichte *Doktor Faustus* von Thomas Mann fanden große Aufmerksamkeit, und eine Flut von zeitgeschichtlichen Darstellungen, beispielsweise über den Widerstand im Dritten Reich und den SS-Staat, spricht gegen die Ansicht, die Deutschen hätten von der NS-Vergangenheit in den fünfziger Jahren nichts hören wollen.

Im übrigen sollte nicht vergessen werden, daß die Alliierten durch ihre Maßnahmen und Anordnungen einem Wiederaufleben des Nationalsozialismus die Grundlagen entzogen hatten. Wer heute behauptet, nach 1945 sei man mit den Nationalsozialisten großzügiger verfahren als nach 1989 mit ehemaligen Kommunisten, beweist damit nur seine mangelhaften historischen Kenntnisse. Eine der ersten Maßnahmen der Alliierten war die Anordnung, die NSDAP und alle ihre Gliederungen aufzulösen, die NS-Gesetzgebung aufzuheben und die mehr als nur nominellen Nationalsozialisten aus Ämtern des öffentlichen Dienstes und jeder Position von Einfluß (auch in der Privatwirtschaft) zu entfernen. Zudem wurde ein »Automatic Arrest« über alle Nationalsozialisten in Führungspositionen verhängt – zu ihnen zählten sämtliche Amtsträger der Partei bis hinab zur Ortsgruppenebene. Entsprechend diesen Vorgaben wurden bis Dezember 1945 in der gesamten US-Zone 117 512 Personen interniert. Die Bedingungen in den Internierungslagern waren sehr hart, die Internierten mußten oft Monate und Jahre bis zum Zeitpunkt der ersten Vernehmung warten.[11] Ergänzt wurden diese Maßnahmen durch ein Programm der »Entnazifizierung« und der »reeducation«. Für all dies gab es nach 1990 keinerlei Entsprechung: Die kommunistische Partei konnte große Teile ihres Vermögens behalten und unter anderem Namen ihre Aktivitäten fortsetzen, führende Repräsentanten von Partei und Staat konnten und können in Talkshows für ihre Auffassungen werben, das politische System der Bundesrepublik attackieren und das der DDR beschönigen und verharmlosen. Die These von der Verdrängung der Vergangenheit hätte für die Bundesrepublik der neunziger Jahre eine weitaus größere Berechtigung als für die fünfziger Jahre.

Manfred Kittel ist zuzustimmen, daß die Behauptung, die Deutschen hätten sich damals einer kritischen Auseinandersetzung mit der Hitler-Zeit entzogen, in erster Linie das Produkt einer Fehlwahrnehmung von Wissenschaftlern, Publizisten und Politikern ist, die sich an die hohe Lautstärke der »Vergangenheitsbewältigung« seit den 60er Jahren so sehr gewöhnt haben, daß die etwas leiseren Töne einer durchaus geführten Erblastdiskussion in der Frühzeit der Bundesrepublik nicht mehr zu ihnen hinüberdringen.[12] Freilich war und ist diese These auch eine Waffe im politischen Kampf – ebenso wie die Vergangenheitsbewältigung selbst von Anfang an keineswegs nur von hehren moralischen Zielen geleitet wurde, sondern stets auch ein Mittel war, um den politischen Gegner in Bedrängnis zu bringen. Bis heute werden beispielsweise immer wieder die Fälle von Hans Globke und Theodor Oberländer als Beleg für die – auch personelle – Kontinuität von Drittem Reich und Bundesrepublik angeführt. Die Kampagnen gegen den Bundesvertriebenenminister Oberländer und Adenauers engen Mitarbeiter Globke wurden teilweise aus der DDR gesteuert und arbeiteten mit Vorwürfen, die einer genaueren Prüfung vielfach nicht standhielten. Ähnlich sollte es sich später mit den Kampagnen gegen den Bundespräsidenten Heinrich Lübke und gegen den baden-württembergischen Ministerpräsidenten Hans Filbinger verhalten, die mit Material des Staatssicherheitsdienstes der DDR geführt wurden und der Destabilisierung des politischen Systems der Bundesrepublik dienen sollten.

Insbesondere die politische Linke erkannte rasch, daß es für sie von erheblichem propagandistischem Nutzen war, mit dem Hinweis auf die NS-Vergangenheit von konservativen Politikern und auf die Rolle, die die Konservativen bei Hitlers Machtergreifung spielten, eine geistige Nähe zwischen Konservatismus und Nationalsozialismus zu behaupten. Häufig schwang der Vorwurf mit, man hätte in Westdeutschland gewisse »antifaschistische« Strukturreformen unterlassen und somit die tieferen Ursachen des »Faschismus« nicht beseitigt.

Auch wenn dies nicht immer ausdrücklich gesagt wurde, war damit zumindest implizit oftmals die marxistische These verbunden, daß nur eine Aufhebung des Kapitalismus bzw. des Privateigentums an Produktionsmitteln die »strukturellen« Bedingungen »faschistischer Herrschaft« liquidieren könne. »Die Rede von den Strukturreformen, die versäumt worden seien, meint – auch da, wo sie vage bleibt – im Kern genau dies.«[13] Hinter der etwas unklaren Klage der Linken über eine »Restauration« nach 1945 verbarg sich der Unmut darüber, daß die »kapitalistischen Strukturen« nicht beseitigt wurden und damit die Möglichkeit einer Wiederkehr des Faschismus in der Bundesrepublik gegeben sei. Das Gegenmodell aber wurde in der Sowjetischen Besatzungszone bzw. in der DDR verwirklicht, wo eine »antifaschistisch-demokratische Ordnung« installiert wurde.

Die antifaschistisch-demokratische Ordnung

Freilich wäre es eine Verkürzung, den Begriff der »antifaschistisch-demokratischen Ordnung« bloß als geschöntes Etikett für eine kommunistische Diktatur anzusehen. Vielmehr handelte es sich ursprünglich um eine Übergangsphase, die die »bürgerliche Revolution« vollenden sollte, um dann allerdings in eine sozialistische Revolution übergeleitet zu werden. »Die politische Aufgabe«, wurde den KPD-Kadern in Moskau vor ihrer Abreise gesagt, »bestehe nicht darin, in Deutschland den Sozialismus zu verwirklichen oder eine sozialistische Entwicklung herbeiführen zu wollen. Dies müsse im Gegenteil als schädliche Tendenz verurteilt und bekämpft werden. Deutschland stehe vor einer bürgerlich-demokratischen Umgestaltung, die ihrem Inhalt und Wesen nach eine Vollendung der bürgerlich-demokratischen Revolution von 1848 sei. Es komme darauf an, aktiv für diese Vollendung einzutreten, sich aber jeglichen sozialistischen Losungen zu widersetzen, da diese unter den gegenwärtigen Bedingungen reinste Demagogie seien; unter solchen Umständen würde die Idee des Sozialismus nur diskreditiert.«[14]

Schon Lenin hatte in seiner Schrift *Zwei Taktiken der Sozialdemokratie* (1905) die Theorie entwickelt, daß sich die »Arbeiterklasse« an die Spitze der bürgerlich-demokratischen Revolution setzen müsse, um diese später in eine sozialistische Revolution überzuleiten. In einem Aufruf des ZK der KPD vom 11. Juni 1945 hieß es folgerichtig[15], heute gehe es um die Vollendung der 1848 begonnenen bürgerlich-demokratischen Umbildung, um die »feudalen Überreste völlig zu beseitigen«. Es sei der falsche Weg, »Deutschland das Sowjetsystem aufzuzwingen«, denn dies entspräche nicht den »gegenwärtigen Entwicklungsbedingungen in Deutschland«. »Wir sind vielmehr der Auffassung, daß die entscheidenden Interessen des deutschen Volkes in der gegenwärtigen Lage für Deutschland einen anderen Weg vorschreiben, und zwar den Weg der Aufrichtung eines antifaschistischen, demokratischen Regimes, einer parlamentarisch-demokratischen Republik mit allen demokratischen Rechten und Freiheiten für das Volk.« Sogar die ungehinderte Entfaltung des freien Handels und der privaten Unternehmerinitiative auf der Grundlage des Privateigentums wurde versprochen.

Der Aufruf der KPD wirkte weniger klassenkämpferisch als jener der SPD, der auf die Verwirklichung von »Sozialismus in Wirtschaft und Gesellschaft« abzielte. Waren die Kommunisten zu demokratischen Sozialisten mutiert? Oder wollte Stalin, von dem ja nach wie vor die zentralen Direktiven für die deutschen Kommunisten kamen, gar eine »Demokratie westlichen Typs« in Deutschland verwirklichen, wie der Historiker Wilfried Loth behauptet?[16]

Die Strategie Stalins für Nachkriegsdeutschland ist weiterhin umstritten, und die Frage ist für die Jahre 1944/45 sogar noch schwieriger zu beantworten als etwa für das Jahr 1952, da trotz einiger neuer Quellenfunde in den Moskauer Archiven aussagekräftige Dokumente über Stalins Intentionen und Strategien fehlen. Man wird jedoch davon auszugehen haben, daß Stalin sein langfristiges Ziel des Sozialismus zu verbinden hatte mit der konkreten Situation und internationalen Lage 1945, wobei die militärischen, politischen und ökonomischen Interessen der Sowjetunion eine entscheidende Rolle spielten. Für die Formulierung des Programms der »antifaschistisch-demokratischen« Umgestaltung waren wohl folgende Motive maßgeblich:

»Erstens konnten sie bruchlos in die sowjetische Europastrategie eingefügt werden, ohne antikommunistischen Bedenken bei den Westalliierten Nahrung zu geben; zweitens durfte eine die parlamentarisch-demokratischen Spielregeln akzeptierende KPD auf Zuspruch in weiten Teilen der Bevölkerung hoffen, und drittens schufen die anvisierten gesellschaftlichen Strukturveränderungen eine günstige Voraussetzung für weitergesteckte Ziele der Sowjets, der Übertragung ihres Gesellschaftsmodells eventuell auf ganz Deutschland.«[17]

In der Praxis entpuppte sich die »antifaschistisch-demokratische Umgestaltung« rasch als bloßes Mittelglied zur Errichtung der kommunistischen Diktatur – was auch immer ursprünglich damit gemeint war. Zumal die deutschen Kommunisten von Anfang an nach der Devise handelten, die Walter Ulbricht im Mai 1945 ausgegeben hatte: »Es muß demokratisch aussehen, aber wir müssen alles in der Hand haben.«

Viele deutsche Kommunisten lehnten die neue antifaschistisch-demokratische Strategie zunächst ab. »Sie konnten oder wollten nicht die Strategie und Taktik ihrer Führung verstehen, erstens durch die Einbeziehung bürgerlicher Demokraten u.a. einen politischen Pluralismus aus gesamtdeutschen Motiven vorzuspiegeln, zweitens die Parteien nach und nach als Transmissionsriemen für bestimmte Bevölkerungsschichten umzufunktionieren, drittens die anfangs dort vorhandenen oppositionellen Regungen zu kanalisieren und zu zerschlagen.«[18] Enttäuscht fragten manche Kommunisten auf den Parteiversammlungen: »Warum kein Wort von Diktatur des Proletariats und Sowjetmacht in Deutschland? Was wird denn mit dem Sozialismus?«[19]

Die antifaschistisch-demokratische Umgestaltung entfaltete jedoch rasch eine solche Dynamik, daß auch die Bedenken der revolutionärsten Genossen widerlegt wurden. Am 14. Juli 1945 wurde ein Block der »Einheitsfront der antifaschistisch-demokratischen Parteien« aus

KPD, SPD, CDU und der liberalen LDPD gebildet. In der gemeinsamen Erklärung war von der Wiederherstellung des Rechtsstaates die Rede und von der »Zusammenarbeit im Kampf zur Säuberung Deutschlands von den Überresten des Hitlerismus und für den Aufbau des Landes auf antifaschistisch-demokratischer Grundlage«.[20]

Formell waren alle Parteien gleichberechtigt, aber in der Praxis verstanden es die Kommunisten, die im April 1946 mit den Sozialdemokraten zur Sozialistischen Einheitspartei Deutschlands zusammengeführt wurden, sich durchzusetzen. Unter der Parole des »Antifaschismus« und des Kampfes gegen »Kriegs- und Naziverbrecher« wurden alsbald ökonomische Umgestaltungen im sozialistischen Sinne durchgeführt, gegen die die CDU zwar noch protestieren konnte, deren Widerspruch aber wirkungslos blieb. So hieß es in einem Beschluß des Hauptvorstandes der CDU vom 5. Juni 1946 zu dem angestrebten Volksentscheid zur Übergabe von Betrieben von Kriegs- und Naziverbrechern in das Volkseigentum:

»Mit derselben Entschiedenheit, mit der die Union dieser politischen Aktion zustimmt, muß sie aber auch darauf bestehen, daß die Aktion auf die Aufgabe der Enteignung der Kriegsverbrecher und Naziaktivisten konzentriert bleibt. Es dürfen nicht unter dem Mantel und mit dem Vorwand der Aktion Maßnahmen versucht oder durchgeführt werden, die nichts mit der Bestrafung der Kriegs- und Naziverbrecher zu tun haben, sondern die hinzielen auf eine allgemeine Änderung der sozialwirtschaftlichen Struktur. Die allgemeine Zukunft unserer Wirtschaftsform ist eine Frage, die dem deutschen Volk in seiner Gesamtheit vorbehalten bleiben muß und die nicht isoliert in Teilgebieten und mit anfechtbaren Methoden geregelt werden darf. Würde man jetzt eine revolutionäre Änderung des allgemeinen Sozial- und Wirtschaftsaufbaus auch nur in einem Teil der östlichen Zone vornehmen – und darauf würde eine über die politische Strafaktion hinausgreifende Verstaatlichung aller größeren Betriebe hinauslaufen –, so würde damit ein neuer und wesentlicher Unterschied zwischen den Zonen herbeigeführt und die Kluft vergrößert.«[21]

Auch der Terror gegen Andersdenkende wurde stets mit der Parole des »Antifaschismus« und des Kampfes gegen den »Nazismus« legitimiert. Die Sowjets führten die von den Nationalsozialisten eingerichteten Lager weiter, und in ihnen kamen Tausende Menschen ums Leben. Nur ein relativ geringer Prozentsatz der Internierten hatte eine aktive nationalsozialistische Vergangenheit. Wirkliche NS-Größen gab es in den Lagern selten, da diese entweder nach Westen geflohen oder von Militärtribunalen verurteilt und in die Sowjetunion abtransportiert worden waren.

Die Perfidie, mit der die Parole des »Antifaschismus« genutzt wurde, um alle politisch Andersdenkenden auszuschalten, kommt schlaglichtartig in der Tatsache zum Ausdruck, daß sich sogar Widerstandskämpfer gegen den Nationalsozialismus unversehens in sowjetischen Lagern wiederfanden. Zu ihnen gehörten Männer des 20. Juli 1944 wie Justus Delbrück und Ulrich Freiherr von Sell, die in Jamlitz starben. Horst von Einsiedel, Angehöriger des »Kreisauer Kreises«, kam 1946 in Sachsenhausen ums Leben. Joachim Ernst Herzog von Anhalt, den die Nationalsozialisten im KZ Dachau gefangenhielten, starb 1947 im NKWD-Lager Buchenwald.

Natürlich gab es auch Zeichen des Widerstandes gegen die totalitäre Gleichschaltung. Hier ist besonders der Vorsitzende der Ost-CDU Jakob Kaiser zu nennen, der bereits aktiv im Widerstand gegen den Nationalsozialismus gestanden hatte. Jakob Kaiser, der zusammen mit Ernst Lemmer am 6. September 1947 als Vorsitzender der Ost-CDU bestätigt wurde, erklärte in Anwesenheit des sowjetischen Obersten Tulpanow: »Wir müssen und wir wollen Wellenbrecher des dogmatischen Marxismus und seiner totalitären Tendenzen sein.«[22] Nachdem sich die Konflikte zwischen Kaiser und den Kommunisten zugespitzt hatten, wurde er im Dezember 1947 von den Sowjets als CDU-Vorsitzender faktisch abgesetzt. Im Januar 1948 erklärte er: »Wir haben die Zusammenarbeit geübt bis an die Grenze des Möglichen. Bis an die Grenze des Möglichen, d.h. bis zu dem Punkt, wo ein weiterer Schritt Preisgabe der Grundsätze der Partei, der Gesetze, unter denen wir stehen, bedeutet hätte. Oder sollen wir uns verhehlen, daß die Blockpolitik, wie sie in der Zone üblich ist, stets ein gewagtes Spiel um die Grundsätze der nichtkommunistischen Parteien war und ist? Sollen wir uns verhehlen, daß die Einheitsorganisationen nichts anderes sein sollen als Hilfstruppen für die Durchsetzung des Machtanspruches der SED?«[23]

Die streitbare Demokratie

Die Entwicklung in der Sowjetischen Besatzungszone zeigt, daß der später in der Bundesrepublik verpönte Antikommunismus keineswegs ein Relikt nationalsozialistischer Indoktrination war, sondern täglich durch die konkrete Politik von Sowjetunion und SED hervorgerufen und gerechtfertigt wurde. Kritik am Antikommunismus erscheint nur insofern legitim, als sie sich gegen eine Ideologisierung der Außen- und Deutschlandpolitik wendete. Dies war der Ansatzpunkt von Publizisten wie Paul Sethe, der selbst zweifelsohne Antikommunist war, zugleich aber sah, daß die zentrale Aufgabe der Deutschen, nämlich die Überwindung der Teilung, nur mit, nicht jedoch gegen die Sowjetunion zu erzielen war. Wenn Sethe kritisierte, der Antikommunismus sei zur Ersatzreligion verkommen[24], dann war dies Ausdruck seiner Auffassung, daß die Außenpolitik in erster Linie Realpolitik sein müsse, die sich nicht primär nach ideologischen Grundsätzen ausrichten dürfe, sondern die jeweiligen Machtinteressen zu berücksichtigen, auszugleichen und – wenn möglich – in Übereinstimmung zu bringen habe. Hier lag ein Unterschied zu Adenauer, für den die Außen- und Deutschlandpolitik in viel höherem Maße ideologisch determiniert war.

Keinen Gegensatz gab es jedoch zwischen Adenauer und seinen Widersachern – also Männern wie Dehler, Kaiser, Schumacher, Heinemann oder Sethe – in der Ansicht, daß die Wiedervereinigung nur in Freiheit wünschenswert sei. Paul Sethe formulierte dies so: »Wenn die Sowjetunion darauf bestehen sollte, daß auch das erhalten bleibe, was sie die politischen Errungenschaften nennt, so wird es keine Einigung geben. Die bisher leidenschaftlichsten Anhänger der Verhandlungen werden dann diejenigen sein, die am entschiedensten ihr Nein rufen. Wenn das System der Spitzel, der willkürlichen Verhaftungen, der Unterdrückung der Parteien und der Pressefreiheit, kurz, wenn die Tyrannei in der Deutschen Demokratischen Republik bestehen bleiben sollte, wird das ganze deutsche Volk mit tiefer Trauer, aber mit unerschütterlichem Willen sein Nein aussprechen.«[25]

Dies war Konsens zwischen allen Demokraten. Nach der Doppelerfahrung mit dem nationalsozialistischen und dem kommunistischen Totalitarismus, aber auch vor dem Hintergrund des Versagens der Weimarer Republik entwickelte sich in der Bundesrepublik der fünfziger Jahre eine »streitbare Demokratie«, die sich zunächst gleichermaßen gegen linke und rechte Antidemokraten richtete. »Das Grundgesetz«, so hat Ernst Nolte formuliert, »ist in seiner Entstehung die lebendige Totalitarismustheorie.«[26]

Im Unterschied zum Wertrelativismus der Weimarer Verfassung ist das Grundgesetz Ausdruck einer Wertgebundenheit und einer Abwehrbereitschaft des Staates gegen seine Feinde. Die Abwehrbereitschaft tritt beispielsweise in Artikel 9, Abs. 2 (Vereinigungsverbote), Artikel 18 (Verwirkung der Grundrechte) und Artikel 21, Abs. 2 (Parteienverbote) deutlich hervor. Von den einzelnen Schutzbestimmungen wurde in unterschiedlichem Maße Gebrauch gemacht. Bis zum Inkrafttreten des Vereinsgesetzes im Jahre 1964 gab es mehr als 300 Vereinigungsverbote. Die Möglichkeit, Rechts- und Linksextremisten die Grundrechte zu entziehen, blieb hingegen ungenutzt, da das Bundesverfassungsgericht zwei Anfragen abschlägig beurteilte. Von Bedeutung für die »streitbare Demokratie« waren vor allem die Parteienverbote. Am 19. November 1951 stellte die Bundesregierung einen Verbotsantrag gegen die rechtsextreme Sozialistische Reichspartei (SRP), die in Bremen und Niedersachsen beachtliche Erfolge erzielt hatte. Ein Jahr später, am 23. Oktober 1952, erklärte das Bundesverfassungsgericht die SRP für verfassungswidrig. Das Gericht definierte die freiheitlich-demokratische Grundordnung als »das Gegenteil des totalen Staates«. Es handle sich um eine an die Werte Freiheit, Gleichheit und Menschenwürde gebundene rechtsstaatliche Herrschaftsordnung auf der Grundlage der Selbstbestimmung des Volkes nach dem Willen der jeweiligen Mehrheit und den Prinzipien der Freiheit und Gleichheit.

Die westdeutsche Demokratie wollte sich aber keineswegs nur gegen Rechts-, sondern auch gegen Linksextremisten abwehrbereit zeigen. Am 22. November 1951, also drei Tage nach dem Antrag gegen die SRP, reichte die Bundesregierung ihren Verbotsantrag gegen die Kommunistische Partei Deutschlands ein. Es dauerte aber fast fünf Jahre, bis das Bundesverfassungsgericht das Verbot aussprach. Die Freie Deutsche Jugend, mit etwa 70 000 Mitgliedern die größte Nebenorganisation der KPD, wurde bereits 1951 verboten.

Daß das KPD-Verbot von der extremen Linken als »undemokratisch« kritisiert wurde, versteht sich von selbst. Aber auch jene, die sich selbst »liberal« nannten, kritisierten dieses Verbot immer wieder als Zeichen von »Illiberalität« und Ausdruck eines bedenklichen »Antikommunismus«. In der Tat befindet sich die »streitbare Demokratie« in einem Zielkonflikt. Die beliebte Formel »Keine Freiheit den Feinden der Freiheit« kann kein Grundsatz für einen demokratischen Staat sein. »Diesem jakobinischen Verständnis«, so der Politikwissenschaftler Eckhard Jesse, »wohnt die Gefahr inne, daß man einer totalitären Demokratie Vorschub leistet. Auch politische Extremisten dürfen keinesfalls für rechtlos erklärt werden. Der demokratische Verfassungsstaat zeichnet sich gerade durch die Existenz von Extremisten aus, deren Lebensrecht er nicht bestreitet.« Ein entscheidender Grundsatz der streitbaren Demokratie sei hingegen, so Jesse, die Formel »Gleiche Maßstäbe bei der Begrenzung der Freiheit«. Der Staat muß also gegen rechts- und linksextremistische Bestrebungen gleichermaßen wachsam sein. »Die lediglich antifaschistische oder ausschließlich antikommunistische Interpretation ›trägt‹ daher nicht.«[27]

Linke Kräfte haben sich bemüht, dem Grundgesetz eine einseitig antifaschistische Stoßrichtung anzudichten. So erklärte der damalige Juso-Bundesvorsitzende Gerhard Schröder auf dem Bundeskongreß der SPD-Jugendorganisation Ende März 1979: »Das Grundgesetz hat einen eindeutig antifaschistischen Charakter.«[28] Die These vom »antifaschistischen Auftrag des Grundgesetzes« war auch der Kern einer die Verfassung verfälschenden Uminterpretation der kommunistischen Frontorganisation »Vereinigung der Verfolgten des Naziregimes« (VVN). Daß die »antifaschistische« Demokratie, wie sie von Gruppen wie der VVN erstrebt wird, mit der freiheitlich-demokratischen und pluralistischen Grundordnung jedoch nichts gemein hat, wird deutlich, wenn man sich genauer damit befaßt, was mit der Beseitigung der »Wurzeln« des Faschismus gemeint ist. Um erneuten Mißbrauch wirtschaftlicher Macht zugunsten von »faschistischen Bestrebungen« auszuschließen, unterstützte die VVN beispielsweise »alle Bestrebungen, die großen Konzerne und Banken gemäß Artikel 15 GG in Gemeineigentum zu überführen«.[29] Während das KPD-Verbot als Zeichen eines verwerflichen Antikommunismus gilt, wird umgekehrt das Verbot aller »faschistischen« Propaganda und Betätigung, insbesondere der SS-Veteranenverbände und -treffen, der NPD usw. gefordert. Grenzen der Freiheit in einer »demokratisch-antifaschistischen Ordnung« zieht das VVN-Präsidiumsmitglied Oppenheimer »gegenüber dem Faschismus, Militarismus und Revanchismus, gleichgültig, in welcher Verkleidung sie auftreten«, und nennt als Gegner ausdrücklich auch CDU/CSU und »Monopole«.[30] »In Umrissen«, so urteilt der Politikwissenschaftler Wolfgang Rudzio, »zeichnen sich so Legitimierungen für politische Repression nicht nur gegenüber ›Faschisten‹ ab. Gerade die legalistische Ableitung der eigenen Zielsetzungen aus Artikeln des Grundgesetzes, wie sie das VVN-Programm vornimmt, verweist Gegner und Andersdenkende aus dem Verfassungsrahmen hinaus.«[31] Die Ordnung des Grundgesetzes wird mit der Konstruktion eines »antifaschistischen« Auftrages dahingehend umgedeutet, daß die Freiheitsrechte ausschließlich für Kommunisten und andere »fortschrittliche« (also linke) Kräfte gelten, während sie der politischen Rechten verwehrt werden.

Da es sich bei der VVN um eine kommunistische Tarnorganisation handelte, strengte die Bundesregierung 1959 einen Verbotsprozeß gegen sie an. Nachdem jedoch Ost-Berlin eine kausale Beziehung zwischen dem Verbotsantrag und den Aktivitäten der VVN gegen Bundesminister Oberländer konstruiert und die SPD ein Verbot der VVN für »unzeitgemäß« erklärt hatte, überraschte das Bundesverwaltungsgericht 1962 mit dem Urteil, daß der verfassungsmäßigen Ordnung der Bundesrepublik der »Sühnegedanke« zugrunde liege. Ein VVN-Verbot sei mit den daraus resultierenden Verpflichtungen der Bundesregierung unvereinbar. Manfred Kittel hat das Scheitern dieses Bemühens um ein Verbot der VVN zu Recht als bedenkliches Zeichen für ein Umschlagen der geistig-politischen Großwetterlage Anfang der sechziger Jahre gewertet. »Der antitotalitäre Grundkonsens hatte jedenfalls abgedankt, und der alte ›Antifaschismus‹ lebte wieder auf.«[32]

Der zunächst nur langsame Prozeß der Auflösung des antitotalitären Konsenses erhielt durch die sogenannte 68er-Bewegung eine unerhörte Schubkraft. Auch wenn sich die kommunistischen Ideologien, die sich Ende der 60er Jahre zunehmender Beliebtheit erfreuten, nicht durchsetzen konnten, so erreichten die Studenten doch, daß sich der bundesdeutsche Zeitgeist nachhaltig wandelte. An die Stelle des Antitotalitarismus trat ein einseitiger Antifaschismus, und an die Stelle des Antikommunismus trat ein Anti-Antikommunismus, der schließlich auch zum neuen Glaubensbekenntnis des liberalen Bürgertums wurde. Auf die fünfziger Jahre schaute man nur noch mit einem Gefühl der Abscheu und der intellektuellen Überheblichkeit zurück. Die Ablehnung des »Totalitarismus« galt fortan als Ausdruck einer völlig unangebrachten »Gleichsetzung von rot und braun«. An die Stelle des Gegensatzes zwischen Diktatur und Demokratie, wie er für das Selbstverständnis der Zeitgenossen in den 50er Jahren wesentlich war, trat nun die These vom Grundwiderspruch zwischen »fortschrittlichen« und »reaktionären« Kräften, zwischen »sozialistischen« und »kapitalistischen« Systemen.

II. Der Bruch von 1968

Es gibt eine schwarze Legende über die deutsche Nachkriegsgeschichte, die in linksliberalen Kreisen inzwischen fast schon kanonische Geltung erlangt hat: Nach den dunklen fünfziger Jahren der Adenauer-Zeit, in denen geistige Enge, primitiver Antikommunismus und ein schuldhaftes Schweigen über die Verbrechen des Dritten Reiches das Klima bestimmten, begann die deutsche Demokratie eigentlich erst im Jahre 1968 zu leben. Ja, man kann sagen, daß die deutsche Freiheit überhaupt erst 1968 begann, denn bis 1945 befand sich Deutschland ohnehin über Jahrhunderte auf einem verhängnisvollen »Sonderweg«. Mit der Niederlage im Zweiten Weltkrieg und der Teilung, die dem deutschen Nationalstaat – von Anfang an ein Unglück – ein für allemal ein Ende bereitete, bekamen die Deutschen die Chance, »zivil« zu werden. Aber erst 1968 wurde diese Chance wirklich genutzt, alles andere war höchstens Vorgeschichte.

Als *Der Spiegel* 1988 in einer achtteiligen Serie dem Ereignis »20 Jahre 1968« gedachte, zeichnete Chefreporter Jürgen Leinemann ein düsteres Bild der deutschen Geschichte vor 1968: »Von Wilhelm Zwo bis Konrad Adenauer konnten ›die da oben‹ auf die in den deutschen Familien abgerichteten Untertanen und Untergebenen zählen. Auf dem Sofa, wo das Kissen den scharfen Knick per Handkantenschlag verpaßt kriegte, wurde eingeübt, für zwei Weltkriege und ein Wirtschaftswunder, was das deutsche Wesen so über alles unvergleichlich gemacht hat in der Welt: Pflichterfüllung, Gehorsam, Ordnung und Unterordnung, Treue, Fleiß, Bescheidenheit, Disziplin, Enthaltsamkeit – das ›ganze verdammte innere Preußentum‹, wie der Soziologe Helmut Klages es komprimiert.«[1] Die Herrschenden der Adenauer-Zeit waren »Verschwörer des Schweigens über die Nazizeit«, »wer nicht kuschte, sollte doch ›nach drüben‹ gehen, in die ›Ostzone‹«, Ruhe und Ordnung waren »oberstes Gebot«, und »wer nicht spurte, fing sich Prügel ein«.[2] Doch dann, dann kam das erlösende Jahr 1 der deutschen Demokratie, das Jahr 1968: »Die neue deutsche Demokratie, den Geschlagenen des Zweiten Weltkrieges von den Siegern aufgezwungen, von den ersten politisch Verantwortlichen in Richtung auf einen autoritären Verwaltungsstaat verkrüppelt, wurde von der Generation derer, die in ihr aufwuchsen, rabiat mit Leben erfüllt. Der ›freiheitlichste und demokratischste Staat der deutschen Geschichte‹ wird seither nicht mehr nur von oben in Reden gefeiert, sondern auch – immer aufs neue – von unten im Alltag eingefordert.«[3]

Die Leistung der Nachkriegsgeneration in den fünfziger Jahren, nämlich der Aufbau einer freiheitlichen Demokratie und einer sozialen Marktwirtschaft, wurde von der nachfolgenden Generation geringgeschätzt. Die nach den Erfahrungen des Nationalsozialismus verbreitete Skepsis gegenüber utopischen Großentwürfen einer »besseren Welt« wurde als Ausdruck von oberflächlichem Materialismus und Konsumdenken »kritisch hinterfragt«. Besonders in intellektuellen Kreisen war es nun Mode, die demokratische Ordnung als »Formaldemokratie« verächtlich zu machen und die Freiheit als »sogenannte Freiheit« zu denunzieren. »Aber im Grunde«, so konstatiert Karl Dietrich Bracher, »sollte es um die nachzuholende Revolution einer ›Volldemokratisierung‹ von Staat *und* Gesellschaft gehen: um den alten utopischen Traum von der Totaldemokratie, von einer ›inhaltlichen‹ statt bloß ›formalen‹ Basisdemokratie, um im Jargon von 1968 zu sprechen. Dies sei nach 1945 angeblich möglich gewesen, doch durch die ›Restauration des Kapitalismus‹ in der Konfrontation des Kalten Krieges und mit der Bindung des Denkens an das ›antikommunistische‹ Totalitarismuskonzept verhindert worden. Antifaschistisch statt antitotalitär sollte die neue Ordnung sein, so lautete nun wieder die politische Tendenzformel, die freilich die historisch-politische Wirklichkeit um 1945 bis 1950 tendenziös verkannte.«[4]

1968, da sind sich heute Vertreter aller politischen Lager einig, war ein Schicksalsjahr für die Bundesrepublik, das die Entwicklung bis heute nachdrücklich prägte. »1968«, so konstatierte zwanzig Jahre später der linke Politikwissenschaftler Claus Leggewie, »ist im Laufe der Zeit ›traditionsfähig‹ geworden, insofern bestimmte seinerzeit noch extrem minoritäre Konzepte ›neuen Lebens‹ und ›neuer Politik‹ sich im Resonanzraum eines generalisierten Wertewandels verallgemeinert haben.«[5] Die Gesellschaft habe heute zahlreiche »antiautoritäre Impulse der Revolte angenommen«, und die »autoritäre Persönlichkeit« sei als Sozialcharakter eindeutig zurückgetreten. Utopien der hedonistischen Linken seien »teilverwirklicht« worden, so daß man von der »Absorption minoritärer ›Pilotprojekte‹ – vermittelt durch relevante Minderheiten – in die Mehrheitskultur und einer deutlichen Neuzentrierung des *common sense* sprechen kann«.[6] Jürgen Habermas diagnostizierte einen »von der Kultur-Revolte damals angestoßenen Prozeß der Fundamentalliberalisierung«.[7]

Zu einem ähnlichen Befund, freilich unter umgekehrtem Vorzeichen, gelangt der konservative Philosoph Günter Rohrmoser: »Die

Lage unserer Kultur ist heute nicht mehr geprägt durch die geistigen Väter unserer Verfassung, sondern durch die der Kulturrevolution von 1968... Dies war eine der tiefgreifendsten Veränderungen, die in der deutschen Geschichte überhaupt stattgefunden haben. Diese Kulturrevolution hat vermutlich tiefer in das Selbstverständnis der Deutschen eingegriffen, als es vermutlich der nationalsozialistischen Kulturrevolution gelungen ist.«[8]

Sowohl unter Apologeten als auch unter Kritikern der 68er wurde gleichwohl immer wieder darüber diskutiert, ob die Revolte mit einem Sieg oder mit einer Niederlage geendet habe. Die Antwort darauf ist im Grunde genommen einfach. Mißt man die 68er-Revolte an ihren utopischen Zielen wie z.B. der Errichtung einer revolutionären Rätedemokratie, dann ist sie gescheitert. Mißt man ihren Erfolg an den faktischen Wirkungen, die sie auf die bundesdeutsche Gesellschaft hatte und hat, dann war sie eine Revolution von radikaler Durchschlagskraft und Veränderungspotenz. Die Frage, was die 68er eigentlich wollten, ist freilich nicht einfach zu beantworten, weil es keine einheitliche Ideologie gab, auf die die Rebellen eingeschworen waren. Die Apologeten der 68er sprechen heute – in Anlehnung an die Wendung von den »Ideen von 1789« oder auch an die »Ideen von 1914« – von den »Ideen von 1968«.[9] Waren diese Ideen wirklich originell und originär?

Bernd Rabehl, einer der Führer der Revolte, resümierte schon 1973 skeptisch: »Kaum akzeptiert und zusammengeströmt zur außerparlamentarischen Opposition, gingen sie daran, ihre Legitimität in der Vergangenheit zu suchen. Sie behandelten Geschichte wie eine riesige Torte, von der sich jeder nach Geschmack und Appetit ein Stück abschneiden konnte. Der eine schlürfte genüßlich die Sahne des Anarchismus, während der andere stöhnend am Brocken des Leninismus sich die Zähne ausbiß... In dem Maß, wie die Revolteure beschlossen, Politiker zu werden, in dem Maße wühlten sie unverdrossen in der Geschichte, zauberten Analogien, Sprüche und Gleichnisse hervor, die ihre höchst bedeutsame Existenz unterstreichen sollten. Die Entfernung zu den eigenen und erst recht zu den Interessen der Arbeiter vergrößerte sich, je proletarischer sie ihr Kostüm ausstaffierten. Ihr ›Marxismus‹ verkam zu einer dürftigen Kopie uralter Elitevorstellungen.«[10] Entlarvend ist auch das selbstkritische Eingeständnis eines anderen Wortführers der Revolte. Daniel Cohn-Bendit räumt heute selbstkritisch ein: »Utopien aber hatten wir gar nicht, sondern olle Kamellen aus der Geschichte der Arbeiterbewegung, die als Ersatzutopie fungierten.«[11]

Von den linksliberalen Schönrednern der 68er wird gerade dies heute verdrängt: die Dominanz marxistischer Ideologien in der 68er

Bewegung. Dabei ist schon ein Blick in das Inhaltsverzeichnis der Aufsatzsammlung von Hans-Jürgen Krahl, den der *Spiegel* zu Recht als »Chefideologen« und »Kopf« der APO bezeichnete, aufschlußreich.[12] Die Kapitelüberschriften lauten etwa: »Zur Wesenslogik der Marxschen Warenanalyse«, »Notizen zu Lenin: Was tun?«, »Zu Marx: Klassenkämpfe in Frankreich«, »Zu Lenin: Staat und Revolution«, »Zu Lenin: Der ›linke‹ Radikalismus, die Kinderkrankheit des Kommunismus« usw. Obwohl in der Sprache weniger leninistisch als eher dem Jargon der »Frankfurter Schule« ähnlich, verkündet Krahl im Kern nichts anderes als die Avantgardetheorie, wie sie von Lenin einst in seinem klassischen Werk *Was tun?* entfaltet wurde: »Das bedeutet – und das ist auch die Rolle, die wir im SDS als Intellektuelle in der Aktualisierung des Klassenkampfes zu übernehmen haben –, daß wir im praktischen Kampf die Theorie entfalten müssen, die für das Proletariat, seine Sprach- und Bewußtseinswelt die Herrschaft hier im Spätkapitalismus verständlich macht, die so unendlich manipulativ und integrativ überdeckt ist, sie entschleiert und aufdeckt: daß es unsere Funktion ist, als politische Intellektuelle unser Wissen in den Dienst des Klassenkampfes zu stellen.«[13]

Freilich, die Sowjetunion und die DDR waren nur für wenige ein Vorbild. Zwar gab es, wie Cohn-Bendit heute kritisch bemerkt, bei vielen eine »klammheimliche Sympathie für die DDR im Gegensatz zum bösen westlichen Kapitalismus«, und sicher waren auch viele der Meinung, die DDR sei, »wenngleich stark reformbedürftig, der bessere, weil im Grundsatz sozialistische deutsche Nachfolgestaat des ›Dritten Reiches‹«.[14] Aber Vorbilder waren die Sowjetunion und die DDR für die Studenten gewiß nicht. Dafür waren diese Länder einfach zu nahe – sie eigneten sich nicht als Folien zur Projektion der revolutionären Phantasien. Die irrealen Utopien der 68er waren weitaus vielversprechender als die allzu sichtbare Tristesse des real existierenden Sozialismus. Aber die Kritik an der Sowjetunion und ihren Satelliten entzündete sich keineswegs an der dort herrschenden Diktatur. Die »Diktatur des Proletariats« wollte man ja auch, aber der Sowjetunion und ihren Satellitenstaaten warf man Verbürgerlichung vor. Hans-Jürgen Krahl dazu: »Ihre Identifikation mit den Befreiungsbewegungen der Dritten Welt, dem Kampf des Vietcong und dem sozialistischen Modell Kuba, erlaubte der Studentenbewegung, die imperialistische Unterdrückung der ›freien‹ Welt‹ zu lokalisieren und sich zugleich von der längst verbürgerlichten, von jedem revolutionären Anspruch verlassenen Realpolitik der Sowjetunion zu distanzieren. Der Kampf der Guerilleros dort lehrte die revoltierenden Studenten hier eine politische Moral der Kompromißlosigkeit, deren Verkörperung nicht zuletzt Che Guevara darstellte.«[15]

Vorbild war insbesondere das China Mao Tse-tungs, um den – ebenso wie um Che Guevara oder Ho Tschi Minh – ein regelrechter Personenkult inszeniert wurde. Bei einer Umfrage im Juli 1967 erklärte jeder fünfte Student, er bewundere »die Leistungen der Kulturrevolution und die Leistungen Mao Tse-tungs«. Allerdings – dies wird oft vergessen: 68 Prozent sahen das anders.[16] Und immerhin ein Drittel der Studenten erklärte im Juli 1967, ihnen stehe die CDU/CSU am nächsten.[17] 58 Prozent sprachen sich für die Notstandsgesetze aus, und drei Viertel der Studenten erklärten gar: »Wir brauchen eine Bundeswehr.«[18] Wenn man von »den Studenten« spricht, muß man immer im Auge behalten, daß es wohl tatsächlich eine Minderheit war, die sich allerdings besonders lautstark zu Worte meldete. So ist charakteristisch, daß sich bei der Umfrage im Juli 1967 nur vier Prozent der Studenten zum linken, marxistischen Flügel des SDS um Dutschke und Lefèvre bekannten, aber 30 Prozent der Meinung waren, diese Gruppe sei an der Universität am einflußreichsten.[19]

Es ist diese Minderheit, die nach der heute gültigen, linksliberalen Sprachregelung als die »kritische« Generation bezeichnet wird, obgleich gerade diese Kräfte meist außerordentlich unkritisch waren. Man lehnte zwar die schwachen bürgerlichen Autoritäten ab, war jedoch gleichzeitig bereit, sich bedingungs- und kritiklos starken Autoritäten unterzuordnen. Man stritt für eine »kritische Wissenschaft«, meinte aber im Kern die unkritische Übernahme der Lehrsätze des Marxismus oder der Theorien der »Frankfurter Schule«.

Selbst die vermeintlich »undogmatischen« Ansätze, die versuchten, Marxismus und Psychoanalyse miteinander zu verbinden, waren alles andere als neu oder originell. Das 1970 aufgelegte Fischer-Taschenbuch »Marxismus – Psychoanalyse – Sexpol« enthielt ausschließlich Aufsätze aus den Jahren 1926 bis 1937. Es ist auch eine Legende, die Studentenbewegung habe etwas Neues zu der »Aufarbeitung des Faschismus« beigetragen. Eines der damals neu aufgelegten Standardwerke der 68er zur Faschismus-Erklärung, nämlich Wilhelm Reichs *Die Massenpsychologie des Faschismus*, erschien erstmals im Jahre 1933. Wo man nicht psychoanalytisch argumentierte, da bediente man sich der alten kommunistischen Faschismustheorie aus den dreißiger Jahren, nach der der Faschismus eine Herrschaftsform des Finanzkapitals sei, auf die es in Krisenzeiten zurückgreife, um die revolutionäre Arbeiterbewegung zu unterdrücken.

Wer behauptet, die Studentenbewegung habe nach dem vermeintlichen »Schweigen« der Elterngeneration erstmals »kritisch« die »Vergangenheit« aufgearbeitet, betreibt Geschichtsklitterung. Die Anklagehaltung gegenüber der älteren Generation war einfach eine durchschlagende Waffe im politischen Kampf gegen das »Establishment«. Schließlich handelte es sich bei den 68ern um die erste Generation, die aufgrund der »Gnade der späten Geburt« nicht in die nationalsozialistische Diktatur verwickelt sein konnte. Um so leichter war es, die Elterngeneration im Ton der erbarmungslosen Anklagehaltung wegen ihrer Unterstützung oder doch Duldung des »Faschismus« an den Pranger zu stellen. Meist ging es gar nicht darum, von den Eltern wirklich zu erfahren, *warum* sie »mitgemacht« hatten und wie es *wirklich* war. Die Studenten wußten dies ja alles, dank des Studiums der Bücher von Wilhelm Reich und anderen, viel besser als ihre Eltern, die ohnehin ein durch und durch »falsches Bewußtsein« hatten.

Es gab einen »modisch gewordenen nachträglichen Antinazismus«, der dem Publizisten Sebastian Haffner bereits »1960 oder 1961« ziemlich »auf die Nerven zu gehen anfing«: »Wenn ich mir die linken Studenten und jungen Literaten ansehe, die sich heute so massenhaft und bereitwillig über die Sünden ihrer Väter entrüsten (ohne eine Ahnung von den Konflikten und Versuchungen, in die auch anständige Leute damals geraten konnten), dann fühle ich mich unwillkürlich an meine eigenen Altersgenossen erinnert, die jungen Leute von vor dreißig Jahren, die damals, voll ähnlich leichterregter Entrüstung, scharenweise in die SA gingen. Dieselben unkritischen jungen Gesichter, dieselbe naive Unbescheidenheit und Überheblichkeit, dieselbe Bereitschaft, sich als Weltenrichter aufzuspielen; vor allem dieselbe etwas subalterne Unfähigkeit, das Böse auch dann zu bemerken, wenn es sich auf der eigenen Seite und in der eigenen Sache einschleicht... Das Schreckliche an dem Linksdrall der gegenwärtigen politischen Mode, genau wie an dem Rechtsdrall, der eine Generation zuvor herrschte, ist, daß er mit gänzlich unbewußter Automatik funktioniert, ohne daß die Leute auch nur merken, daß sie eigentlich alles ungeprüft voraussetzen, wie inkonsequent sie oft sind und wie sehr sie gewohnheitsmäßig mit zweierlei Maß messen.«[20]

Die linksliberale 68er-Legende behauptet, ein Hauptmotiv der Studentenbewegung sei das »kritische« Fragen nach den Ursachen von Auschwitz gewesen. So verteidigt Claus Leggewie noch heute die Studentenbewegung: Die »wachgehaltene Erinnerung an Auschwitz, aber auch an den Zusammenhang von Nationalsozialismus und kapitalistischer Krise«[21] wertet der Politikwissenschaftler als Verdienste der 68er. Allein: Für Auschwitz und den Massenmord an den Juden interessierte sich Axel Springer, der Hauptfeind der 68er, mit Sicherheit mehr als diese. Da die marxistische politökonomische Faschismustheorie mit Auschwitz, also mit der Tatsache der massenhaften, fabrikmäßigen Ermordung von Menschen, nichts anfangen kann und da die linksextremen Studenten eher »antizionistisch« waren und mehr Sympathien für die PLO als für die Juden hegten, spielte der Holocaust keineswegs jene zentrale Rolle im Denken der »kritischen Generation«, wie im nachhinein behauptet. Vieles von dem, was heute über entsprechende »Verdienste« der 68er geschrieben wird, ist eher die Projektion der »Betroffenheits-Experten« der 80er Jahre denn genuines Anliegen der Revolutionäre von 1968.

Man interessierte sich ohnehin weniger für den historischen Nationalsozialismus als für den aktuellen »Faschismus«, d.h. für die »faschistoiden« Tendenzen, Strukturen, Denkweisen usw., die man überall in der demokratischen Bundesrepublik zu entdecken glaubte und nur dort nicht suchte, wo man am ehesten hätte fündig werden können: bei sich selbst. Deshalb wurde der von Jürgen Habermas erhobene Vorwurf des »linken Faschismus« mit solcher Entrüstung und Vehemenz zurückgewiesen, ohne einen Augenblick darüber nachzudenken, inwiefern die darin enthaltene Kritik berechtigt sein könnte. 1968 bildete sich eine Argumentationstypologie aus, die bis heute bestimmend ist, ja, die die intellektuelle und politische Debatte zunehmend dominiert: Wer nicht links ist, ist Nazi, ist Faschist.

Axel Springer – der Hauptfeind

Der Hauptfeind für die 68er war Axel Springer. Er wurde rasch zur Symbolfigur für all das, was die Studenten ablehnten. Ihn als »Faschisten« zu bezeichnen war so offensichtlich absurd, daß die politische Instrumentalisierung des Faschismus-Vorwurfs an diesem Beispiel besonders deutlich wird. Es gab keinen Verleger, der einer kritischen Auseinandersetzung mit der nationalsozialistischen Vergangenheit und der praktischen Aussöhnung mit den Juden so viel Bedeutung beimaß wie Axel Springer. Diese Anliegen ließ er sogar in den »vier Grundsätzen« festschreiben, die bis heute jeder Journalist der Axel Springer Verlag AG unterschreiben muß.

Axel Springer war ein vehementer Verteidiger des antitotalitären Konsenses, dessen Liquidierung aber ein zentrales Anliegen der neomarxistischen Studentenbewegung war. Die Äquidistanz zum roten und braunen Totalitarismus gehörte zu seinen Grundprinzipien. In zahlreichen Reden verdeutlichte er über Jahre hinweg seine Position: »17 Millionen Landsleute leben praktisch in Sklaverei unter einem System, das sich vom Nationalsozialismus nur durch Namen und Couleur unterscheidet. Und wenn wir eins gelernt haben sollten aus der jüngeren Geschichte, dann das, daß man Minderheiten, besonders des eigenen Volkes, nicht im Stich lassen darf.«[22] In einer anderen Rede sagte er: »Aber man kann nicht Hitlers Gewaltpolitik verdammen und die Gewaltpolitik der Sowjets heute segnen. Man kann nicht die braune Unfreiheit hassen und bekämpfen, die rote aber herbeireden und lieben oder verharmlosen. Unrechtssystem bleibt Unrechtssystem, gleichgültig unter welchen Farben.«[23] Es ist falsch zu behaupten, Springers Antitotalitarismus sei auf dem rechten Auge blind und faktisch nur ein Antikommunismus gewesen. Springer betonte, die Bekämpfung des Rechtsextremismus sei »ganz besonders eine Aufgabe für Konservative. Denn der Nationalsozialismus hatte die Begriffe usurpiert, mißbraucht und schließlich mißformt, die das Rüstzeug jedes Konservativen bilden: Nation, Tradition, Glaube und Ehre.«[24]

Springer hatte sein Verlagshaus bewußt in Berlin errichtet, um seine Solidarität mit der deutschen Hauptstadt und seinen Glauben an die Möglichkeit der Überwindung der Teilung zu dokumentieren. Die Grundsteinlegung für das Druck- und Verlagshaus an der Kochstraße erfolgte am 25. Mai 1959, zwei Tage vor Ablauf des sowjetischen Ultimatums, in dem Chruschtschow die Westmächte aufforderte, sich aus Berlin zurückzuziehen. Natürlich war der Verleger den Machthabern in Ost-Berlin stets ein Dorn im Auge. Am 21. April 1966 hatte Walter Ulbricht anläßlich des 20. Jahrestages der SED-Gründung öffentlich zu Maßnahmen gegen Springer aufgerufen: »Von besonderer Bedeutung ist, die Zeitungskonzerne wie den Springer-Konzern und andere unter Kontrolle zu nehmen und damit der Hetze des Kalten Krieges und der Kriegshetze einen Riegel vorzuschieben... Es ist notwendig, die Macht der Herren solcher Meinungsmonopole wie des Springer-Konzerns zu beseitigen. Solange der Springer-Konzern und ähnliche Meinungsfabriken herrschen, kann von Freiheit der Meinungsbildung keine Rede sein.«[25]

Auf Springer hatte sich bald die gesamte extreme Linke sowie die linksliberale Presse eingeschossen. Christian Semler, einstmals SDS-Führer, später Chef der maoistischen KPD/AO und heute einer der Köpfe der *taz,* erinnerte sich im April 1988: »Seltsame Bundesgenossen trafen sich zu diesem so lobenswerten Unterfangen [der Enteignung Springers]: die Eigentümer des *Spiegel* und des *Stern,* die eine Chance witterten, ihren Marktanteil zu erhöhen, kritische Schreiber, die schon lange ihr Herz an eine linke Tageszeitung gehängt hatten und jetzt von der ersteren Gruppe Finanzhilfe erwarteten, DKPler (damals noch nicht legalisiert), die hofften, ihrer Idee von der ›antimonopolistischen Demokratie‹ ein Lebenslicht einblasen zu können, aufrechte Liberale, denen der Sinn nach Entflechtung und Dekartellisierung stand, die antiautoritäre Linke, für die der Angriff auf die Springerpresse gleichbedeutend mit dem Versuch war, das Netz der Manipulation zu zerreißen, das die Menschen von der Erkenntnis ihrer wahren Bedürfnisse abhielt, und schließlich, aber nicht letztens alle, die einfach mal aus dem Gefängnis der Frustration ausbrechen wollten.«[26]

Im November kam es zu einem Schlagabtausch zwischen dem *Stern* und Axel Springer. Der Vorwurf, Springer betreibe einen militanten Antikommunismus und heize die Stimmung gegen die DDR an, spielte dabei eine zentrale Rolle. Auf dem Höhepunkt der Anti-Springer-Stimmung bei den protestierenden Studenten veröffentlichte die Illustrierte eine reichlich bebilderte 16seitige »Axel-Springer-Story« aus der Feder von Manfred Bissinger, dem heutigen Chef der Wochenzeitung *Die Woche*. Die Wut gegen den Verleger steigerte sich, weil dieser trotz der scharfen Angriffe unbeirrt an seinem Kurs festhielt. In einer persönlichen Erklärung an seine Redakteure, die teilweise auch in seinen Zeitungen veröffentlicht wurde, sprach er von »Meinungsterror« und einer Kampagne, die gegen ihn geführt wurde. »Ich jedenfalls bin froh darüber, daß Springer-Zeitungen in vielen Fragen anderer Meinung sind als ›Stern‹ und ›Spiegel‹. Im Interesse dieser Meinungsvielfalt habe ich die Journalisten meines Hauses gebeten, auf die gegen mich gezielte und aus Konkurrenzgründen verstärkte Kampagne keine Rücksicht zu nehmen. Sie sollten fortfahren, in eigener Verantwortung unabhängige, überparteiliche Zeitungen zu machen.«[27]

Die Anti-Springer-Kampagne hatte indes Wirkung gezeigt. Für eine »Enteignung« des Springer-Konzerns sprach sich bei einer Umfrage im Juli 1967 jeder vierte Student aus, ein weiteres Viertel stimmte dieser Forderung zumindest »teilweise« zu. Die andere – schweigende – Hälfte der Studentenschaft lehnte diese Forderung jedoch ab.[28] Der eigentliche Startschuß zu der Kampagne »Enteignet Springer!« wurde auf der 22. Delegiertenkonferenz des SDS im September 1967 gegeben, auf der folgender Beschluß gefällt wurde:

»1. Der SDS wird gemeinsam mit allen Kräften der anti-autoritären und anti-kapitalistischen Opposition eine lang andauernde Kampagne zur Entlarvung und Zerschlagung des Springer-Konzerns führen;

2. Diese Kampagne . . . wird den realdemokratischen Widerstand gegen das Manipulationswesen organisieren;

3. Im Rahmen dieser Kampagne des SDS in den Zentren des Springer-Konzerns in West-Berlin und der BRD eine koordinierte Aktion zur Durchbrechung der Manipulation und demonstrativen Verhinderung der Auslieferung unternehmen.«[29]

Mehr als 100 Schriftsteller, darunter Günter Grass, Siegfried Lenz und Heinrich Böll, unterzeichneten eine Erklärung, wonach sie fortan in keiner Zeitung oder Zeitschrift des Springer-Verlages mitarbeiten wollten, und forderten ihre Verleger auf, für ihre Bücher nicht mehr in Springer-Zeitungen zu inserieren. Namhafte Buchverlage wie Hanser, Luchterhand, Rowohlt und Suhrkamp schlossen sich an.

Nach dem Anschlag auf Rudi Dutschke am 11. April 1968 steigerte sich die Anti-Springer-Kampagne zur Hysterie. Das Verlagshaus in der Kochstraße wurde belagert und gewaltsam angegriffen. Der Haß der Studenten kam in der gereimten Brutalität ihrer Parolen zum Ausdruck: »Haut dem Springer auf die Finger«, »Springer-Presse, halt die Fresse«, »Ri-ra-ro, Springer ist k.o.«, »Haut dem Springer auf die Flossen, sonst wirst morgen Du erschossen«, »Killt Bild« usw.[30]

Springer war auch deshalb zum Hauptfeind der 68er geworden, weil er sich anders verhielt als die meisten Bürgerlichen und »Liberalkonservativen«. Das Bürgertum reagierte auf die Unruhen mit Verunsicherung. Bald meldeten sich verstärkt jene zu Wort, die »Verständnis« für die »jungen Leute« äußerten. Man erklärte nun, daß an den einzelnen Forderungen der Revolte doch sehr viel Gutes sei. Die »Fragen«, die »die Studenten« stellten, seien doch zweifelsohne interessant, die Kritik sei wichtig und auch notwendig, wenngleich natürlich überzogen und in den Mitteln zu verurteilen usw. usf. Es begann bald jener Prozeß, der bis heute dazu führen sollte, daß die Linke ihre Machtpositionen stetig ausweitete und die Konservativen immer mehr zurückgedrängt wurden.

Das Bürgertum begann, vor dem Ansturm der Linken zurückzuweichen, predigte Appeasement. Man hoffte, dadurch die radikale Linke zu beschwichtigen – in Wirklichkeit ermunterte und stärkte man sie. Axel Springer lehnte diesen Kurs des Appeasement ab. Offensiv bekannte er sich zum Antikommunismus, kritisierte die Illusionen der Entspannungspolitik und verteidigte die Ordnung der sozialen Marktwirtschaft. Dabei war seine Haltung gegenüber der bestehenden Gesellschaftsordnung keineswegs unkritisch. Er sah, daß der Egalitarismus, der so charakteristisch für die totalitären Diktaturen des 20. Jahrhunderts ist, bereits in der Aufklärung angelegt war und auch die bürgerliche Gesellschaft zersetzte.

»Das Unglück der modernen Zeit«, so erklärte er 1976 in einer Rede, »begann, als die Französische Revolution dem Ideal der Freiheit das der Gleichheit, im Sinne von totaler Egalité, zur Seite stellte und die Sozialisten aller Schattierungen diesen Generalirrtum übernommen haben. Nicht mehr jedem das Seine, sondern jedem das gleiche. Aber Freiheit und Gleichheit können nicht gleichwertig zusammenstehen. Natürlich muß es Gleichheit vor dem Gesetz geben. Aber die Theorie von der Gleichheit aller Menschen ist das Todesurteil für echte Freiheit.«[31]

Indem Springer solche Einsichten den sozialistischen Utopien der Linken entgegenstellte, wurde er zur Symbolfigur der »Reaktion«. Doch die Mehrheit der Bürgerlichen verhielt sich anders. Zunächst unterschätzte man die 68er, hielt alles für einen ausgemachten Unfug, den man nicht weiter ernst nehmen mußte. Andere Bürgerliche reagierten verschreckt und ängstlich. Der Sturm von 1968 sitzt vielen von ihnen bis heute tief in den Knochen, hat sie verunsichert und ist zum bleibenden Trauma geworden. Vor allem aber hatte das sogenannte Establishment geistig den linken Theorien nichts entgegenzusetzen. Wie feiner Staub, der mit hohem Druck durch alle Ritzen und undichten Stellen der Gesellschaft gepreßt wird, hat sich die Ideologie der 68er heute in allen Bereichen der Gesellschaft festgesetzt.

Nachwirkungen der Revolte bis heute

Zwar fielen die Bastionen der bürgerlichen Gesellschaft nicht im ersten Ansturm, aber um so wirkungsvoller wurden sie von innen genommen, im »Marsch durch die Institutionen« erobert. Man darf sich diesen »Marsch« freilich nicht im Sinne einer zentral geplanten Verschwörung vorstellen. Vielmehr ist es so, daß sich die von den »Ideen von 1968« geprägten Menschen in den wichtigsten Institutionen unserer Gesellschaft wiederfinden und diese in ihrer Substanz verändern. Dies trifft insbesondere für Medien, Universitäten, Schulen, Kirchen und Parteien zu. Knut Nevermann, 1967 Asta-Vorsitzender der Freien Universität Berlin und laut Umfrage damals der beliebteste Studentenführer (vor Dutschke, Teufel und anderen)[32], heute Staatsrat in der Hamburger Kulturbehörde, formulierte es in einem *Zeit*-Beitrag zum 25jährigen Jubiläum der Revolte so: »Irgendwie kennt man sich, auch wenn man nicht an derselben Hochschule studiert hat. Man beobachtet, wer wo in welcher Institution, bei welchem Gericht oder Verband, in welcher Partei sitzt. Natürlich: nicht alle Fünfzigjährigen sind 68er; aber ein bißchen hat 68 auf alle gewirkt. Noch immer schreckt man zurück, wenn ›unser‹ Staat mal wieder etwas falsch gemacht hat, der Politik- und Parteiverdrossenheit Nahrung gab, obrigkeitlich zuschlug oder was auch immer. Noch immer möchte man sich neben sich stellen und sagen: Das war der Staatsapparat, das Establishment. Aber es hilft alles nichts: Wir sind stärker mit dem Staat verflochten, als unser kritisch gebliebenes Bewußtsein eingestehen will. Wir sind weithin die Träger des Staates – staatstragende 68er.«[33]

Geblieben ist eine Reserve gegenüber dem Staat und seinen Institutionen, soweit man sie nicht eindeutig selbst beherrscht. Geblieben ist eine allgemein-diffuse Protesthaltung, die jederzeit mobilisierbar ist. Und geblieben ist bei den vorwiegend intellektuellen Trägern der 68er-Revolte vor allem eine kritische Distanz zum »Restvolk«, dem man nie verzeihen wird, daß es sich als weitgehend immun gegen den Missionseifer erwiesen und das »falsche Bewußtsein« nicht abgelegt hat. Man selbst hat keine feste Identität, weil man einerseits die fundamentaloppositionelle Haltung gegen die Gesellschaft nicht durchzuhalten vermochte, andererseits aber sich mit diesem Staat und seinen Institutionen nicht identifizieren möchte.

Der Politikwissenschaftler Franz Schneider hat diese Haltung treffend so charakterisiert:»Im Spannungsfeld zwischen den Worten von gestern und den Werten von heute haben viele Achtundsechziger ihre Lebensformel – gelegentlich als Lebenslüge empfunden – gefunden in einer *Reservatio mentalis*. Dieser Vorbehalt meint: Zwar gesellschaftliche Akzeptanz des ›Systems‹ als zur Zeit unumstößlich, aber verinnerlichte Ablehnung desselben (ohne sinnvolles Ersatzangebot) sowie die abrufbare Aggressionsbereitschaft bei punktuellen Anlässen, welche, wiederum ins Symbolhafte transponiert, das Dagegensein gegen das ganze ›System‹ meint.«[34]

Die Folgen dieses Marsches durch die Institutionen sind so gravierend und umfassend, daß sie hier nicht annähernd erschöpfend dargestellt werden können. Vieles wird uns in den folgenden Kapiteln begegnen. Weder die Erosion der Abgrenzung zwischen Sozialdemokraten und Kommunisten noch die Entstehung von »Grünen« oder neuen sozialen Bewegungen und erst recht nicht die Entwicklungen im intellektuellen Milieu oder in den Medien sind ohne die Kulturrevolution von 1968 zu verstehen.

Verfestigt haben sich inzwischen Bewußtseinsformen, die schon vor 1968 angelegt waren, aber erst in den siebziger Jahren Allgemeingut geworden sind. Die Überzeugung etwa, daß »wir alle« auf Kosten der »Ausbeutung« der Länder der Dritten Welt leben und an dem Elend dort schuld seien – eine der Grundüberzeugungen der 68er, die sich mit den Befreiungsbewegungen in Asien, Afrika und Lateinamerika rückhaltlos identifizierten –, ist inzwischen allgemeine Gewißheit geworden. Wer etwa in einer Talkshow oder gar an einer Universität eine abweichende Meinung dazu äußert, wird bestenfalls Staunen, meist aber aggressive Ablehnung erfahren.

Geblieben sind auch Deformationen der Sprache. Der aggressive Sprachstil der 68er hat sich in weiten Bereichen durchgesetzt. Man spricht nicht mehr von Polizeibeamten, sondern von Bullen, nicht mehr vom Gefängnis, sondern vom Knast. Wenn von der Polizei als »Freund und Helfer« die Rede ist, dann meint man dies ironisch-abschätzig.

Wer für »law and order« eintritt, gilt mindestens als finsterer Reaktionär und »Ewiggestriger«. Jederzeit sind die Medien bereit, die Institutionen unserer Gesellschaft, also etwa Justiz, Polizei, Bundeswehr und Verfassungsschutz, unter Faschismusverdacht zu stellen und ihnen pauschal vorzuwerfen, sie seien »auf dem rechten Auge blind«. Während sozial »Unterprivilegierte« (so ein Lieblingswort der 68er) in den Medien eine hervorragende Lobby haben, wird den Eliten – besonders der wirtschaftlichen Elite – permanent asoziales Verhalten vorgeworfen. Das Bewußtsein vom Wesen der repräsentativen Demokratie ist in weiten Teilen der Gesellschaft geschwunden. Auch derjenige Bundesbürger, der noch nie etwas von »Rätemodellen« gehört hat, identifiziert heute weitgehend den Begriff der »Demokratie« mit plebiszitären Vorstellungen. Der Begriff der »Freiheit« hat sich von den Voraussetzungen, an die er geknüpft ist – Verantwortung und Bindung an moralische Werte – weitgehend gelöst und wird im Sinne schrankenloser »Selbstverwirklichung« ausgelegt. Konservative Begriffe hingegen – Autorität, Ordnung, Pflichterfüllung – haben einen negativen Beiklang (»Sekundärtugenden«) und werden, wie einst von den 68ern, weithin »kritisch hinterfragt«. Die Reihe der Beispiele ließe sich beliebig fortsetzen.

Manche Wandlungen in den Werthaltungen lassen sich auch für andere Industrieländer beobachten, und natürlich haben nicht alle diese Änderungen etwas mit den Auswirkungen der Kulturrevolution von 1968 zu tun, obgleich diese – dies darf nicht vergessen werden – eine internationale Revolution war, die in Kalifornien ebenso wie in Paris und Berlin stattfand.

Dennoch waren die Nachwirkungen in Deutschland besonders dramatisch. Eine internationale Wertestudie, 1981/82 erhoben, zeigte die Bundesrepublik im europäischen Vergleich weithin isoliert. »In keinem anderen Land begegnet Autorität einem so prinzipiellen, sich über alle Lebensbereiche erstreckenden Mißtrauen«, so einer der zentralen Befunde der vergleichenden Studie.[35] »Die deutsche Bevölkerung hat das Mißtrauen gegenüber jeglicher Form von Autorität verinnerlicht. Abweichend von den europäischen Nachbarn, abweichend besonders von den Vereinigten Staaten hat Autorität für die deutsche Bevölkerung die Aura des Unbekömmlichen, des Verdächtigen. Die Stärkung der Autorität gilt 84 Prozent der amerikanischen, 61 Prozent der europäischen Bevölkerung als wünschenswertes Ziel, aber nur 44 Prozent der deutschen Bevölkerung. Gehorsam hält jeder vierte Amerikaner wie Europäer für ein wichtiges Erziehungsziel, aber nur 15 Prozent der Deutschen. Ihre Bereitschaft, die Autorität von Vorgesetzten zu akzeptieren, knüpfen 23 Prozent der amerikanischen, 43 Prozent der europäischen und 51 Prozent der deutschen Bevölkerung an die Bedingung, daß Anordnungen begründet werden und Übereinstimmung über ihre Rationalität erzielt wird. . . . Die außerordentliche Distanz der deutschen Bevölkerung gegenüber jeder (potentiellen) Autorität durchzieht alle Lebensbereiche, macht auch vor der Familie, vor den Beziehungen zwischen den Generationen nicht halt.«[36]

Charakteristisch ist, daß die Einstellung zur Autorität extrem unterschiedlich ist zwischen den Generationen – ein Befund, der so in anderen Ländern übrigens nicht anzutreffen ist. Eine generelle Stärkung von Autorität befürworten rund zwei Drittel der 55jährigen und älteren, 19 Prozent der 18- bis 24jährigen Deutschen; zu einer nicht an stete Rechtfertigung geknüpften Akzeptanz von Vorgesetzten sind rund 40 Prozent der älteren, 14 Prozent der jungen Generation bereit.[37] Ist ein überzeugenderer Beleg für den Sieg der antiautoritären Revolte denkbar?

Rainer Langhans, einer der prominentesten 68er, hat kürzlich konstatiert, daß sich die 68er mit ihrer neuen »Werteordnung« in der Bundesrepublik in einem Umfang durchgesetzt hätten, den sie sich in ihren kühnsten Träumen nicht hätten vorstellen können.[38] Sicherlich gilt es zu differenzieren: Die Bewußtseinsänderungen haben nicht alle Teile der Gesellschaft im gleichen Maße erreicht. Während in kommunikativen Berufen, etwa bei Lehrern, Sozialpädagogen, Sozialarbeitern und Journalisten, die skizzierten Einstellungen weit verbreitet sind, haben sie sich bei der technischen Intelligenz oder in der Arbeiterschaft nicht im gleichen Maße durchsetzen können. Der »Zeitgeist« wird aber von jenen Schichten und Gruppen bestimmt, in denen die 68er-Ideologie vorherrscht. Zunächst entstanden diese Ideen in kleinen intellektuellen Zirkeln, später fanden sie massenhafte Verbreitung an Universitäten und Schulen, schließlich erreichten sie auch etablierte Institutionen des Staates und selbst der Wirtschaft. Und so ist evident, daß der Prozeß nur in der gleichen Reihenfolge wieder umgekehrt werden kann.

III. Das Ende der Abgrenzung

Sozialdemokraten und Kommunisten

Die ideologischen Folgen der Studentenbewegung zeigten sich am raschesten und nachhaltigsten in der Sozialdemokratischen Partei, in den Gewerkschaften und der evangelischen Kirche. Für die SPD konstatiert Brigitte Seebacher-Brandt: »Ein beträchtlicher Teil der politisch ambitionierten 68er war, früher oder später und soweit nicht grün eingefärbt, in die SPD geströmt, um diese erst durchzuschütteln und schließlich zu erobern. Lange Jahre hatten sich alte Godesberger und junge 68er um die Ausrichtung der Partei gestritten, seit dem Machtverlust 1982 aber war das Gewicht zugunsten der 68er verschoben worden, die heute die SPD prägen. Unter dem Zwang einer großen Organisation legten die Rebellen von einst manche Gewohnheiten ab, nicht aber den Anspruch auf die höhere Moral und nicht auf die einmal gewonnenen Überzeugungen.«[1]

Besonders nach dem Wahlsieg von 1972 gelang es den jüngeren Linken, die innerparteilichen Machtverhältnisse zu ihren Gunsten zu verändern. Innerhalb der SPD war es das gleiche Bild wie auf gesamtgesellschaftlicher Ebene: Die Linke war mit ihren offensiven, machtbewußten Strategien erfolgreicher als die aus der Defensive argumentierenden »konservativen« und gemäßigten Kräfte in der Sozialdemokratie. Nicht nur in den Ortsvereinsvorständen, sondern auch in den Kreis- und Bezirksdelegiertenkonferenzen waren zunehmend dezidiert sozialistische und linksextremistische Kräfte vertreten. Meist waren es Akademiker, die ihre politischen Überzeugungen in der Revolte von 1968 ausgeprägt hatten und die nun traditionell gewerkschaftlich orientierte »rechte« Sozialdemokraten in die Defensive drängten. »Manche Vorstände, und dies nicht nur in Universitätsstädten, bestanden zu über 80 Prozent aus Angehörigen höherer und gehobener Berufe, darunter viele Lehrer und eine ganze Reihe Juristen. Sicher gab es noch den einen oder anderen Gewerkschaftssekretär, den einen oder anderen Betriebsrat, oft mit Alibifunktion in den Vorständen, aber diejenigen, die das Sagen hatten, gehörten der neuen Klasse in der SPD an.«[2]

Ein Zentrum der SPD-Linken war der »Frankfurter Kreis«. Die Strategie dieser Kräfte war gut durchdacht und koordiniert. Ein Beispiel dafür ist der SPD-Parteitag von 1973. Um möglichst viele Kandidaten aus den eigenen Reihen in den Parteivorstand zu wählen, erstellte der Frankfurter Kreis verschiedene »Listen« mit Namen von Kandidaten: eine »Negativliste«, auf der diejenigen Kandidaten zu finden waren, die von der Linken strikt abgelehnt und bekämpft wurden, also beispielsweise Hans Apel, Annemarie Renger und Heinz Ruhnau. Auf einer »schwarzen Liste« standen darüber hinaus Namen, die vom Frankfurter Kreis für eine Parteivorstandskandidatur zwar abgelehnt, die aber nicht scharf bekämpft werden sollten (Holger Börner, Georg Leber, Hans-Jochen Vogel u.a.). Eine »Positiv-Liste« umfaßte Kandidaten, die eindeutig zu unterstützen waren, beispielsweise Harry Ristock, Herbert Wehner, Peter von Oertzen und Jochen Steffen. Schließlich gab es noch eine »graue Liste«, deren Mitglieder ersatzweise, d. h. im zweiten Wahlgang, für unterstützungswürdig erachtet wurden (u. a. Klaus Schütz und Johannes Rau). Kennzeichnend ist, daß auf dem Parteitag 1973 mit zwei Ausnahmen alle Kandidaten der Linken auf der Positivliste in den Parteivorstand gewählt wurden. Dagegen erhielten, außer Hans Apel und Heinz Ruhnau, alle Mitglieder der Negativliste nicht genügend Stimmen, um ihre Position im Parteivorstand zu halten.[3]

Erst langsam begann sich Widerstand bei den gemäßigten Kräften in der Partei zu formieren. So gründete sich am 21. März 1976 die »Fritz-Erler-Gesellschaft«. In einem Protokoll eines vorausgegangenen Treffens der »Parteirechten« wird die Notwendigkeit der Gründung solcher Widerstandsformationen vor dem Hintergrund der innerparteilichen Linksentwicklung deutlich: »Die Linksextremisten vertreten diametral andere, staatsfeindliche Ansichten. Es müsse endlich ein klarer Trennungsstrich zu den Elementen gezogen werden, die als APO in die SPD gekommen sind und sich zahlreiche Positionen verschaffen konnten und sogar ganze Unterbezirke und Kreisvorstände beherrschen. In Frankfurt seien systematische Unterwanderungsstrategien angewandt und durchgeführt worden... In Frankfurt befinden sich einzelne Bezirke völlig in den Händen prokommunistischer Elemente. In Bremen sei im Universitätsgesetz das Rätesystem kommunistischer Vorstellung weitgehend durchgesetzt worden. Mehrere Redner wiesen auf die Solidarisierung von Linksradikalen und Kommunisten hin, insbesondere an den Universitäten... Die gemäßigten Kräfte in der Göttinger Parteiorganisation würden durch den ausschließlich aus zugereisten linken Studenten und Assistenten gebildeten Parteivorstand schweren seelischen Belastungen ausgesetzt... Menschlichen Anstand gäbe es nicht mehr.«[4]

Eine Hochburg linksextremer Kräfte waren die Jungsozialisten. Seit 1971 spielte besonders die sogenannte Stamokap-Fraktion eine entscheidende Rolle in der SPD-Jugendorganisation. Sie war benannt nach der marxistisch-leninistischen Theorie vom »staatsmonopolistischen Kapitalismus«, die für diese Gruppe programmatische Bedeutung hatte. Auf dem Bundeskongreß der Jusos 1974 bekannte sich bereits ein Drittel der Mitglieder zu dieser Richtung. Hinzu kamen etwa 15 Prozent »antirevisionistische« Delegierte, die ebenfalls eine orthodox marxistische Linie befürworteten. Die Auseinandersetzung zwischen diesen Strömungen ging nur noch darum, wer die Marxsche Theorie authentisch vertrete. So erklärte die Vorsitzende der südhessischen Jungsozialisten, Heidemarie Wieczorek-Zeul, sie lehne die Stamokap-Theorie deshalb ab, weil »dadurch die Klassentheorie von Karl Marx revidiert wird«.[5]

Zunehmend kam es zu Kooperationen zwischen Verbänden der Jusos und kommunistischen Parteien und Organisationen, obwohl dies eindeutig gegen einen Abgrenzungsbeschluß verstieß, den am 14. November 1970 Parteivorstand, Parteirat und Kontrollkommission der SPD gefaßt hatten. In dem Beschluß hieß es: »Zwischen Sozialdemokraten und Kommunisten gibt es keine Aktionsgemeinschaft. Der Parteirat fordert deshalb alle Organisationsgliederungen auf, in Fällen, in denen Mitglieder der SPD zusammen mit Mitgliedern der DKP, SEW, SDAJ und der FDJ (Berlin) gemeinsame Veranstaltungen durchführen, gemeinsame Publikationen herausgeben, gemeinsame Aufrufe, Flugblätter, Einladungen usw. unterzeichnen, sowie in Fällen, in denen Sozialdemokraten an von DKP, SEW, SDAJ und FDJ (Berlin) gesteuerten Publikationen mitarbeiten, diese Mitglieder mit Nachdruck auf den parteischädigenden Charakter ihres Verhaltens hinzuweisen und notfalls Parteiordnungsverfahren einzuleiten.«[6]

Zunächst wurde dieser Beschluß in nicht wenigen Fällen durchgesetzt, um dann jedoch faktisch zunehmend wirkungslos zu werden. Einen Höhepunkt erreichten die Auseinandersetzungen anläßlich des Bundeskongresses der Jusos Ende März 1977, wo der Beschluß gefaßt wurde, das kommunistisch gesteuerte *Komitee für Frieden, Abrüstung und Zusammenarbeit* zu unterstützen. Der neue Juso-Vorsitzende Klaus-Uwe Benneter, der von einer Koalition der »Stamokaps« und der »Antirevisionisten« gewählt worden war, erklärte in einem Interview mit der linksextremen Zeitschrift *konkret*, CDU und CSU seien »die Parteien des Klassengegners, während die Kommunisten unsere politischen Gegner, nicht aber die Klassenfeinde sind«. Mit Kommunisten könne man daher, wenn es »politisch sinnvoll« erscheine, auch zusammenarbeiten.[7] Damit war das Maß allerdings voll, und der SPD-Parteivorstand beschloß, Benneter mit sofortiger Wirkung alle Mitgliedsrechte zu entziehen und gegen ihn ein Parteiausschlußverfahren einzuleiten. Zwar wurde Benneter tatsächlich im September 1977 aus der Partei ausgeschlossen, doch die Maßnahmen führten zu einer Mobilisierung und Solidarisierung des linksextremen Flügels von SPD und Jungsozialisten. Wieder zeigte sich, daß die offensive und solidarische Aktion der Linken alle Gegenmaßnahmen der gemäßigten Kräfte ins Leere laufen ließ. Der linke Flügel war inzwischen so stark geworden, daß die Partei es nicht wagte, ihre eigenen Abgrenzungsbeschlüsse durchzusetzen. Ausschlußanträge gegen Parteimitglieder, die sich offen hinter Benneter gestellt hatten, wurden fast überall zurückgezogen. »Die Kraftprobe hatte für die SPD«, so konstatiert Wolfgang Rudzio, »mit einem Fehlschlag geendet. Bei der Eskalation von Ausschlußverfahren und Solidarisierung war es schließlich die Partei gewesen, die zurückwich. So beinhaltet das Lehrstück der Eskalation von 1977 auch langfristige Folgen. Fortan schien es nicht mehr denkbar, die Abgrenzung durch Ausschlußverfahren zu erzwingen – ausgenommen im Falle innerparteilich isolierter einzelner.«[8]

Rudzio hat in seiner verdienstvollen Studie aufgezeigt, wie es in den siebziger und achtziger Jahren zunehmend zu einer »Erosion der Abgrenzung« zwischen Sozialdemokraten und Kommunisten kam. Aufschlußreich sind dabei besonders die Kampagnen gegen »Berufsverbote« und Nachrüstung sowie die Antifaschismus-Kampagnen, bei denen es zu Bündnissen zwischen Sozialdemokraten und Kommunisten kam.

Einen außerordentlichen Erfolg stellten die Kampagnen gegen »Berufsverbote« dar, die auf dem Wege der Begriffsbesetzung und der öffentlichen Diskursherrschaft schließlich dazu führten, daß faktisch der »Extremistenbeschluß« vom 28. Januar 1972 aufgehoben wurde bzw. nicht mehr zur Anwendung gelangte. Der Beschluß der Regierungschefs von Bund und Ländern (im Linksjargon: »Radikalenerlaß«) sollte dazu dienen, eine einheitliche Anwendung des bestehenden Rechts zu gewährleisten. Es wurde noch einmal bekräftigt, daß bei »begründeten Zweifeln« daran, ob ein Bewerber für den öffentlichen Dienst jederzeit für die freiheitlich-demokratische Grundordnung eintrete, eine Ablehnung gerechtfertigt sei. Neu war in dem Beschluß lediglich die Einführung der »Regelanfrage« beim Verfassungsschutz.

Bald bildeten sich zahlreiche Initiativen gegen diese sogenannten Berufsverbote. Der Arbeitsausschuß der bundesweiten Initiative »Weg mit den Berufsverboten« war eindeutig kommunistisch dominiert. Neben Mitgliedern der DKP spielten Kader der kommunistischen Vorfeld- und Tarnorganisationen eine zentrale Rolle, also etwa die Deutsche Friedensunion (DFU). Daneben gehörten dem Arbeitsausschuß bzw. den verschiedenen örtlichen Initiativgruppen (1980 waren es immerhin 370!) aber auch eine Reihe mittlerer innerparteilicher

Funktionsträger und Abgeordnete der Landes-, Bundes- und Europa-Ebene der SPD an.

Die Kommunisten hatten es verstanden, sich geschickt als Wahrer demokratischer Rechte aufzuspielen. Sozialdemokraten waren bereit, gemeinsam mit der DKP gegen den »Abbau demokratischer Rechte« zu agieren. Die Heuchelei dieser Argumentation wurde schon dadurch deutlich, daß man sich nur gegen die »Berufsverbote« für linke Extremisten aussprach, während man solche Maßnahmen gegen Angehörige der NPD ausdrücklich begrüßte. Kritik an politischer Verfolgung und beruflicher Diskriminierung in kommunistischen Staaten war nicht nur tabuisiert, sondern galt als Ausdruck einer höchst bedenklichen »reaktionären« und »antikommunistischen« Ideologie. Der DKP nahestehende Juristen beriefen sich dabei auf das Grundgesetz, das sie allerdings einseitig als »antifaschistisch« auslegten. Das Ziel, die freiheitlich-demokratische Grundordnung durch eine antifaschistisch-demokratische Ordnung zu ersetzen, wurde nicht einmal verhüllt.

Nur knapp (mit 196 gegen 160 Stimmen) konnte auf dem SPD-Parteitag von 1973 ein Antrag der Parteilinken abgeschmettert werden, der eine Aufhebung des – von Willy Brandt initiierten – Ministerpräsidentenbeschlusses verlangte. In der gesamten Diskussion um die »Berufsverbote« erwiesen sich jedoch die Demokraten als unfähig, offensiv den Sinn der Regelungen zu erläutern und das Konzept der wehrhaften und streitbaren Demokratie überzeugend zu vermitteln. Was Rudzio für die Debatte auf dem SPD-Parteitag konstatiert, gilt für den gesamten Diskussionsverlauf um diese wie um viele andere Fragen auch:

»Für die Stimmungslage war bezeichnend, daß die Jungsozialisten und Gleichgesinnte offensiv argumentierten, die Parteiführung (Brandt, Koschnick, Ruhnau) hingegen ausgleichend, bis gegen Ende der Debatte Ministerpräsident Kühn und Bundeskanzler Brandt sich finassierend gar hinter notwendigen Verhandlungskompromissen mit den CDU-Ländern bzw. dem Koalitionspartner FDP zu verstecken suchten. . . Insgesamt wurde in jener Parteitagsdiskussion das für die Folgejahre bestimmende Muster der Auseinandersetzung vorgezeichnet: Immer wieder nachsetzendes Attackieren von der einen Seite, Finassieren und schrittweises Zurückweichen auf der anderen.«[9]

Noch für viele Jahre sollte die Propaganda gegen die »Berufsverbote« ein Lieblingsthema der Linken bleiben. Die linken Intellektuellen gefielen sich darin, ein Horrorgemälde über die Verhältnisse in der Bundesrepublik zu zeichnen, das mit der Wirklichkeit nichts mehr zu tun hatte. Und allzu viele Sozialdemokraten applaudierten heftig, als etwa Walter Jens auf dem Parteitag 1979 über die freiheitlich-demokratische Grundordnung spottete, die von der Linken als »FDGO« lächerlich gemacht wurde:

»In einem Augenblick, da die Grundrechte des einzelnen in diesem Lande vielleicht so gefährdet sind wie niemals zuvor seit der Befreiung von nationalsozialistischer Herrschaft, gefährdet durch die Folgen offener und geheimer Zensur und durch bürokratische Einschüchterung – ein ›Kursbuch‹ im Gepäck an der Grenze, ein amnesty-international-Plakat im Spind, ein Marx-Zitat in der Examensklausur, ein aufmüpfiges Gedicht im Lesebuch, einerlei ob von Grass oder von Goethe, eine Annonce zugunsten eines entlassenen Kollegen in der Zeitung, vielleicht verstößt heute einer gegen jene FDGO, die für einen Großteil der kritischen Generation, nicht den schlechtesten, zu einer Panzerfaust des Staates geworden ist, – in einem solchen Augenblick – will ich sagen – kommt alles darauf an, die Grund- und die Freiheitsrechte nicht nur defensiv, den Blick immer nach rechts gewandt, zu schützen, sondern sie im entschiedenen und entschlossenen Gegenentwurf zu den Auslegungen der Konservativen zu erweitern.«[10]

Die hoch emotionalisierte Diskussion über die »Berufsverbote« endete schließlich damit, daß wetteifernd jedes Bundesland bzw. jeder sozialdemokratische Ministerpräsident sich damit brüstete, daß es die sogenannte Regelanfrage beim Verfassungsschutz in dem betreffenden Bereich nicht mehr gebe.

Hinsichtlich eines konkreten Ergebnisses weniger erfolgreich verlief eine andere Kampagne, nämlich die gegen die Nachrüstung, die andererseits jedoch ein aufschlußreiches Beispiel dafür bietet, wie eine kleine Minderheit von Kommunisten eine große Massenbewegung in weiten Bereichen zu dominieren vermag. Insofern war auch die Friedensbewegung ein Erfolg der kommunistischen Strategie – und ein weiterer Meilenstein in dem verhängnisvollen Prozeß der Erosion der Abgrenzung zwischen kommunistischen und nichtkommunistischen Kräften der bundesdeutschen Linken.

Die Motive der Menschen, die sich gegen den (im Dezember 1979 gefaßten) Nachrüstungsbeschluß der Nato stellten, waren vielfältig. Pazifistische Überzeugungen und die ehrliche Sorge um die Bedrohung des Friedens standen bei den meisten Menschen im Vordergrund, aber – zumindest am Rande – spielten auch nationale Motive eine Rolle, also der Widerstand dagegen, daß Deutschland nur ein Objekt und Spielball im Ringen der Amerikaner und Sowjets darstellte und im Kriegsfall zum Schlachtfeld der Supermächte bestimmt war. Es gab jedoch eine sehr aktive Minderheit in der Friedensbewegung, die als Agentur der Sowjetunion agierte und der es darum ging, die Ängste der Menschen für die Durchsetzung der sowjetischen Hegemonialstrategie zu instrumentalisieren. Da die DKP und ihre Vorfeldorganisationen über die größten finanziellen Reserven (aus der DDR) und die beste Logistik sowie eine klare Strategie und Taktik verfügten, waren sie den anderen Kräften in der Friedensbewegung überlegen. Zugunsten der Kommunisten fiel in dieser und anderen »Bewegungen« immer wieder ins Gewicht, daß sie als geschlossene und disziplinierte Gruppierung auftraten, anders als ihre Bündnispartner. »Ihr Ideal«, schrieb bereits Anfang der fünfziger Jahre Jules Monnerot in seiner Soziologie des Kommunismus, ist es, als »einzige starke Gruppe innerhalb eines einheitlich labilen und schlaffen Milieus« zu operieren.[11]

Im Falle der »Friedensbewegung« Anfang der achtziger Jahre spielte die »Krefelder Initiative« die entscheidende Rolle. Sie war zunächst von linksalternativ-grünen und DKP-nahen Kräften dominiert, während dann ab 1983 in beachtlichem Umfang sozialdemokratische Kräfte hinzustießen (einige Grüne verließen dagegen wegen der offensichtlich kommunistischen Dominanz die Initiative wieder). Freilich gab es Konflikte in der Initiative, insbesondere darüber, wie man sich zu den DDR-Friedensgruppen und zu der sowjetischen Rüstung stellen sollte. Die DKP-nahen Kräfte bestanden konsequent darauf, diese Themen auszuklammern und die Aufrufe so zu formulieren, daß sie keine Kritik an der Sowjetunion enthielten. Ein Konflikt mit ihnen, der bis zur Trennung gegangen wäre, wurde aber vermieden, weil alle Beteiligten bald erkennen mußten, daß ohne den organisatorischen Beitrag des prosowjetischen Lagers eine Fortführung der Kampagne schwierig werden würde. Auch hatte sich inzwischen weithin ein »Anti-Antikommunismus« verbreitet, der es als inopportun erscheinen ließ, Kommunisten »auszugrenzen«.

Es gelang der Krefelder Initiative, Millionen Unterschriften für den »Krefelder Appell« zu sammeln und die größten Massendemonstrationen in der Geschichte der Bundesrepublik auf die Beine zu stellen. Im Jahre 1983 traten bei den Großdemonstrationen bereits offen und in großer Zahl führende Vertreter der DKP ins Rampenlicht, die jetzt allerdings nicht mehr nur mit Vertretern von Friedensgruppen, mit Jugendrepräsentanten und den Grünen gemeinsam auftraten, sondern zusammen mit führenden Exponenten von SPD und DGB auf den Rednertribünen standen.

Auffällig war, daß aus den Reihen der Grünen deutlichere Kritik an diesem Zusammengehen zu vernehmen war als von sozialdemokratischer Seite. So warf Rudolf Bahro der DKP eine »Doppelmoral« vor und bezeichnete sie als »Agentur des anderen Blocks in unserer Bewegung«: »Mit welchem Recht zählen sich jene zur Friedensbewegung, die sich mit dem Ostblock verbunden fühlen und in ihrer hiesigen Presse jedes Verbrechen rechtfertigen und beschönigen, das von Moskau aus begangen wird?«[12] Dem vor allem von Sozialdemokraten bemühten Argument, die Kommunisten stellten doch nur eine verschwindende Minderheit in der Friedensbewegung dar, hielt Bahro die Beobachtung entgegen, »in welchem Grad dort die von der DKP vorgeschickten Kräfte, gestützt auf das Übergewicht ihrer organisatorischen Ressourcen, auf deren Verfügbarkeit sich die anderen angewiesen fühlen, auch politisch überzugreifen versuchen und die Rahmenbedingungen setzen, und wie hilflos diese anderen waren, nachdem sie sich einmal auf die diktierten Spielregeln eingelassen haben«.[13] Freilich gab es auch kritische Stimmen aus der SPD-Linken, so etwa von Erhard Eppler, der auf dem Bundeskongreß der Jusos 1981 deutlich machte, daß er sein Nein zur Raketenstationierung nicht gemeinsam mit Leuten vertreten wolle, »die der anderen großen Weltmacht noch nie ein Nein entgegengesetzt haben und auch nicht die Absicht haben, dies jemals zu tun«.[14] Deshalb habe er auch den Krefelder Appell nicht unterschrieben.

Nach dem Verlust der Regierungsverantwortung fielen allerdings alle Hemmschwellen bei der SPD. Bei der Großdemonstration in Bonn am 20. Oktober kletterte Oskar Lafontaine neben dem DKP-Vorstandsmitglied Lukrawka auf die Rednertribüne, in Hamburg sprach Gerhard Schröder neben dem DKP-Präsidiumsmitglied Irmgard Bobrzik, und in der weitgehend DKP-gesteuerten *Krefelder Initiative* engagierten sich zahlreiche führende Sozialdemokraten. Nun gaben auch prominente Sozialdemokraten wie Oskar Lafontaine gerne Interviews in der kommunistischen *UZ*, dem Zentralorgan der DKP. Die *UZ* konnte am 10. November 1983 triumphierend melden, mit der sozialdemokratischen »Hinwendung« zur Friedensbewegung sei das Aktionseinheitsverbot zwischen SPD und DKP »faktisch außer Kraft gesetzt«.[15] Und der DKP-Parteitag stellte 1986 befriedigt fest: »In den letzten Jahren ist es uns in einem beträchtlichen Ausmaß gelungen, die von allen Gegnern betriebene politische Isolierung unserer Partei zu durchbrechen. In Teilen unseres Volkes konnten antikommunistische Vorurteile abgebaut werden. Die Möglichkeiten, andere für unsere Positionen zu gewinnen, haben sich vergrößert.«[16]

Kungelei zwischen SPD und SED

Der Erosion der Abgrenzung zwischen SPD und DKP in der Bundesrepublik entsprach eine zunehmende Kungelei zwischen führenden Sozialdemokraten und SED-Genossen – was teilweise erst aus seit der Wiedervereinigung zugänglichen Dokumenten bekannt geworden und in vollem Ausmaß wahrscheinlich immer noch nicht aufgedeckt ist. Leider trägt die SPD zu dieser notwendigen Aufarbeitung nur wenig bei. Entsprechende Erfahrungen mußte der linke Historiker Christian von Ditfurth machen, als er sich mit den Beziehungen zwischen SPD und SED befassen wollte. Er spürte eine »Angst der SPD-Prominenz vor den Akten«. »Denn mit Vehemenz versucht sie zu verhindern, daß die Quellen im Zentralen Parteiarchiv der PDS, die die SPD-SED-Kontakte dokumentieren ... eingesehen werden. Es ist nicht weit her mit Offenheit.«[17]

Lediglich Erhard Eppler bildete eine positive Ausnahme, denn er willigte als einziger führender Sozialdemokrat ein, auf den 30 Jahre währenden Persönlichkeitsschutz des Bundesarchivgesetzes zu verzichten und damit den Weg zu den Akten freizumachen. Björn Engholm, Egon Bahr, Oskar Lafontaine und Hans-Jochen Vogel verlangten dagegen ausdrücklich, die Recherchen auf das SPD-SED-Papier von 1987 zu beschränken. Und Gerhard Schröder wollte einen Historiker der Parteistiftung vorschalten und die Dokumente vor Veröffentlichung examinieren. Auch andere führende SPD-Politiker verweigerten die Kooperation. Dazu Christian von Ditfurth im *Spiegel*: »Offensichtlich meinen manche Sozialdemokraten nur die Vergangenheit der anderen Parteien, wenn sie von Geschichtsaufarbeitung sprechen. Der Grund dafür: Sie wissen, daß sie in Gesprächen mit ihren SED-Partnern viel zu weit gegangen sind.«[18]

Die sozialdemokratische Annäherung an die SED begann im November 1982, nachdem die SPD durch das konstruktive Mißtrauensvotum von CDU/CSU und FDP in die Opposition geschickt worden war. Bis zum Sommer 1989 kam es zu weit mehr als hundert Begegnungen zwischen SPD-Vertretern und SED-Spitzenfunktionären. Mehrfach erbaten führende SPD-Politiker wie z.B. Johannes Rau im Jahre 1986 oder Björn Engholm im Jahre 1987, ausdrücklich Wahlhilfe von der kommunistischen SED.

Einer der häufigsten SPD-Besucher im Haus des Zentralkomitees war Karsten Voigt. Befriedigt berichteten die SED-Genossen in einem internen Papier: »Karsten D. Voigt äußerte sich wiederholt positiv zur Politik der SED. Ihr großer Vorzug bestehe in der programmatischen Klarheit, im Wissen um die Probleme, in der Stärke der politischen Organisation und in der Geschlossenheit.« Überall in der DDR spüre man, so Voigt, »daß es vorwärts gehe und die SED dabei die treibende Kraft sei«. Zwar könne die SPD die SED nicht kopieren und wolle dies auch nicht, »aber vieles, was die Kommunisten der DDR politisch und organisatorisch leisteten, hätte Hand und Fuß und sei wie das Schulungssystem beispielhaft auch für seine Partei«.

Schwer wiegt der Vorwurf, Voigt habe gar der SED Ratschläge gegeben, wie sie am geschicktesten gegen Bürgerrechtler vorgehen könne, um öffentliches Aufsehen zu vermeiden. In den Akten findet sich jedenfalls ein »Vermerk über eine vertrauliche Information von K. D. Voigt« vom 8. Juli 1988. Danach hat der SPD-Außenpolitiker die ZK-Mitarbeiter Manfred Uschner und Karl-Heinz Wagner darauf hingewiesen, daß die mit einem befristeten Visum ausgereisten Bürgerrechtler Bärbel Bohley und Wolfgang Templin am 6. August das Wiedereinreise-Versprechen der DDR-Führung testen wollten. Voigt fügte laut Aktennotiz hinzu: »Nach seiner persönlichen Meinung wäre es die glücklichste Lösung, sie zunächst einreisen zu lassen und dann bei oder wegen entsprechender Aktivitäten zu ergreifen und auszuweisen. Sie selbst und die hinter ihnen stehenden Dienste rechnen damit und hoffen darauf, daß die Sicherheitsorgane der DDR schon ihre Einreise verhindern werden. Das beabsichtigt man gegen die sicherheitspolitische Zusammenarbeit von SED und SPD auszuspielen.«[19]

Es gab erfreulicherweise immer auch Sozialdemokraten, die nicht mit der SED kungelten, sondern den Kontakt zur DDR-Opposition suchten und gegen die Unterdrückung der Bürgerrechtler protestierten – so etwa Freimut Duve und Norbert Gansel. Allerdings waren diese Kräfte in der SPD weithin isoliert.[20] Dies gilt etwa für den Bundestagsabgeordneten Gerd Weisskirchen, der seit Mitte der achtziger Jahre ständig Kontakt zur Opposition in der DDR gepflegt hatte. Die DDR verhängte daraufhin ein Einreiseverbot gegen ihn. Zwar kritisierte der Parteivorsitzende Hans-Jochen Vogel diese Maßnahme der DDR scharf, aber viele andere Genossen ließen Weisskirchen im Stich und machten ihn bei den SED-Oberen schlecht. So ist aus den SED-Akten ersichtlich, daß Oskar Lafontaine sich zwar gegen das Einreiseverbot aussprach, ihn gegenüber den SED-Genossen jedoch als »Einzelgänger« bezeichnete, »der sich mit bestimmten Kontakten in der DDR interessant machen wolle«. Bedauernd fügte Lafontaine hinzu – so sagen es jedenfalls die SED-Akten –, in einer Partei wie der SPD sei es nahezu unmöglich, »alles unter Kontrolle zu bringen, schon gar nicht die Abgeordneten des Bundestages«. Eine Rüge, weil auch Lafontaine öffentlich das brutale Vorgehen der DDR-Sicherheitsorgane gegen Bürgerrechtler kritisiert hatte, konterte er entschuldigend damit, er habe dies aus innenpolitischen Gründen tun müssen und leider nicht die Wirkungen in der DDR im Auge gehabt. Er versprach jedoch Besserung und gelobte, künftig genauer abzuwägen, »wann und wozu man das tut«. Ausdrücklich bat er um rechtzeitige Hinweise aus der SED-Zentrale, die bei dieser Einschätzung sehr hilfreich sein könnten.[21]

Umstritten ist bis heute das im August 1987 veröffentlichte gemeinsame Papier von SPD und SED: *Der Streit der Ideologien und die gemeinsame Sicherheit.* Es finden sich einige bedenkliche Formulierungen in dem Dokument, denen auch von Sozialdemokraten widersprochen wurde, so beispielsweise – mit sehr deutlichen Worten – von dem ehemaligen Bundesbauminister Dieter Haack. In seinem 1993 erschienenen Buch *Die SPD und die Nation* kritisierte Tilman Fichter, daß die Sozialdemokraten dem Arbeiter- und Bauernstaat »Entwicklungs- und Reformfähigkeit« ausdrücklich bescheinigten: »Welch ein historischer Irrtum! Denn zu diesem Zeitpunkt war das SED-Umerziehungs- und Überwachungssystem zu wirkungsvollen wirtschaftlichen Reformen schon längst nicht mehr imstande... Warum bemerkten die verantwortlichen Hüter der sozialdemokratischen Grundwerte diesen überall im Land und in den Städten sichtbaren Zerfallsprozeß der DDR-Gesellschaft nicht?... Die Blindheit der Kommissionsmitglieder läßt sich wohl darauf zurückführen, daß in den Zirkeln der professionellen SPD-Deutschlandpolitiker, besonders der ›Enkel‹-Generation in den achtziger Jahren, der Wille zur Gleichgewichtspolitik in Europa stärker entwickelt war als der analytische Blick für die ökonomischen, sozialen und kulturellen Realitäten in den Warschauer-Pakt-Ländern.«[22]

Im Mittelpunkt des SPD-SED-Papiers stand die »Friedensfrage«. Die problematische Verabsolutierung des »Friedens« vor allen anderen Werten kam auch in dem Satz zum Ausdruck: »Keine Seite darf der anderen die Existenzberechtigung absprechen.« Der Begriff »Freiheit« spielt in dem Papier hingegen kaum eine Rolle. Zur Sicherung des Friedens, so heißt es allerdings, gehöre »die Entwicklung lebendiger Demokratie«. Gerd Bucerius kommentierte in der *Zeit*: »Nun ist die Demokratie für uns die Herrschaft des Volkes, wie mangelhaft auch immer verwirklicht; für den Osten: Beherrschung des Volkes durch eine Nomenklatura. Darf man für beide in ein und demselben Papier das gleiche Wort verwenden? Eppler hat mit seiner Unterschrift zugelassen, daß man das östliche System Demokratie nennen darf; ein System, das seine Staatsbürger an der Mauer wie die Hasen abknallt, wenn sie ihr international verbrieftes Recht auf Auswanderung beanspruchen.« Sonderlich sei auch, so fügte Bucerius kritisch hinzu, daß in dem Papier Marxisten-Leninisten unwidersprochen über sich behaupten: »Sie verstehen Demokratie vor allem als die reale Mitwirkung der Werktätigen an der Leitung und Gestaltung der Wirtschaft und Gesellschaft und die Kontrolle darüber.« Bucerius meinte, mit dem Papier werde der Trennungsstrich, der einstmals zwischen Kommunisten und Sozialdemokraten gezogen wurde, »ausradiert«.[23] Und Ulrich Schacht kommentierte in der *Welt am Sonntag*: »Es dürfte wohl als ein klassisches Volksfront-Papier in die Geschichte eingehen.«[24]

Die Sozialdemokraten zogen sich nach der Wende vom Herbst 1989 auf die Behauptung zurück, das gemeinsame Papier sei von den Oppositionsgruppen in der DDR als ein Versuch begrüßt worden, die SED zu einer Reformpolitik zu bewegen. Es soll nicht bestritten werden, daß das Papier in der DDR auch positive Wirkungen gehabt hat, doch dies ist nur eine Seite der Medaille. Das Gründungsmitglied der *Initiative Frieden und Menschenrechte*, Gerd Poppe vom Bündnis 90, meinte Ende August 1992 rückblickend: »Es gab bei einigen Leuten eine ganze Menge Hoffnung, daß dieses Papier die Möglichkeit bietet, bestimmte Rechte einzuklagen. Ich habe aber schon damals meine erheblichen Zweifel gehabt. Es hat für uns nie diesen Stellenwert bekommen, der dort offensichtlich intendiert war, ganz im Gegensatz zur Helsinki-Schlußakte. . . Uns ging das Papier an einigen Stellen zu weit, wo eine Gleichsetzung von SED und SPD erfolgte und wo wir der Meinung waren, daß es für uns als Oppositionsgruppe nichts bringt.«[25] Und Bärbel Bohley merkte kritisch an: »Für die Öffentlichkeit wurde das SED-SPD-Papier abgefaßt, von dem die Sozialdemokraten heute behaupten, es wäre Humus für die DDR-Opposition gewesen. Wenn die SPD die Emanzipation der DDR-Bevölkerung gewollt hätte, hätte sie alle Kontakte zu den Basisgruppen in der DDR unterstützen müssen. Das Gegenteil war der Fall. Aber die SPD hat ja nicht nur uns gemieden. Auch Solidarność, die Charta 77 und die Bürgerrechtler in der Sowjetunion waren keine moralische und erst recht keine politische Kraft für die SPD.«[26]

Erhard Eppler kann man jedoch nicht vorwerfen, er habe es versäumt, die Aussagen des Papiers gegen die SED einzuklagen. Anlaß dazu bestand schon wenige Monate nach der Veröffentlichung, denn im Januar 1988 gingen die Ordnungskräfte des SED-Staates rabiat gegen oppositionelle Teilnehmer der traditionellen Liebknecht-Luxemburg-Kampfdemonstration vor. Eppler kritisierte dieses Vorgehen. Und in einem *Spiegel*-Essay vom 7. Juli 1988 resümierte er die Entwicklungen in der DDR zwölf Monate nach Veröffentlichung des SPD-SED-Papiers. Zwar sprach er sich dort gegen eine Destabilisierung der DDR aus, fügte allerdings auch kritisch hinzu: »Aber was sollen wir tun, wenn die SED selbst die DDR destabilisiert? Zusehen? Lachen? Weinen? . . . Ich weiß nicht, welchen Weg die DDR gehen muß. Ich weiß nur, daß sich endlich die Bürgerinnen und Bürger der DDR in ihre inneren Angelegenheiten einmischen müssen, wenn die DDR einen Ausweg aus ihrer Misere finden soll.«[27]

Der SPD-Politiker stieß mit seinen kritischen Anmerkungen auf wenig Gegenliebe in der eigenen Partei. Sozialdemokraten wie Egon Bahr und Gerhard Schröder fielen Eppler in ihren Gesprächen mit den

SED-Genossen sogar in den Rücken: Der Direktor des DDR-Instituts für Internationale Politik und Wirtschaft, Max Schmidt, sprach Egon Bahr auf Epplers Kritik an. Anschließend verfaßte er unter dem Datum vom 4. April 1989 für Axen eine Notiz über »vertrauliche Äußerungen« des SPD-Politikers, die der SED-Außenpolitiker mit dem handschriftlichen Vermerk »Geheim« an Kurt Hager weiterleitete. Die »in den Medien der DDR hochgespielte Erklärung der Grundwertekommission« sei im SPD-Präsidium nicht zur Sprache gekommen, wird Bahr zitiert. Mit ihr, so Bahr, hätten »Eppler und seine Leute offensichtlich ihren Frust hinsichtlich enttäuschter Erwartungen über die innere Wirkung des Papiers in der DDR abgeladen. Eppler spiele den Beleidigten, da einige seiner Vorstellungen nicht aufgegangen seien.« Bahr »sei gegen eine öffentlich ausgetragene Kontroverse. Er verstehe, daß die SED durch eine Erklärung von Otto Reinhold reagieren mußte.« Auch Gerhard Schröder distanzierte sich bei einem Treffen mit Gunter Rettner von »den Epplers«, denen man das Ideologiepapier nicht überlassen dürfe.[28]

Eppler bestätigte im nachhinein seine Enttäuschung. Rückblickend stellte er 1991 fest: »Ich war im Laufe des Jahres '88, also nachdem die SED offenkundig die Bremse gezogen hatte – genauer gesagt das Politbüro –, intern der Meinung, wir sollten die Gespräche abbrechen. Ich hatte einfach die Nase voll.«[29] Vielleicht fand Eppler deshalb auch in seiner Ansprache zum Tag der deutschen Einheit am 17. Juni 1989 so klare Worte, wie sie damals im Bundestag nur selten zu vernehmen waren: »Die Deutschen haben, wie alle Völker, ein Recht auf Selbstbestimmung. Es ist nicht verwirkt, auch nicht durch das, was Deutsche Europa angetan haben.« Er wandte sich ausdrücklich gegen jene Kräfte, die »das Thema der deutschen Einheit endgültig von der politischen Tagesordnung streichen wollen«, und beharrte darauf, man müsse »die ganze Wirklichkeit, also auch nationale Realitäten im Blick haben«. Das Gefühl, zu einer Nation zu gehören, sei »nach wie vor lebendig, in der DDR sogar stärker als in dieser Republik«.[30]

In der SPD stießen solche Bekundungen auf Unverständnis. Harry Ristock, einer der prominentesten Parteilinken aus Berlin, beklagte Ende Juni in einem Gespräch mit dem Leiter der Westabteilung des ZK der SED, Gunter Rettner: »So wie Eppler aufgetreten sei, hätte in der heutigen Zeit auch ein CDU-Vertreter nicht schlimmer sprechen können.«[31] In der SPD wurden jene Stimmen immer lauter, die sich ausdrücklich gegen jede Form der Wiedervereinigung Deutschlands aussprachen und die Zweistaatlichkeit als Endzustand der deutschen Geschichte festschreiben wollten. Oskar Lafontaine erklärte 1988, inzwischen habe sich »die deutsche Nation so sehr verspätet, daß sie in ihrem Streben nach Staatlichkeit unzeitgemäß geworden ist ... Der Nationalstaat hat schon heute die Vernünftigkeit seiner Idee überlebt.«[32] Und Egon Bahr, einstmals einer der engagiertesten Streiter für die Wiedervereinigung, erklärte 1988: »Wer dabei die deutsche Frage aufwirft, stört Europa. Die Deutschen dürfen kein Störenfried mehr sein. Ich habe Jahrzehnte gebraucht, um zu dieser Erkenntnis zu kommen, und es war weder leicht noch angenehm. Sie bedeutet: Auch am Ende dieser Prozesse wird es die beiden Staaten geben, also so weit wir nach vorn sehen können. Das muß man nicht nur wissen, sondern man muß es auch sagen und sogar wollen. Das ist unsere Freiheit, zu den beiden deutschen Staaten zu sagen: Ich will, weil ich muß. In der Teilung gibt es deutsche Chancen. Es gibt keine Chance, die deutschen Staaten zusammenzuführen.«[33] Die Ansicht, wonach die »Wiedervereinigung vordringlichste Aufgabe deutscher Politik bleibt«, sei »objektiv und subjektiv Lüge, Heuchelei, die uns und andere vergiftet, politische Umweltverschmutzung«.[34] Konsequenterweise forderten Politiker wie Jürgen Schmude ausdrücklich, das Wiedervereinigungsgebot aus der Präambel des Grundgesetzes zu streichen.

Die Ablehnung der Wiedervereinigung war allerdings kein sozialdemokratisches Spezifikum, sondern auch in der Union und unter den liberalkonservativen Intellektuellen gab es – wie Jens Hacker in seinem Buch über die *Deutschen Irrtümer* belegt – Kräfte, die die deutsche Einheit ablehnten und für die Fortschreibung der Zweistaatlichkeit plädierten. Die Motive dafür waren sehr unterschiedlicher Natur, aber bei den Sozialdemokraten spielte eben auch jener Prozeß der Erosion der Abgrenzung eine Rolle, wie wir ihn auf den vorangegangenen Seiten knapp skizziert haben. Natürlich gab es diese Erosion der Abgrenzung nicht nur zwischen Sozialdemokraten und Kommunisten, auch in den Gewerkschaften und in der evangelischen Kirche gab es vergleichbare Prozesse, die an dieser Stelle nicht eingehend dargestellt, aber dennoch erwähnt werden sollen.

Gewerkschaften und Kommunisten

Bis zum Beginn der 60er Jahre war im DGB – wie in den Parteien und anderen Verbänden – der antitotalitäre Konsens weithin unumstritten. Zwar hatte die DGB-Satzung von 1949 die Gewerkschaften einseitig auf den aktiven Kampf gegen den Rechtsextremismus festgelegt, aber auf dem 6. Ordentlichen DGB-Kongreß im Jahre 1962 wurde dieser Satzungsauftrag um den Kampf gegen die Kommunisten erweitert. Die DGB-Satzung verlangte nun von den Gewerkschaften, »faschistische, kommunistische, nationalistische, militaristische und alle sonstigen antidemokratischen Einflüsse« zu bekämpfen. Die Speerspitze der linken und linksextremen Kräfte im DGB, die IG Druck und Papier, war zwar bereits 1962 gegen diese Satzungsänderung, konnte sich damals aber nicht durchsetzen.[35] 1971 jedoch wurde im Zusammenhang mit einer Änderung der Satzung der entsprechende Passus, der die Gewerkschaften auch zum Kampf gegen die Kommunisten verpflichtete, gestrichen.

Schon drei Jahre zuvor hatte der 8. Ordentliche Gewerkschaftstag der IG Druck und Papier einstimmig gefordert, die NPD zu verbieten, aber andererseits an die Bundesregierung appelliert, die Liberalisierung des politischen Strafrechtes fortzusetzen und »alle gegen die illegale KPD verhängten Beschränkungen aufzuheben«.[36] Zwar kam es im Jahre 1973 zu einem Unvereinbarkeitsbeschluß des DGB, der sich aber charakteristischerweise nur noch gegen Mitglieder der maoistischen Gruppen wie z.B. der KPD/ML richtete, nicht jedoch gegen die immer einflußreicher agierende DKP.

In der Debatte um das neue DGB-Grundsatzprogramm übernahm jetzt die IG Druck und Papier die Meinungsführerschaft bei der politischen Neudefinition des Leitbildes von der »Einheitsgewerkschaft«. Leonhard Mahlein, Vorsitzender der IG Druck und Papier, nutzte den Rechenschaftsbericht auf dem 10. Ordentlichen Gewerkschaftstag seiner Organisation 1974, um die Diskussion über die Reintegration der Kommunisten als anerkannte parteipolitische Gruppierung im DGB zu eröffnen: »Ich meine, es hat sich zwischenzeitlich herumgesprochen, daß ich zu denen gehöre, die der Auffassung sind, daß eine demokratische Gewerkschaftsorganisation wie die Industriegewerkschaft Druck und Papier für alle parteipolitischen und weltanschaulichen Gruppierungen Platz haben muß. Dazu gehört für mich selbstverständlich, daß jeder seine Überzeugung in die gewerkschaftliche Arbeit mit einbringen können muß. Das gilt für Sozialdemokraten ebenso wie für Christlich-Soziale und für Kommunisten ebenso wie für Liberale.«[37]

Der Gewerkschaftsarbeit kam in der Strategie der DKP eine erstrangige Bedeutung zu. Sie versuchte gezielt, eine möglichst große Anzahl von Betriebsräten zu erobern, und hatte bald in einzelnen Gewerkschaften erheblichen Einfluß, der in krassem Gegensatz zu ihrer bei Wahlen dokumentierten Bedeutungslosigkeit stand. Im Jahre 1978 resümierte *Der Spiegel* kritisch: »Auch in etlichen regionalen DGB-Gremien, in Orts-, Kreis- und Landesjugendausschüssen, übernahmen die DKP-Freunde die Macht. Die Parteioberen der DKP registrieren die Erfolge ihrer Junioren mit Wohlgefallen. ›Wir Kommunisten‹, freute sich unlängst das DKP-Präsidiumsmitglied Kurt Fritsch, ›haben einen sehr bedeutenden Einfluß in der Arbeiterjugend.‹ Bündige Erklärungen für den Vormarsch der DKP-Kader fallen selbst gestandenen Funktionären schwer.«[38] Eine Erklärung liegt vielleicht darin, daß gesamtgesellschaftlich in den siebziger Jahren zunehmend jede Form von Antikommunismus tabuisiert wurde. Wer kritisch auf die Unterwanderungsbestrebungen und -erfolge der Kommunisten hinwies, sei es nun in den Gewerkschaften oder in der Friedensbewegung, wurde als reaktionärer oder »primitiver« Antikommunist denunziert. Auch in den Gewerkschaften trat an Stelle des Antitotalitarismus, der in den fünfziger Jahren auch für die Vertreter der Arbeiterbewegung weithin prägend war, ein einseitiger Antifaschismus. So erklärte Mahlein 1983 in einer Grundsatzrede, wie er den Begriff der Einheitsgewerkschaft verstand, nämlich im antifaschistischen Sinne:

»Entscheidende Impulse zur Entstehung der Einheitsgewerkschaften nach 1945 waren die bitteren Erfahrungen der Niederlage vor dem Faschismus und die Zusammenarbeit der verschiedenen politischen Kräfte im Widerstand und in der Emigration. Diese Zusammenarbeit schloß alle Ströme der Arbeiterbewegung ein, also Sozialdemokraten, Sozialisten, Kommunisten, Atheisten wie Christen. Diese Einheit unterschiedlicher politischer und weltanschaulicher Strömungen innerhalb des DGB verlangt ein hohes Maß an innergewerkschaftlicher Demokratie und Toleranz. . . Dies schließt die Überwindung von Vorurteilen ein und die aktive Auseinandersetzung mit dem Antikommunismus, den Willi Bleicher als die ›bundesrepublikanische Staatsdoktrin‹ und das ›ideologisch zentrale Problem bis zum heutigen Tage‹ genannt hat.«[39]

Im selben Jahr – 1983 – stellte der 14. ordentliche Gewerkschaftstag der IG Metall fest, daß die Kommunisten neben den Sozialdemokraten und Christen »ihren Platz in der IG Metall« hätten. Ein Jahr später ging die Meldung durch die Presse, daß 95 Prozent der 778 auf dem 7. Parteitag der DKP versammelten Funktionäre Mitglieder des DGB seien, die meisten davon (90 Prozent!) als betriebliche und gewerkschaftliche Spitzenfunktionäre. Im September 1984 warnte die Vorsitzende der Gewerkschaft ÖTV, Monika Wulf-Mathies, vor dem Rechtsextremismus, verdeutlichte aber die Blindheit auf dem linken Auge mit dem ausdrücklichen Bekenntnis: »Die Gewerkschaften können mit Kommunisten leben.«

Allerdings stellte sich die Situation in den einzelnen Gewerkschaften unterschiedlich dar. Während die IG Chemie und die IG Bergbau und Energie den Infiltrationsbestrebungen der Kommunisten Widerstand entgegensetzten, spielte die IG Druck und Papier (später: IG Medien) eine unrühmliche Rolle. Die Dokumente aus den Akten der Westabteilungen des Bundesvorstandes des DDR-Gewerkschaftsbundes FDGB und der IG Druck und Papier (Ost), die im Jahre 1992 von Manfred Wilke und Hans-Hermann Hertle veröffentlicht wurden, werfen ein Schlaglicht auf den Grad der Kollaboration zwischen der westdeutschen IG Medien und der SED, die gemeinsam ein »Genossenkartell« zum Kampf gegen das »Kapital« und für den »Frieden« bildeten.

Während eines Delegationsbesuches in der DDR im Jahr 1976 erklärte beispielsweise – so der Bericht des FDGB-Chronisten – Detlef Hensche: »Wir haben die Mitbestimmung studiert. Das, was in der DDR gemacht wird, sei das Optimalste, was möglich ist. Dagegen sei die Mitbestimmung in der BRD schmalbrüstig.«[40] Daß solche Bekundungen keine wilden Phantasien der Kommunisten waren, zeigen entsprechende Äußerungen Hensches in der gewerkschaftlichen Mitgliederzeitschrift *Druck und Papier*, wo er über seine Reiseeindrücke freimütig berichtete. Zwar kämen, so räumte Hensche ein, durchaus auch »Meinungsverschiedenheiten, ja Konflikte« zwischen Werksleitung und der Gewerkschaft vor, der »durchgängige Stil ist jedoch geprägt von gemeinsamer Beratung und gemeinsamer Planaufstellung. Der Direktor kommt nicht – wie die Unternehmensleitung hierzulande – aus einer anderen Welt und ist nicht einer anderen gesellschaftlichen Gruppe, den privaten Eigentümern und ihren Funktionären verantwortlich.« Insgesamt gesehen hatte die DDR Hensche »ein wesentlich stabileres Bild von Staat, Wirtschaft und Gesellschaft vermittelt, als manche westdeutsche Zeitung uns weismachen will«.

Auch die irritierenden Eindrücke in der DDR, etwa ein »fast schon übersteigertes Streben nach Anerkennung der staatlichen und gesellschaftlichen Souveränität«, schob Hensche den reaktionären Kräften in Westdeutschland in die Schuhe, die solche Reaktionen durch das ständige Infragestellen der »normalen Grenze zwischen zwei selbständigen und souveränen Staaten« provozierten. »Wundert dies, wenn eben diese gesellschaftliche und staatliche Existenz immer und immer wieder aggressiv in Frage gestellt wird? Von Springer, von Strauß und von Kohl? Und wundert es, wenn Grenzbehörden dann auf Mißachtung der Grenze gereizt und hysterisch reagieren? Unser Eindruck: Die DDR will endlich anerkannt sein – (und nicht nur diplomatisch) – als selbständiger Staat, als Gesellschaft, die ihren Weg weitergeht, ohne Einmischung von außen, ohne Kreuzfahrer von Adenauer bis Springer.«[41] Die Identität der Überzeugungen zwischen westlichen Gewerkschaftsfunktionären wie Hensche und Mahlein mit den DDR-Oberen ging sogar so weit, daß Mahlein – laut einem der von Wilke in den Archiven gefundenen Berichte – die polnische Gewerkschaft Solidarność als von »konterrevolutionären Kräften gelenkte Organisation, die auch aus dem Ausland gelenkt wird«, charakterisierte.[42]

Zu solchen negativen gibt es immer wieder auch positive Gegenbeispiele, so daß es falsch wäre, extreme Äußerungen – etwa von Funktionären der IG Medien – für die Gewerkschaften zu verallgemeinern. Insgesamt kann jedoch festgestellt werden, daß von der Erosion der Abgrenzung, wie sie am Beispiel des Verhältnisses von Sozialdemokraten und Kommunisten gezeigt wurde, auch die Gewerkschaften betroffen waren. Eine entschiedene und kämpferische Gegenposition vertraten nur wenige Gewerkschafter wie beispielsweise der Vorsitzende der IG Chemie, Papier, Keramik, Hermann Rappe, der noch 1987 nachdrücklich betonte: »Der kommunistischen Partei geht es noch immer um die Zerschlagung der freien Gewerkschaften.«[43] Solche einfachen Wahrheiten auszusprechen wurde in den siebziger und achtziger Jahren immer schwieriger. Dies gilt nicht nur für die SPD und Gewerkschaften, sondern auch für weite Teile der evangelischen Kirche.

Die evangelische Kirche

Bei Gewerkschaften und Kommunisten sind gewisse gemeinsame Grundüberzeugungen und Anliegen nachvollziehbar, vor allem der Anspruch, die Interessen der Arbeiterschaft gegen das »Kapital« zu vertreten. Im Hinblick auf die Kirche sollte man meinen, daß sich der atheistische Kommunismus und das christliche Bekenntnis von vornherein ausschließen. Dennoch können wir im Verhältnis zwischen der evangelischen Kirche und den Kommunisten ebenfalls eine schleichende Erosion der Abgrenzung feststellen, die sich zeitgleich mit den parallelen Entwicklungen in der SPD und den Gewerkschaften vollzog. Jens Motschmann stellt dazu in seinem Buch *Die Pharisäer* fest: »Die Verlautbarungen der Kirchenleitungen waren bis in die sechziger Jahre hinein überwiegend von deutlicher Distanz zur Ideologie des Marxismus-Leninismus und des darauf basierenden SED-Staates geprägt. Der Wandel von diesem Nein zum Ja zeichnete sich unter dem Eindruck der Notstandsgesetzgebung, des Vietnamkrieges und der Studentenbewegung in den sechziger Jahren ab und vollzog sich in den siebziger Jahren.«[44]

Beispielhaft vollzog sich dieser Gesinnungswandel bei dem Theologen Helmut Gollwitzer. 1951 schrieb er nach seiner Rückkehr aus russischer Kriegsgefangenschaft einen Aufsatz zu der Frage: »Kann ein Christ Kommunist sein?« Seine Antwort damals: »Der Christ kann unter einer kommunistischen Obrigkeit leben, aber er kann es nur, indem er sie erleidet. Er kann nicht ihre Weltanschauung teilen, er kann nicht Kommunist sein, er kann auch nicht sich mit dem Marxismus taktisch verbünden, um auf diese Weise einen Ausweg aus den Nöten der heutigen Menschheit zu finden.«[45] Ein gutes Jahrzehnt später fragte Gollwitzer: »Kann ein Christ Sozialist sein?« Er antwortete darauf mit einem eindeutigen Ja, ging aber sogar noch einen Schritt weiter: »Muß ein Christ Sozialist sein?« Auch auf diese Frage fand er ein rundes Ja: »Das Ziel [des Dienstes der Jünger Jesu] ist eine sozialistische, klassenlose Gesellschaft. Hinsichtlich dieser Zielvorstellung, die zugleich Kriterien für die Kritik jeder bestehenden Gesellschaft gibt, läßt der Wille des Vaters dem Jünger keine Wahl. Er muß Sozialist sein.«[46]

Bischof Forck beschreibt die Wandlung, die sich in der evangelischen Kirche und ihrer Sicht des Marxismus vollzog, mit folgenden Worten: »Nach einer Anfangsphase, in der Nationalsozialismus und Sozialismus ihrer totalitären Form wegen in öffentlichen Erklärungen gleichgesetzt wurden, haben die evangelischen Kirchen gelernt, die humanitären Ansätze des Marxismus von den zutiefst unmenschlichen Grundsätzen des Nationalsozialismus zu unterscheiden.«[47]

Die angeblich humanitären Ansätze und Zielsetzungen des Marxismus dienten als Rechtfertigung, um den Antagonismus zwischen Marxismus und Christentum dialektisch aufzulösen. Damit im Zusammenhang steht die von den Kommunisten bewußt instrumentell genutzte »Friedensfrage«, bei der es – scheinbar – Berührungspunkte zwischen den Anliegen von Christen und Kommunisten gab. Genannt sei hier beispielsweise die *Christliche Friedenskonferenz* oder die Initiative *Christen für die Abrüstung*, die im Sinne kommunistischer Bündnispolitik operierten. Die personelle Verflechtung mit kommunistischen Vorfeld- und Tarnorganisationen wie etwa der Deutschen Friedensunion (DFU) ist eindeutig belegt, hielt aber führende Repräsentanten der Kirche nicht ab, sich hier zu engagieren.

Wiederum spielte die Ideologie des Anti-Antikommunismus eine zentrale Rolle, um mögliche Widerstände oder Vorbehalte gegen eine Kooperation mit Kommunisten aufzulösen. Schon der Theologe Karl Barth hatte bekannt, er halte den »prinzipiellen Antikommunismus für das noch größere Übel als den Kommunismus selber«.[48] Von linken Christen wurde der Antikommunismus geradezu als Sünde oder als »Schuld der Kirche« (Kurt Scharf) bezeichnet, weil er den Frieden gefährde und unter dem Vorzeichen jener Ideologie der Krieg gegen die Sowjetunion geführt worden sei.

Der Schuldbegriff wurde zunehmend seiner ursprünglichen theologischen Bedeutung entfremdet und verkam zu einer masochistischen

Selbstanklage und Selbsterniedrigung. Schuldig hatte man sich als Deutscher zu fühlen (wegen der nationalsozialistischen Vergangenheit), als Einwohner eines Industrielandes (wegen der Ausbeutung der Dritten Welt), als Mann (wegen der Zugehörigkeit zu einem Unterdrücker-Geschlecht) usw.

Charakteristisch für diese Haltung sind die Worte, mit denen der Pfarrer und Theologieprofessor Ulrich Duchrow vor die Delegierten der 6. Vollversammlung des Weltkirchenrates trat, die im Sommer 1983 in Vancouver stattfand: »Liebe Schwestern und Brüder in Christus, eine persönliche Vorbemerkung: ich bin weiß, männlich, Mittelklasse, komme aus einem Land, dessen Wirtschaft viele von euch ausbeutet, und aus einer Kirche, die – z. T. aufgrund solcher Ausbeutung – reich ist. Daß ich trotzdem zu Euch zum Thema ›Für Gerechtigkeit und Menschenwürde kämpfen‹ sprechen darf, ist ein Zeichen der Gegenwart Christi.«[49] Dorothee Sölle, die auf der Konferenz eines der Hauptreferate hielt, stellte sich in ähnlicher Weise vor: »Ich spreche zu Ihnen als eine Frau, die aus einem der reichsten Länder der Erde kommt; einem Land mit einer blutigen, nach Gas stinkenden Geschichte, die einige von uns Deutschen noch nicht vergessen konnten; ein Land, das heute die größte Dichte von Atomwaffen in der Welt bereithält. Ich möchte Ihnen etwas sagen über die Ängste, die in meinem wohlhabenden und militaristischen Land herrschen; ich spreche zu Ihnen aus Zorn, in Kritik und mit Trauer.«[50]

In solchen Bekenntnissen wird deutlich, in welchem Ausmaß die zentralen Themen der 68er Bewegung in den siebziger und achtziger Jahren auch Themen der evangelischen Kirche wurden. Einflußreiche Theologinnen wie die eben zitierte Dorothee Sölle entwickelten aus den Bruchstücken der 68er Ideologie, dem Marxismus und dem Feminismus eine neue Theologie, wie sie etwa in folgender »Meditation über Lukas 1,46–55« zum Ausdruck kommt:

»Es steht geschrieben, daß Maria sagte / er übt macht mit seinem arm und zerstreut / die hochmütigen / er stößt die gewaltigen von ihren thronen / und die getretenen richtet er auf / heute sagen wir das so: / wir werden unsere besitzer enteignen und über die, / die das weibliche wesen kennen, werden wir / zu lachen kriegen / die herrschaft der männchen über die weibchen / wird ein ende nehmen. . .«[51]

Ähnlich wie die Jusos in der SPD spielten in der evangelischen Kirche die Evangelischen Studentengemeinden (ESG) eine Rolle als Speerspitze der ideologischen Infiltration. Studentenpfarrer erklärten, der chinesische und nordvietnamesische Versuch, den Sozialismus zu verwirklichen, seien die bisher hoffnungsvollsten. Der Unterschied zwischen den Zielen wahrer Christen und wahrer Kommunisten sei

»unwesentlich«. Gemeinsame Aufrufe der Evangelischen Studentengemeinden mit Gruppen wie dem Kommunistischen Bund oder der
trotzkistischen Gruppe Internationaler Marxisten waren keine Selten-
heit. Und es gab eigenwillige Interpretationen, wie sie in den »ESG-
Informationen« ein »Arbeitskreis Theologie« vortrug: »Der AK Theologie existiert bald drei Semester. Wir sind etwa zehn Leute und haben
damit angefangen, die Bibel zu lesen. Das ist keine Übung in religiöser
Verschleierung sozioökonomischer Widersprüche, sondern eigentlich
gerade das Gegenteil. Wir lesen die Bibel als das Buch, in dem die Geschichte des Kampfes eines Volkes um seine Befreiung von ungerechter Herrschaft, von Ausbeutung und Verschleppung sich schriftlich
niedergeschlagen hat. Es geht um ganz reale Klassenkämpfe und nicht
um ein vertröstendes Jenseits, um eine große Perspektive, eine große
Hoffnung, die gerade in der Bibel nur auf der Erde und der Geschichte
Wirklichkeit werden kann und Wirklichkeit wird.«[52]

Der *Spiegel* berichtete im Juni 1972, daß Anfang der siebziger Jahre
im Bereich der EKD rund 50 Geistliche der DKP angehörten.[53] Wenn
von kirchlicher Seite die Unvereinbarkeit der Mitgliedschaft in der
DKP und der Ausübung eines geistlichen Amtes postuliert wurde,
hatte dies massive Solidarisierungsaktionen in der Kirche zur Folge.
Das Problem waren dabei weniger die Pfarrer, die sich offen zur DKP
bekannten, als die Unfähigkeit der Kirche, sich offensiv mit der kommunistischen Ideologie auseinanderzusetzen.

Zunehmend wurde es von großen Teilen der evangelischen Kirche
als Verpflichtung angesehen, zu den jeweils in linken Kampagnen thematisierten Problemen »kritisch« Stellung zu beziehen. Andreas Püttmann hat zahlreiche Beispiele von Äußerungen namhafter Repräsentanten der evangelischen Kirche zu Themenkomplexen wie »Hausbe-
setzungen«, »Startbahn West«, »Nachrüstung«, »Atomkraftwerke«,
»Asylrecht« usw. angeführt. Dabei wurde oftmals offen zum Rechts-
bruch aufgefordert, der als Ausdruck einer höheren Gewissensver-
pflichtung gerechtfertigt wurde. »Begrenzte Regelverletzungen« wie
Sitzblockaden oder das Verstecken von »Flüchtlingen« galten als Ausdruck von notwendigem »zivilem Ungehorsam« und eines »höheren
Rechts auf Widerstand«.[54]

Jens Motschmann führt sogar zahlreiche Beispiele dafür an, daß es
aus dem Bereich der evangelischen Kirche offene Sympathiebekun-
dungen für die RAF gab. Auch dies natürlich Ausnahmeerscheinun-
gen. Aber das Problem »liegt weniger bei diesen relativ wenigen ideo-
logisierten Pastoren als vielmehr bei der Haltung einer Kirchenleitung,
die ihren Gemeinden Pastoren mit dieser Agitation zumutet«.[55] Und
problematisch war auch, daß bekannte Theologen immer wieder Ter-

ror relativierten und verharmlosten, wenn er nur mit »linken« Argumenten begründet wurde. So nannte beispielsweise der Pastor Heinrich Albertz im *Wort zum Sonntag* (ARD) vom 20. August 1977 die Terroristenmorde in einem Atemzug mit der »Gewalt« von Regierungen und Konzernen, Großbanken und Gewerkschaften, Parteien und Verbänden, ja auch der großen Kirchen, mit der Gewalt, deren Opfer die Verkehrstoten sind und die von militärischer Rüstung und von Polizeieinsätzen ausgehen bis hin »zu den elenden Folgen des Radikalenerlasses«. Ähnlich wie Albertz argumentierte Dorothee Sölle in einer Sendung des NDR/WDR: »Durch Terroristen werden in der Bundesrepublik vielleicht zwei bis zwanzig Menschen jährlich umgebracht. Zehn waren es im letzten Jahr. Etwa 200 Menschen sterben durch kriminelle Verbrechen, ungefähr 2000 durch Verwandte oder Bekannte, fast 20 000 im Straßenverkehr.«[56] Ähnlich zynische Rechnungen wären undenkbar, wenn die Opfer von Gewalt nicht Bankdirektoren und Unternehmer sind, sondern Türken oder Behinderte – und wenn die Täter ihren Terror nicht mit linken, sondern mit rechten Parolen zu legitimieren suchten.

Aber die selektive Wahrnehmung von Unrecht ist das eigentliche Problem dieser Entwicklung in der Kirche. So förderte man auch dann sogenannte Befreiungsbewegungen in der Dritten Welt, wenn diese kommunistisch gesteuert waren und Menschenrechte verletzten. Man setzte sich vehement für Menschen- und Bürgerrechte in Chile oder Südafrika ein, nicht jedoch in China, der Sowjetunion oder gar der DDR. Man kritisierte die amerikanische Hochrüstungspolitik lautstark, jedoch nur leise – oder überhaupt nicht – die sowjetische Rüstung. Man sprach oft über die Verbrechen des Nationalsozialismus, aber kaum über jene des Kommunismus.

All diese Einstellungen waren – dies ist hier gezeigt worden – kein Charakteristikum der evangelischen Kirche. Sie blieben auch nicht auf Gewerkschaften und Sozialdemokraten beschränkt. Vielmehr signalisierten solche Haltungen tiefe, eingreifende Änderungen des »Zeitgeistes«. Im Kern handelte es sich um die Aufkündigung des antitotalitären Konsenses und um das Eindringen der 68er-Ideologie in sämtliche Institutionen der Gesellschaft. Dabei erwiesen sich zwar SPD, Gewerkschaften, Medien, Intellektuelle, Universitäten und evangelische Kirche als besonders anfällig, aber die Entwicklung blieb keineswegs auf diese Bereiche beschränkt.

Es wäre allerdings einseitig, diese Tendenzen zu verabsolutieren. Überall regte sich auch Widerstand. In der SPD schlossen sich gemäßigte Kräfte zu Gesprächskreisen zusammen, in den Gewerkschaften erhoben Männer wie Hermann Rappe immer wieder ihre Stimme gegen die Unterwanderungstendenzen, im universitären Bereich gründete sich ein *Bund Freiheit der Wissenschaft*, in den Medien hielten mutige Journalisten und Verleger wie Gerhard Löwenthal und Axel Springer gegen den Zeitgeist.

Dennoch sollten die Konservativen selbstkritisch feststellen, daß sie es insgesamt nicht vermochten, den Trend aufzuhalten oder gar umzukehren. Feigheit und Zurückweichen vor dem Ansturm der linken Ideologien waren weitaus häufiger anzutreffen als mutiges oder gar solidarisches Entgegenhalten. Und jene, die dagegenhielten, taten dies oftmals in einer Weise, die gerade junge Menschen und Intellektuelle nicht zu überzeugen vermochte. Wenn eine bloße Rückkehr zu den Zuständen der 50er Jahre das Ziel war, dann konnte man damit natürlich junge Menschen nicht begeistern. Und wenn man den utopischen Versprechen von Gleichheit, Emanzipation und ewigem Frieden nur bürokratische Formeln und Rechtsvorschriften entgegensetzte, ohne deren Sinn und geistige Substanz zu vermitteln, dann war ein Scheitern der Gegenwirkungen schon programmiert.

IV. Die Grünen zwischen Extremismus und Demokratie

Während sich viele 68er – insofern sie überhaupt politisch engagiert blieben und sich nicht auf Beruf oder Familie zurückzogen – der SPD oder aber dem Umfeld der DKP anschlossen, gab es einen anderen Teil, der sich als »Neue Linke« organisierte. Innerhalb der »Neuen Linken« gab es einmal jene Gruppen, die eher in der antiautoritären oder anarchistischen Tradition der 68er Bewegung standen, also »Spontis«, Anarchisten und autonome Antiimperialisten. Auf der anderen Seite entwickelten sich die sogenannten K-Gruppen wie etwa die maoistischen Organisationen KPD/ML, KPD und KBW (Kommunistischer Bund Westdeutschland) oder der KB (Kommunistischer Bund). Diese Gruppen waren straff organisiert, sie orientierten sich an den Lehren von Marx, Engels, Lenin, Stalin und Mao Tse-tung, die Sowjetunion und ihre Satellitenstaaten bekämpften sie als »sozialimperialistisch« und »revisionistisch«. Die SPD wurde von der KPD/ML als »sozialfaschistisch« bezeichnet, die DKP als Agentur des Sowjetimperialismus, die die Sache der deutschen Arbeiterklasse verraten habe. Erklärtes Ziel der K-Gruppen war die gewaltsame sozialistische Revolution und die Errichtung der Diktatur des Proletariats – Vorbilder waren China, Albanien, Nordkorea und Nordvietnam.

Mitte der siebziger Jahre gerieten die K-Gruppen jedoch in eine tiefe Krise, die sowohl mit inneren Entwicklungsprozessen zusammenhing als auch mit Veränderungen der chinesischen Innen- und Außenpolitik: Die Annäherungen Chinas an die USA, der Tod Mao Tse-tungs, der Kampf gegen die sogenannte Viererbande und der Bruch zwischen China und Albanien führten zu ideologischer Verwirrung und beschleunigten Krise und Zerfall der – sich selbst so bezeichnenden – »ML-Bewegung«. Die Zerfallsprodukte dieser »Bewegung«, aber auch die außerhalb dieser Szene agierenden Gruppierungen (wie etwa der spontaneistische *Revolutionäre Kampf* in Frankfurt) bildeten wichtige Bausteine der Ende der siebziger Jahre entstehenden neuen Partei Die Grünen.

Die Grünen haben jedoch keineswegs nur diese »rote«, sondern auch eine genuin »grüne« Wurzel. Anfang der siebziger Jahre hatten sich zahlreiche Bürgerinitiativen entwickelt, und Mitte der siebziger Jahre war die sogenannte Anti-AKW-Bewegung entstanden. Themen der Bürgerinitiativen waren Fragen der Verkehrs-, Regional- und Industrieplanung. Meist ging es zunächst darum, die spezifischen Interessen von »Betroffenen« zur Geltung zu bringen. Die Anti-AKW-Bewegung war der Vorbote der später dann thematisch viel umfassender agierenden Umwelt- oder Ökologiebewegung. Zu Berührungen mit der extremen Linken kam es allerdings schon bei den Demonstrationen in Brokdorf, Grohnde und Gorleben 1977. Die linksextremen Gruppen, die das Ökologie-Thema zunächst in seiner Brisanz nicht erkannt hatten, merkten bald, daß es sich im Rahmen einer revolutionär-antikapitalistischen Strategie durchaus für die eigenen Ziele instrumentalisieren ließ. Dabei gab es auch auf linker Seite einsichtigere Argumente als jene von der DKP vertretene Sichtweise, Atomkraftwerke seien nur im Sozialismus sicher, weil dort unter Kontrolle der Arbeiterklasse, während sie in den Händen der verantwortungslosen und profitgierigen kapitalistischen Energiemonopole eine Bedrohung für die Menschen darstellten.

Der Umweltschutz war zunächst eher ein konservatives Anliegen. So war Herbert Gruhl, Autor des Bestsellers *Ein Planet wird geplündert* (1975), von 1954 bis 1978 Mitglied der CDU, seit 1969 Bundestagsabgeordneter und Vorsitzender der *Arbeitsgruppe für Umweltvorsorge* der CDU. Im Juli 1978 trat er aus der CDU aus und gründete die Grüne Aktion Zukunft, in deren Programm sich auch konservative Aussagen fanden, beispielsweise: »Auch das Opfer kann den Wert unseres Daseins erhöhen« oder »Den Müttern als dem wichtigsten Stand des Volkes muß mehr Anerkennung und Gerechtigkeit zuteil werden«. Insbesondere kritisierten Gruhl und andere ökologische Vordenker die »Wachstums«- und Industriegesellschaft, die – werde die verfehlte Entwicklung nicht aufgehalten – unvermeidlich in die ökologische Katastrophe führen müsse.

Eine andere Führungspersönlichkeit aus den Anfangszeiten der Grünen war August Haußleiter, der 1950 die nationalneutralistische *Deutsche Gemeinschaft* ins Leben gerufen hatte und später Vorsitzender der *Aktionsgemeinschaft Unabhängiger Deutscher* (AUD) war.[1] Haußleiter öffnete diese Organisation zwar nach links und betonte zunehmend das ökologische Thema, aber dennoch wird man ihn – wie Gruhl – der Gruppe der rechten bzw. konservativen Ökologen zurechnen dürfen, die in der Anfangszeit der Grünen eine wichtige Rolle spielten.

Die Geburtsstunde der Grünen datiert im März 1979, als sich in Frankfurt am Main Haußleiters AUD, Gruhls GAZ sowie die Grüne Liste Umweltschutz (Niedersachsen) und die Grüne Liste Schleswig-Holstein zu der »Sonstigen Politischen Vereinigung Die Grünen« zu-

66

sammenschlossen. Der aus Haußleiter, Gruhl und Helmut Nedder-
meyer bestehende Vorstand zeigte den originär »grünen« Charakter
dieser Partei, der in den nächsten Jahren jedoch zunehmend durch
linke und linksextreme Gruppen und Personen verändert werden
sollte.

Unabhängig von den verschiedenen Grünen Listen hatten sich
»bunte« oder »alternative« Listen gebildet, in denen die K-Gruppen
von Anfang an eine entscheidende Rolle spielten. So wurde beispielsweise im März 1978, also ein Jahr vor Gründung der »SPV Die Grünen« in Hamburg ein Wahlbündnis unter dem Namen »Bunte Liste –
Wehrt Euch: Initiativen für Demokratie und Umweltschutz« ins Leben
gerufen. Unter den 200 Gruppen befanden sich Atomkraftgegner, Homosexuelle, Wehrdienstverweigerer, »Antifaschisten«, Häftlingsgrup-
pen und – vor allem – der Kommunistische Bund. Etwa 25 an der Liste
beteiligte Initiativen waren Scheingründungen des Kommunistischen
Bundes, aus denen dieser rund 70 zusätzliche Delegierte bei den Ver-
sammlungen gezogen hatte.

Der KB verstand es, mit einer geschickten Kaderpolitik von Anfang
an seine Anhänger in zentralen Positionen zu plazieren. So ergab sich
bei der Bunten Liste wie auch bei anderen links-alternativen Wahl-
bündnissen eine sogenannte Schalenstruktur, die Rudolf van Hüllen in
seinem Standardwerk über *Ideologie und Machtkampf bei den Grünen*
treffend beschreibt: »Um einen ideologisch und machtpolitisch führenden Kern aus einer oder mehreren K-Gruppen gruppierten sich von
innen nach außen deren Sympathisanten, undogmatische Linke und
schließlich das durch andere Protestanlässe mobilisierte bunt/alterna-
tive Potential.«[2] Der in Hamburg besonders starke Kommunistische
Bund bzw. die Ende 1979 von dieser Organisation abgespaltene
Z-Gruppe sollte später bei den Grünen eine wichtige Rolle spielen.

Eine ähnlich zentrale Rolle wie der Kommunistische Bund in Hamburg spielte die maoistische Kommunistische Partei Deutschlands in
der Entwicklung der Alternativen Liste (AL) in Berlin. Zwar löste sich
die KPD im März 1980 auf, aber die ideologischen Überzeugungen
blieben auch später noch wirksam und beeinflußten zeitweilig die
deutschland- und außenpolitischen Stellungnahmen der Berliner Alternativen. Dabei war der Einfluß der Maoisten nicht nur negativer
Natur. So wirkten die ehemaligen Angehörigen der KPD etwa gegen
die Verharmlosung und Apologie der sowjetischen Politik. »Für ehemalige Mitglieder des KBW und der KPD ergab sich hingegen aus der
›Sozialimperialismus‹-These eine Bedrohungsanalyse, die zwar ideologisch bestimmt war, aber paradoxerweise zur realistischen Erfassung
der Sicherheitslage Westeuropas mehr beitrug als die Leninsche Impe-

rialismustheorie. Die aus den beiden maoistisch orientierten K-Gruppen stammenden Vertreter der Äquidistanz-Konzeption hielten in der Regel einen Austritt der Bundesrepublik Deutschland aus der Nato nicht für sinnvoll« bzw. forderten zugleich den Austritt der DDR aus dem Warschauer Pakt.[3]

Auch in der deutschlandpolitischen Diskussion setzten die Vertreter der maoistischen KPD eigene Akzente, weil sie die postnationale Zweistaatlichkeitsthese ablehnten und nachdrücklich betonten, die deutsche Frage sei nach wie vor offen. Allerdings erhofften sie sich die Überwindung der Teilung in einem einheitlichen, unabhängigen und sozialistischen Deutschland. Später setzte sich auch in der Berliner Alternativen Liste eine DDR-freundliche Linie durch, was nicht zuletzt mit den Aktivitäten von Politikern wie Dirk Schneider (heute PDS) zusammenhing.

Solchen Einflußnahmen (ehemaliger) Maoisten steht auf der anderen Seite die Infiltration der grünen Bewegung mit marxistisch-leninistischem Theoriegut gegenüber, dem viele K-Gruppen-Mitglieder auch nach der Auflösung ihrer Organisationen zunächst weiterhin anhingen. Es war von Anfang an klar, daß für diese Kräfte die ökologische Frage in erster Linie eine instrumentelle Bedeutung hatte. Am Beispiel des Themas Umweltverschmutzung ließ sich die These von der Notwendigkeit der Beseitigung der kapitalistischen Produktionsverhältnisse überzeugender demonstrieren als an den alten Klassenkampfthemen der 20er Jahre, von denen sich die Propagandatätigkeit der maoistischen Gruppen bis dahin weitgehend leiten ließ.

Für die nicht-linken Ökologen stellte sich von Anfang an die entscheidende Frage, wie sie mit den linksextremen Kräften aus den »bunten« und »alternativen« Listen umgehen sollten. Ein wirksames Mittel zur Abwehr dieser Kräfte wären nur Unvereinbarkeitsbeschlüsse gewesen, in denen eindeutig erklärt wird, daß die Mitgliedschaft in der zu bildenden grünen Partei mit der Mitgliedschaft in links- und rechtsextremistischen Gruppierungen unvereinbar sei.

Warum es zu solchen klaren Unvereinbarkeitsbeschlüssen nicht kam, hat treffend Rudolf van Hüllen analysiert: »Dieses Verfahren einer gleichgewichtig nach rechts und links vorgenommenen Ausgrenzung politischer Extremisten [weckte] vor allem in der Linken teils echte, teils gezielt mobilisierte Empörung. Dafür war nicht nur die hier vorgenommene Gleichbewertung von Faschisten und Kommunisten verantwortlich, sondern vor allem die Ähnlichkeit zu entsprechenden gegen die K-Gruppen gerichteten Abgrenzungsbeschlüssen der SPD (1971) und des DGB (1973). Die emotionale Ablehnung solcher Unvereinbarkeitsbeschlüsse erstreckte sich über den Kreis der organisierten Linken hinaus auf weite Teile der jugendlichen Klientel der Grünen, dort vor allem ins studentische und akademische Milieu. Hier wurde einerseits die Wirksamkeit der Kampagne gegen ›Berufsverbote‹ deutlich; sie hatte praktisch während der gesamten siebziger Jahre einen der Schwerpunkte linker Politik gebildet. Zum anderen hatte die vorwiegend von neomarxistischen Wissenschaftlern betriebene Diskreditierung der in den sechziger Jahren noch vorherrschenden Totalitarismus-Theorie zu einer Verwischung des Bewußtseins über die zwischen Demokratie und Diktatur verlaufende Konfliktlinie zugunsten einer fragwürdigen Aufteilung politischer Regime in bürgerliche bzw. faschistische Ordnungen auf der einen und angeblich progressive Regime auf der anderen Seite geführt: Es war vor allem in einzelnen gesellschaftlichen Sektoren zu einer Erosion des antitotalitären Nachkriegskonsenses gekommen, mit der Folge, daß vielfach Kommunisten jedweder Couleur als ›kritische Demokraten‹ hoffähig gemacht wurden.«[4] Aus diesen Gründen war ein Unvereinbarkeitsbeschluß, der die einzig wirksame Waffe gegen die systematisch betriebene linksextreme Infiltration hätte sein können, nicht mehr durchsetzbar.

Der »progressiven« und »antifaschistischen« Phraseologie der Kommunisten und ihrer entschlossenen und zielbewußten Strategie hatten die bürgerlich-ökologischen Kräfte nichts Gleichwertiges entgegenzusetzen. Hinzu kam später, daß die in der Regel in hohem Maße disziplinierten ehemaligen K-Gruppen-Mitglieder hinsichtlich der Organisationsfähigkeit, aber auch des taktisch-strategischen Denkens den aus dem undisziplinierten alternativ-spontaneistischen Milieu entstammenden Personen oder auch politisch unerfahrenen grünen Bürgerinitiativlern überlegen waren.[5]

Als im Januar 1980 die Partei Die Grünen gegründet wurde, hatte sich bereits eine Verschiebung des Kräfteverhältnisses zwischen bürgerlichen Ökologen und radikalen Linken gegenüber der Situation ein Jahr zuvor abgezeichnet. Auf dem Gründungskongreß warnten Delegierte aus 13 Kreisverbänden mit einem Flugblatt unter dem Titel »Grüner Selbstmord durch rote Ideologien« davor, die Mandate der 60 namentlich bekannten Delegierten aus dem KB- und KPD-Umfeld anzuerkennen.[6] Der rasche Terraingewinn der radikalen Linken wurde wenige Monate später auf der Bundesversammlung der Grünen deutlich.

Charakteristisch ist das Schicksal Haußleiters. Obwohl er zunächst an der Öffnung der Partei für die linksextremen Kräfte beteiligt war, wurde er von eben jenen Linken entmachtet. Als wirksames Mittel zur Machtdurchsetzung setzten Linke und Linksextreme hier – wie auch in vielen anderen Fällen – die »Faschismuskeule« ein. Sie machten Haußleiter seine »faschistische« Vergangenheit zum Vorwurf, ein beliebtes Mittel der Linken, um unliebsame Gegner wirksam zu diffamieren. Auch eine weitere Führungspersönlichkeit, nämlich Herbert Gruhl, wurde auf der Bundesversammlung im Juni 1980 nicht mehr wiedergewählt. Gruhl geriet übrigens ebenfalls unter Faschismusverdacht, und die von ihm gegründete Ökologisch-Demokratische Partei (ÖDP) tauchte in einschlägigen antifaschistischen Schriften bald als angeblich rechtsextreme Vereinigung auf. Die Linkswende in der Bundesversammlung wurde bei der Wahl der sechs Beisitzer deutlich, von denen nur noch einer dem Kommunistischen Bund als »rechtsstehend« verdächtig war.[7] Auch ein anderer prominenter Grüner, nämlich der Ökobauer Baldur Springmann, verließ bereits im Juni 1980 die Partei. In einer Presseerklärung der nicht-linken ökologischen Kräfte vom 25. Juni 1980 wurden die Grünen als »nunmehr eindeutig ultralinke Protestgruppe mit einem in gleicher Weise wie bei den etablierten Parteien umgehängten grünen Mäntelchen« tituliert.[8]

Im innerparteilichen Machtkampf waren die bürgerlichen Ökologen den radikalen Linken immer wieder unterlegen. Rudolf van Hüllen konstatiert eine »gewisse Hilflosigkeit der grünen Vertreter gegenüber den Mechanismen leninistischer Strategie... Sie ermöglichten den Bunten nicht nur, aus ihrer zahlenmäßigen Minderheitsposition heraus immer wieder mehrheitsfähig zu werden, sondern das bürgerliche ›Lager‹ häufig genug in sich zu spalten.«[9] Eine entscheidende Schwäche der nicht-linken Kräfte sei vor allem das Fehlen eines leistungsfähigen Kommunikationsnetzes gewesen.[10] Die Unfähigkeit, mit den gleichen Methoden wie die Linken zu arbeiten, führte innerhalb der grünen Partei wie in der Gesamtgesellschaft der Bundesrepublik dazu, daß die bürgerlichen Kräfte zunehmend in die Defensive gerieten. Zwar bildeten auch die Linken untereinander keineswegs eine einheitliche Front, sondern waren über zahlreiche Fragen zerstritten, aber im Unterschied zu den bürgerlichen Kräften hatte man es gelernt, strategische Allianzen, Aktionsbündnisse und Einheitsfronten zu bilden und im entscheidenden Moment zusammenzustehen.

Es war notwendig, die Frühzeiten der Grünen darzustellen, weil unter dem Eindruck der weitgehenden Durchsetzung der »Realpolitiker« gegenüber den »Fundamentalisten« das einseitige Bild einer zunehmenden »Mäßigung« der Grünen entstanden ist, das die Ambivalenz der Entwicklung aber nicht erfaßt. In dem Maße, in dem Politiker wie Joschka Fischer in den Vordergrund rückten und Linksextremisten wie Jutta Ditfurth die Partei verließen, zeichneten die bundesrepublikanischen Medien gerne ein Bild der domestizierten

Grünen, die nach ihrer Sturm-und-Drang-Phase nun »vernünftig« und »politikfähig« geworden seien.

Dieses Bild wird auch in dem Standardwerk von Joachim Raschke *Die Grünen. Wie sie wurden, was sie sind* gezeichnet, ein Werk, das weitgehend das Selbstverständnis der Partei reflektiert. Zwar bestreitet Raschke nicht den Einfluß der K-Gruppen, doch er betont, daß der Linksextremismus »durch den Sieg gemäßigter Strömungen über die radikalen Kerne der linken Strömung« innerhalb der Partei »marginalisiert« worden sei. »Nach einer Phase der Sammlungspartei, die mit linksradikalen Positionen längerfristig nicht durchzuhalten war, kam es zu Machtkämpfen, bei denen der Linksradikalismus unterlag. *Das* war der Ablauf bei den Grünen, nicht eine Geschichte der Manipulation.«[11] Van Hüllen hebt dagegen nachdrücklich den Einfluß der K-Gruppen und die Zurückdrängung der bürgerlichen Ökologen hervor, die in der Gründungsphase dominiert hatten und dann aus der Partei hinausgedrängt wurden oder in eine hoffnungslose Minderheitenposition gerieten. Ein zutreffendes Bild der Parteientwicklung muß sicherlich beide Aspekte beachten: zunächst die Durchsetzung linker und linksextremer Positionen im Kampf gegen die bürgerlichen Ökologen, in einer zweiten Phase dann die Behauptung der linken Realpolitiker gegenüber den linksextremistischen Fundamentalisten und Öko-Sozialisten.

Mit diesem Prozeß einher ging – und dies wird auch in kritischen Studien über die Grünen meist übersehen – ein zunehmender Terraingewinn des Feminismus. Nicht nur bei den Grünen, sondern in der bundesrepublikanischen Linken überhaupt verloren marxistisch-leninistische Theorien in den achtziger Jahren an Attraktivität, nicht jedoch schwand das scheinbar unstillbare Utopie- und Ideologiebedürfnis linker Intellektueller. An die Stelle des »Kapitals« trat als Feind das »Patriarchat«. Das revolutionäre Subjekt waren nun nicht mehr die »Proletarier«, sondern die »Frauen«. Die Geschichte galt nicht mehr primär als Geschichte der Klassenkämpfe, sondern der Geschlechterkämpfe, und die verheißungsvolle Zukunftsvision hieß nicht mehr die klassenlose, sondern die »weibliche« Gesellschaft.

Die Einschätzung der Bedeutung des Feminismus für die grüne Programmatik durch die Partei selbst und durch deren bürgerliche Kritiker differiert ganz erheblich. Kritische Autoren versuchen meist, den Einfluß marxistischer Theorien bzw. auch die Unterwanderungserfolge durch die K-Gruppen aufzuzeigen, übersehen jedoch die entscheidende Bedeutung des extremistischen Feminismus in der Partei. Joachim Raschke indes betont, daß es »seit 1983/84 zu einem Schub frauenpolitisch-feministischer Profilierung bei den Grünen kam. Ihr

Ergebnis waren innerparteiliche Institutionalisierung, die Durchsetzung der obligatorischen innerparteilichen Quotierung und anderer Frauenrechte in Frauenstatuten auf Länder- und Bundesebene und die Verabschiedung der Forderung nach Streichung des § 218 sowie die Entfaltung eines breiten Programms von Gleichstellungspolitik, das im Antidiskriminierungsprozeß seinen prägnanten Ausdruck fand.«[12] Die Analogie zu den sozialistischen Theorien und Utopien ist so offensichtlich, daß auch der Autor sie (mit positiver Wertung versehen) zieht: »So wie Sozialismus der konsequenteste Versuch zur Lösung von Ungleichheitsproblemen ist, ist Feminismus der entschiedenste Ansatz zur Bearbeitung von Problemen der Geschlechterdifferenz.«[13]

Feministinnen behaupten allerdings, die Durchsetzung ihres Gesellschaftsmodells führe zugleich zur Lösung aller Probleme, also auch zur Beseitigung kapitalistischer Ausbeutung und Unterdrückung. So erklärte Steffi Engert auf der 2. Grünen Bundesfrauenkonferenz im November 1987: »Feminismus war und ist die subversivste Kraft in der gesamten Bewegung gegen gesellschaftliche Strukturen, die auf Profit, Ausbeutung und Herr-schaft beruhen; wenn die Hierarchie von Männern über Frauen zu Fall gebracht wird, stürzt alle bisherige (Unter-)Ordnung ein.«[14] Daß Feminismus nichts mit dem zu tun hat, was man ansonsten unter der Formel »Gleichberechtigung der Frauen« subsumiert, verdeutlichte die führende grüne Politikerin Verena Krieger in aller wünschenswerten Deutlichkeit auf der 1. Bundesfrauenkonferenz der Grünen im Jahre 1985: »Feminismus steht im Gegensatz zu Gleichstellungspolitik. Feminismus heißt für mich: eine radikale Veränderung der Gesellschaft zugunsten der Frauen. Feministische Politik ist eine Politik, die an die Wurzeln der patriarchalisch-kapitalistischen Gesellschaft geht. Feminismus ist radikale Politik.«[15]

Die Bedeutung der feministischen Ideologie im Rahmen der grünen Programmatik und die Durchsetzungsfähigkeit der Feministinnen in der Partei wurde schlaglichtartig 1984 deutlich, als der Fraktionsvorstand im Bundestag plötzlich nur noch mit Frauen besetzt wurde. Und obwohl nur ein Drittel der Grünen Frauen sind, wurde in den Jahren 1985/86 eine rigide Quotierung festgeschrieben, die vorsieht, daß alle Parteiorgane »zu mindestens 50 Prozent mit Frauen zu besetzen« seien. Die Listen für Parlamentswahlen werden »grundsätzlich alternierend« mit Frauen und Männern besetzt, wobei Frauen selbstverständlich auf die ungeraden Listenplätze gesetzt werden, beginnend mit der Spitzenkandidatin auf Platz 1. Damit trotzdem niemand auf den Gedanken kommt, es gehe hier um Gleichberechtigung, wurde ausdrücklich festgelegt: »Allerdings sind reine Frauenlisten möglich.«[16]

Die These von der Entideologisierung der Grünen ist nur insofern richtig, als sie den Attraktivitätsverlust marxistisch-leninistischer Positionen meint. Da diese Dogmen durch einen anderen Utopismus, nämlich den Feminismus, substituiert wurden, bleibt die Entideologisierungs-These in dieser Allgemeinheit fragwürdig. In der bürgerlichen Öffentlichkeit wurden solche linken Theoriediskussionen jedoch ohnehin nur sehr unvollständig und – wenn überhaupt – mit gehöriger Verspätung wahrgenommen. Das zunehmend freundlichere Bild, das über die Grünen gezeichnet wurde, reflektierte keineswegs nur tatsächliche Entwicklungen in der Partei, sondern auch das Wunschdenken einer linksbürgerlichen Medienöffentlichkeit und die Bequemlichkeit der bürgerlichen Eliten, die die Grünen lieber verharmlost sehen wollten, als sich kämpferisch mit ihnen auseinanderzusetzen.

Wie weit die Partei der Grünen heute – ganz anders als etwa die Republikaner – auch von den Eliten akzeptiert ist, zeigt eine Umfrage des Allensbacher Instituts vom Juni 1989. Führungskräften aus Wirtschaft, Politik und Verwaltung wurde folgende Frage vorgelegt: »Ich möchte Ihnen zwei Meinungen zu den Grünen und zu den Republikanern vorlesen. Die eine Meinung ist: ›Diese Parteien nutzen nur irrationale Stimmungen aus, sie erschweren eine sachliche Diskussion der Probleme.‹ Die andere Meinung ist: ›Durch diese Parteien sind viele Probleme überhaupt erst ernst genommen und diskutiert worden.‹« Die erste – kritische – Meinung teilten im Hinblick auf die Grünen 18 Prozent der Führungskräfte, für die Republikaner stimmten 67 Prozent dieser Ansicht zu. Die wohlwollendere zweite Deutung akzeptierten für die Grünen 66 Prozent der Führungskräfte, für die Republikaner hingegen nur 19 Prozent.[17] Dies war das Ergebnis einer Umfrage zu einem Zeitpunkt, als die Republikaner von einem Großteil der Medien – wie etwa der *FAZ* – als »rechtskonservative« und nicht als extremistische Partei bezeichnet und nicht selten Parallelen zwischen dem Aufkommen der Grünen und der Republikaner gezogen wurden.[18] Sicherlich wären einige Jahre später die Antworten auf diese Frage noch viel eindeutiger zugunsten der Grünen ausgefallen, vermutlich wäre man aber gar nicht mehr auf den Gedanken gekommen, eine Frage zu stellen, bei der beide Parteien verglichen werden.

Bewertungen, wie sie in der zitierten Umfrage deutlich wurden, sind in erster Linie Ergebnis jenes Bildes, das die Medien über beide Parteien zeichnen. Und da 17,4 Prozent der Journalisten bei einer im Frühjahr 1993 erhobenen Umfrage erklärten, die Partei Bündnis 90/Grüne stehe ihnen politisch am nächsten (gegenüber 10,6 Prozent, die Sympathien für die CDU/CSU bekundeten!)[19] ist es nicht verwunderlich, daß bei der Bewertung etwa der Vergangenheit von Politikern der Grünen und der Republikaner mit zweierlei Maß gemessen wird.

Journalisten haben keine Mühe gescheut, Politiker der Republikaner mit dem Argument zu entlarven, daß einige von ihnen vor zwei Jahrzehnten schon für die NPD aktiv waren. Ohne die Frage überhaupt zu erwägen – geschweige denn kritisch zu prüfen –, ob darunter auch solche Personen waren, die in den letzten zwei Jahrzehnten politische Lern- und Wandlungsprozesse vollzogen haben, wurde bereits die Tatsache der früheren NPD-Mitgliedschaft zum Beleg für den »faschistischen« Charakter der Republikaner angeführt. Umgekehrt bei den Grünen. Der kritische Hinweis auf die große Zahl der Aktivisten im Vorstand und der Fraktion der Partei, die noch vor wenigen Jahren in führender Funktion bei Gruppen wie etwa dem KB, der KPD oder dem *Revolutionären Kampf* aktiv waren, galt als Ausdruck von Intoleranz und primitivem Antikommunismus. Dies seien eben »Jugendsünden«, die man jungen Menschen nicht zum Vorwurf machen dürfe. Dabei wäre Differenzierungsfähigkeit auch hier dringend geboten gewesen. Politiker wie Daniel Cohn-Bendit und Joschka Fischer, einst Führungsfiguren der Frankfurter Gruppe Revolutionärer Kampf, haben sich zu Demokraten gewandelt, und man sollte ihnen daher aus ihrer extremistischen Vergangenheit keinen Vorwurf machen. Andererseits gab es Politiker wie die ehemaligen KB-Funktionäre Jürgen Reents, Thomas Ebermann und Rainer Trampert, die auch zu einer Zeit, als sie Führungspositionen bei den Grünen innehatten, extremistische Positionen vertreten haben – und bis heute immer noch vertreten.

Das Anlegen sehr verschiedener Maßstäbe zeigt sich auch daran, daß kontroverse Gewaltdiskussionen bei den Grünen und offene Sympathien von Teilen dieser Partei für extremistische Gewalttäter weitaus weniger Aufregung hervorriefen, als dies der Fall gewesen wäre, wenn Vergleichbares auch nur in annähernd gleichem Ausmaß bei den Republikanern der Fall gewesen wäre. Als etwa im Frühjahr 1994 der Vorwurf gegen einzelne Mitglieder der Republikaner bekannt wurde, sie hätten sich an Brandstiftungen beteiligt oder Brandstifter gedeckt, war die Empörung – zu Recht – groß. Für die Beziehungen zwischen Teilen der Grünen und der gewaltbereiten autonomen Szene interessierten sich die Medien hingegen vergleichsweise wenig.

Dabei zeigte die von Anfang an geführte »Gewaltdiskussion« in der Berliner Alternativen Liste und auch in der grünen Bundespartei, daß es starke Kräfte gab, die dem Rechtsstaat nicht nur »kritisch« gegenüberstanden, sondern die diesen, ausgehend von eindeutig linksextremistischen Haltungen, grundsätzlich in Frage stellten. Obwohl die Grünen »Gewaltfreiheit« in ihr Programm geschrieben hatten, war ihr Verhältnis zum staatlichen Gewaltmonopol in Wahrheit immer höchst fragwürdig. Eine Analyse dessen, was in der Programmpräambel mit dem Begriff der »Gewaltfreiheit« gemeint ist, zeigt, daß nur der Verzicht auf personenverletzende Gewalt gemeint ist, nicht jedoch illegale Aktionsformen bis hin zur Sachbeschädigung und Nötigung, die nach grüner Sprachregelung als »gewaltfrei« gelten. Rudolf van Hüllen kommt denn auch zu dem Schluß: »Lediglich eine Verletzung und Tötung von Personen sollen demnach als nicht mehr ›gewaltfrei‹ angesehen werden. Hingegen gelten alle anderen, auch illegalen Aktionen bis hin zu Sabotage, Brandstiftung und Sachbeschädigung jedweder Art als ›gewaltfrei‹ und vom Programm gedeckt... Der seit Bestehen der Grünen immer wieder erhobene Vorwurf, die Partei habe ein ungeklärtes Verhältnis zur Gewalt, ist insofern irreführend. Aus ihrer programmatischen Beschlußlage geht vielmehr seit 1979 eindeutig hervor, daß sie außerrechtliche Gewalt grundsätzlich befürwortet. Die parteiinterne ›Gewaltdebatte‹ der folgenden Jahre drehte sich ... darum, ob ... Gewalt nur gegen Sachen oder auch gegen Personen angewandt werden sollte.«[20]

Auch an diesem Beispiel werden die Folgewirkungen der 68er-Bewegung deutlich. Aus der Debatte der 68er stammt die Unterscheidung von »Gewalt gegen Sachen« und »Gewalt gegen Personen«, wobei nur die letztere wirklich umstritten war. Die Rechtfertigung der Gewalt wurde bei den Grünen damit begründet, daß es um »Überlebensinteressen« gehe und man angesichts bevorstehender globaler Katastrophen keine Zeit habe, auf ausschließlich friedlichem und parlamentarischem Wege Mehrheiten zu finden. So war es bei den Demonstrationen gegen Atomkraftwerke durchaus üblich, daß Grüne in Flugblättern zur Gewaltausübung aufriefen.

Anläßlich der gewaltsam verlaufenen Demonstration in Brokdorf am 7. Juni 1986 hatten beispielsweise die Kieler Grünen folgenden Aufruf unterstützt, der darauf abzielte, Polizeihubschrauber zu behindern und letztlich Leben und Gesundheit der Insassen zu gefährden: »Zur Verschönerung der Demo nehmt massenhaft Drachen und Spiegel (Einfallswinkel gleich Ausfallswinkel) mit! Drachenbasteltermin: 1. 6. um 14.00 Uhr Hansastraße 48.«[21] Kritik von prominenten Grünen wie Petra Kelly und Gert Bastian am Verlauf der Demonstration, bei der 80 Polizeibeamte zum Teil erheblich verletzt wurden, wies der Landesvorstand der Grünen in Schleswig-Holstein entschieden zurück: »Der Landesverband der Grünen-SH ist eine der Organisationen, die die Brokdorf-Demo am 7. 6. 86 zu verantworten hat... Viele Mitglieder unseres Landesverbands haben seit '76 an den Kämpfen gegen das AKW-Brokdorf aktiv teilgenommen – an den militanten wie an den gewaltfreien, an den Siegen und den Niederlagen... Ob es uns

paßt oder nicht: militante Aktionsformen ... sind und bleiben Bestandteil des sozialen Protestes in der Bundesrepublik. . . Wem es wirklich darum geht, daß die ›Anti-Atom-Bewegung immer mehr Menschen für sich‹ gewinnt und vermeiden will, daß ›die aufbrandende
Gewaltdiskussion unseren Kampf gegen den Atomstaat mehr und
mehr in den Hintergrund‹ drängt, sollte sich mit öffentlichen Appellen
und Distanzierungen zurückhalten und vor Ort für konkrete Wider-
standsaktionen streiten, in denen sich auch Teile des autonomen und
militanten Flügels noch wiederfinden können.«[22]

Die Rolle des Verteidigers von autonomen Gewalttätern wurde besonders vehement von Mitgliedern der Hamburger Grünen und der
Berliner AL übernommen, was mit der Prägung durch den Kommunistischen Bund bzw. die KPD zusammenhängt, die das Ziel der gewaltsamen Revolution des Proletariats auf ihre Fahnen geschrieben hatten.
Ursula Jelpke, Abgeordnete der GAL in Hamburg, vormals Führungs-
kader des Kommunistischen Bundes und heute Bundestagsabgeordnete der PDS/Linke Liste, erklärte beispielsweise zu den Anschlägen
autonomer Gruppen auf Strommasten (im Jahre 1986 gab es allein 152
solcher Anschläge):»Solange es bei Strommasten-Aktionen keine verletzten Menschen gibt, kann ich das nicht schlecht finden.«[23] Auch
Jutta Ditfurth befürwortete ausdrücklich solche Aktionen, »wenn sicher sei, daß Menschen nicht gefährdet würden«.[24] Und Christina
Kukielka, Fraktionssprecherin der GAL in Hamburg, befand zum gleichen Thema:»Daß solche Masten als Symbole kippen, finde ich persönlich durchaus richtig.«[25]

Eine intensive »Gewaltdebatte« gab es auch in der Berliner AL. Die
Diskussion wurde Anfang 1981 durch die Welle der Hausbesetzer-
Krawalle ausgelöst, die eines der zentralen Themen für die Alternativen waren. Eine beliebte Kompromißformel zwischen den verschiedenen Strömungen war, daß »die Betroffenen« selbst über Ausmaß,
Formen und Methoden ihres »Widerstandes« zu befinden hätten, wobei dieser Widerstand mit den angeblich vorgefundenen Gewaltver-
hältnissen begründet wurde:»Wir haben erfahren, daß in dieser Gesellschaft tagtäglich Gewalt angewendet wird, und sie geht vom
herrschenden System aus. Dort, wo staatliche Gewalt die Unterdrük-
kung, Ausbeutung und Zerstörung unserer Lebensgrundlagen legalisiert, ist Widerstand legitim. . . Die Widerstandsformen/Widerstands-
aktionen müssen von den Betroffenen selbst bestimmt werden.«[26]

Ausdrücklich lehnte man es ab, sich von Gewalttaten der Hausbeset-
zerszene zu distanzieren. So hieß es in einem Flugblatt der AL nach
einer Straßenschlacht zwischen Hausbesetzern und Polizisten:»Klar,
es sind Fenster eingeschlagen und es ist geklaut worden. Man kann das

gut finden, man kann das schlecht finden; und es wird ernsthaft darüber diskutiert. Aber zu irgendeiner Distanzierung besteht nicht der geringste Anlaß, denn eine Aufspaltung in gute und schlechte Demonstranten nützt nur denen, die für das Elend in dieser Stadt verantwortlich sind und eine goldene Nase daran verdienen.«[27]

Anläßlich des Besuches von Ronald Reagan in Berlin 1982 rief die AL zu einer verbotenen Demonstration auf, bei der es zu Straßenschlachten zwischen Autonomen und Polizei kam. Der zu dieser Zeit amtierende Landesvorstand der Grünen befürwortete ausdrücklich die enge Zusammenarbeit mit den Autonomen. In den folgenden Jahren kam es zu einer Entfremdung zwischen Alternativen und Autonomen, wobei jedoch selbst die Sprache der Kritiker aus dem Bereich der AL verräterisch ist – man stelle sich nur vor, in ähnlicher Weise hätten sich die Republikaner zu den kriminellen Brandstiftern von Ausländerheimen geäußert wie etwa Bernd Köppl von der AL zu den Autonomen: »Sie [die AL] hatte ein väterliches, gütiges Verhältnis zu den Autonomen, beschützte sie stets, griff sie politisch lange Zeit nie an, um sie nicht dem Lummer-Staatsapparat auszuliefern. Autonome haben inzwischen fast ein Haß-Verhältnis zur AL entwickelt. Erfahrungen mit Autonomen haben einige ALer Umdenken gelehrt. Zwar gehören die Autonomen ins politische Spektrum, das die AL repräsentiert, aber das Recht auf Auseinandersetzung mit ihnen muß garantiert sein. In der Hausbesetzerzeit waren die Autonomen die Stars. Auch danach noch waren Autonome für die Mehrheit der AL die Vorhut, die Kämpfer, die man nicht kritisieren darf. Das hat sich inzwischen geändert.«[28]

Auch Joachim Raschke räumt ein: »Bei ihnen [linken und linksradikalen Grünen] gab es die Position einer diffusen Links-Solidarität, die auch den Anti-Kapitalismus der Autonomen noch wörtlich nahm. Andere – und nicht wenige – wurden von einem Sozialarbeiter-Syndrom geleitet, das motivierte, den Sozialisationsgeschädigten und sozial Marginalisierten zu helfen. Einige Strategen sahen in den Autonomen so etwas wie eine revolutionäre Reservearmee, Leute ohne oder mit der falschen ›Theorie‹, aber mit der Wut im Bauch und dem Stein in der Hand, die man für die Erschütterung des Systems noch brauchen würde.«[29]

Diese »diffuse Links-Solidarität« oder aber das »Sozialarbeiter-Syndrom« bestimmten nicht nur das Verhältnis zu den Autonomen, sondern auch zu inhaftierten RAF-Genossen. Selbst grüne Politiker, die nicht den Fundamentalisten, sondern dem Mittelfeld zuzuordnen waren, beteiligten sich an den von RAF-Sympathisanten gesteuerten Kampagnen gegen »Isolationsfolter« und für »Zusammenlegung der politischen Gefangenen«. So richteten Antje Vollmer und Christa Nikkels am 30. Januar 1985 einen Brief an die im Hungerstreik befindlichen Mitglieder der RAF, Christian Klar und Brigitte Mohnhaupt. Daß man sich auf irgendeiner Ebene mit diesen als Genossen verbunden fühlte, deren Methoden man zwar kritisierte, mit denen einen aber dennoch gemeinsame Anliegen verbanden, zeigt schon die vertraute »Du«-Form, in der dieser Brief verfaßt war. Selbst der Bonner Korrespondent der *Frankfurter Rundschau* sprach von einem »gutgemeinten, aber in der Diktion peinlichen und entlarvenden Brief an einsitzende Terroristen«, denen die beiden Verfasserinnen »nicht nur fälschlich bescheinigten, ›politische Gefangene‹ zu sein, sondern zudem noch artig ›politische‹ Diskussionen anboten«.[30] Die Ökosozialisten Scherer und Vilmar beriefen sich auf dieses Zitat und fügten hinzu: »Diese Art von opportunistischer, nerven- und prinzipienschwacher ›Toleranz‹ ging ja noch weiter: Mehrere Parteiorganisationen der Grün-Alternativen – allen voran wieder die der AL in Berlin – ließen sich während der Zeit des RAF-Hungerstreiks widerstandslos von Sympathisanten besetzen und teilweise als RAF-Hilfe-Büros mißbrauchen.«[31] Auch bei der Diskussion um die Hamburger Hafenstraße, seit 1981 ein Zentrum für Autonome, RAF-Sympathisanten und andere kriminelle Gewalttäter, sahen die Hamburger Grün-Alternativen ihre Rolle stets als die eines Anwaltes der Hausbesetzer gegen den Staat.

Der Verharmlosung von linken Gewalttätern entsprechen auf der anderen Seite die immer wieder erhobenen Forderungen, die auf eine Demontage des staatlichen Gewaltmonopols zielen. So forderten die Grünen in dem Programm zur Bundestagswahl von 1987 die »Auflösung aller kasernierten Polizeieinheiten (Bereitschaftspolizei und Bundesgrenzschutz)«, den »Abbau der Personalstärken der Polizeien des Bundes und der Länder«, die »Beschränkung des Aufgabenbereiches und der Befugnisse des Bundeskriminalamtes«, die »Abrüstung der Polizei« und die »Auflösung der existierenden Verfassungsschutzämter«.[32]

In der Sprache der Grünen wurden und werden immer wieder die Gewalt des Staates (etwa der Polizei) und die der Terroristen zumindest gleichgestellt, so daß man bestenfalls von einer Äquidistanz gegenüber den Verteidigern und den Angreifern des Rechtsstaates sprechen kann. »Es ergab sich vor allem durch eine ständig weiter vorangetriebene Aufweichung des Gewaltbegriffs, welche eine beliebige Vermengung von rechtsstaatlicher ›Potestas‹ mit privater ›Violencia‹; von Sabotage und Aufruhr als ›gewaltfrei‹, der schlichten Existenz rechtlicher Normen und Verhaltensmaßstäbe aber als ›gewaltförmig‹ nach sich gezogen hat. Nur auf dieser Grundlage und unter dem Mantel einer sich als ›gewaltfrei‹ deklarierenden Gesamtpartei – die gleichwohl nach dem Verbot der KPD 1956 als erste Partei in den Parlamenten der Bundesrepublik außerrechtliche Gewalt (gegen Sachen) ausdrücklich rechtfertigt – konnten die Ökosozialisten ihr paradoxes ›Recht auf Revolution‹ reklamieren und zumindest teilweise in die Praxis umsetzen.«[33]

Charakteristischerweise sind die Forderungen nach dem »Abbau des staatlichen Gewaltmonopols« jedoch in den Hintergrund getreten (und häufig in ihr Gegenteil verkehrt worden), als die gewaltsamen Aktionen nicht mehr von Links-, sondern von Rechtsextremisten ausgingen. Waren die Strafen für Autonome und RAF-Terroristen aus der Sicht vieler Grüner stets zu hart und der Staat zu unerbittlich in deren Verfolgung, so wurde jetzt der gleiche Staat wegen eines angeblich zu lauen Vorgehens gegen rechte Extremisten getadelt. Und auf die Idee, sich etwa für die Haftbedingungen von angeblichen »politischen Gefangenen« einzusetzen, wenn diese ihre Straftaten nicht mit linken, sondern mit rechten Parolen begründeten, ist bislang kein Grüner gekommen. Dies zeigt aber, daß es keineswegs nur humanitäre Beweggründe waren, die das Engagement von Grünen für die RAF-Terroristen motivierten, sondern eben auch das Gefühl einer Verbundenheit mit deren politischen Zielvorstellungen.

Im Gefolge der Gewaltdiskussion der 68er und der Konservierung dieser »Debatte« durch die Partei der Grünen kam es zu einer zunehmenden Entlegitimierung staatlicher Gewalt. Auf die im Februar 1988 gestellte Frage des Allensbacher Instituts: »Sind Sie eigentlich grundsätzlich für oder gegen das Gewaltmonopol des Staates?« erklärten 57 Prozent der Wähler der Grünen, sie seien dagegen, nur 29 Prozent sprachen sich dafür aus.[34] Auf die Frage, ob man prinzipiell Gewalt zur Durchsetzung politischer Ziele ablehne, ob dies nur für Gewalt gegen Personen gelte oder auch für Gewalt gegen Sachen, gaben in den Jahren 1978 bis 1989 nur drei Viertel der Deutschen die eindeutige Antwort, daß sie Gewalt gegen Sachen und gegen Personen ablehnten. 14 bis 16 Prozent der Befragten befürworteten ausdrücklich Gewalt gegen Sachen zur Durchsetzung politischer Ziele, und eine Minderheit von 3 bis 7 Prozent befürwortete sogar die Anwendung von Gewalt gegen Personen.[35]

Diese Befunde zeigen, daß die Etablierung einer Partei wie der Grünen zumindest widersprüchlich zu beurteilen ist. Sicherlich haben sie positiv dazu beigetragen, Teile der zuvor antidemokratischen Linken – mehr oder minder – in das parlamentarische System zu integrieren. Andererseits haben diese Kräfte aber auch antidemokratische Überzeugungen erst salonfähig gemacht und damit zu einer Schwächung der Fundamente des Rechtsstaates beigetragen. Vor allem zeigt die Etablierung der Grünen aber die Linksverschiebung des politischen Systems der Bundesrepublik. Und sie zeigt das Versagen der konservativen Eliten, die nach anfänglichem Widerstreben rasch bereit waren, sich mit der neuen Partei zu arrangieren und diese als legitimen Teil des politischen Systems zu akzeptieren.

Einen vorläufigen Höhepunkt hat diese Entwicklung mit der Debatte über mögliche schwarz-grüne Koalitionen erreicht, die durch Signale der CDU im November 1994 ausgelöst wurde. Die Unterstützung der CDU bei der Wahl Antje Vollmers zur Vizepräsidentin des Bundestages und vor allem die Bereitschaft der Union, die Grünen in die Parlamentarische Kontrollkommission zur Überwachung der Geheimdienste einzubeziehen, wurden in der Öffentlichkeit so verstanden, wie sie wohl auch gemeint waren: nicht als pragmatische Sachentscheidungen, sondern als symbolische Gesten, die den Willen der Union demonstrieren sollten, die Grünen als eine normale demokratische Partei wie SPD und FDP zu akzeptieren. Auch für Konservative in der CDU, wie den Fraktionsführer Wolfgang Schäuble, gehört inzwischen die Beteuerung zum guten Ton, man dürfe die Grünen »nicht ausgrenzen« und es gelte, »Berührungsängste« abzubauen, schließlich seien sie heute »politische Gegner wie die SPD auch«.[36] Die partei- und koalitionstaktischen Gründe, die die Union zu solchen Aussagen treiben, sind nachvollziehbar. Aber die Gefahr liegt darin, daß, um solche Bekundungen zu legitimieren, mit Kritik an den nach wie vor wirksamen antidemokratischen Elementen der Grünen Partei zurückgehalten wird.

Peter Gauweiler kommentierte Anfang Dezember 1994: »Noch im Wahlkampf dieses Jahres waren die Grünen von der Union als indiskutabel bezeichnet worden, was mit dem grünen Wahlprogramm vom Februar 1994 aktuell begründet wurde: Auflösung der Bundeswehr, Auflösung der Nato, Rückkehr zum alten Asylrecht, freier Verkauf von Haschisch und Marihuana, Anhebung der Mineralölsteuer auf fünf Mark, Schwerverkehrs-Abgabe, zusätzliche Investitionsabgabe, zusätzliche Abfallabgabe, Arbeitszeitverkürzung auf 30 Wochenstunden – an diesen Wünschen sollte man die Grünen erkennen. Es war dieser Wahlkatalog, der den fundamentalen bürgerlichen Einwendungen gegen Rotgrün die aktuelle Berechtigung gab. Was müssen die Bürger denken, wenn wenige Wochen nach dem mit ihrer Hilfe erkämpften Wahlsieg der CDU-Generalsekretär die gleichen Grünen als ›verläßliche und faire Partner in überparteilichen Parlamentsfragen‹ bezeichnet? Offensichtlich hat man jeden Maßstab verloren, was man den eigenen Wählern auch sprachlich zumuten kann.«[37]

Bei vielen Fragen ist es heute schon so, daß die Grünen die Richtung vorgeben, dann die SPD nachzieht und schließlich die Union mit einem deutlichen Verzögerungseffekt nachhinkt. Die Debatte um die »Quotenregelung« ist ein Beispiel, aber auch bei zahlreichen anderen Themenkomplexen geben die Grünen inzwischen den Ton an. So haben sich in der Diskussion über die Kernenergie die grünen Positionen zunehmend durchgesetzt. Die Zahl derjenigen, die dafür votierten, »daß in Deutschland weiterhin Kernkraftwerke gebaut werden«, sank in den Jahren 1977 bis 1991 von 45 auf nur noch 28 Prozent.[38] Und auf die Frage, bei wem man das Gefühl habe, am besten und umfassendsten zum Thema Kernenergie informiert zu werden, nannten im Mai 1991 nur jeweils 12 Prozent der Befragten die beiden großen Volksparteien CDU/CSU und SPD, nur 3 Prozent vertrauten der FDP und nur 5 Prozent den Gewerkschaften, aber immerhin 19 Prozent fanden die Grünen am vertrauenswürdigsten.[39]

Die Einwirkungen der grünen Partei gehen weit über ihre Beteiligung an Landesregierungen und die in Wahlen dokumentierten Erfolge hinaus. Entscheidender ist, daß es den Grünen immer wieder gelang, politische Themen zu besetzen und die Meinungsführerschaft in der öffentlichen Diskussion zu übernehmen. Dies konnte jedoch nur geschehen, weil sie überdurchschnittlich viele Sympathisanten in den Medien hatten und haben und weil die Reihen ihrer natürlichen Widersacher, also parteipolitisch gesehen die CDU, bereits innerlich aufgeweicht waren und maßgebende Politiker der Union entscheidende Positionen der Grünen schon übernommen hatten.

V. Weizsäcker, Geißler und die CDU-Linke

»Was ist von der Studentenbewegung geblieben?« – »Frau Süßmuth«, so antwortete Jürgen Habermas in einem im März 1988 erschienenen Artikel. Daß diese Antwort von Vertretern ganz verschiedener politischer Richtungen seitdem immer wieder zitiert wurde, zeigt, daß sie zumindest einen wahren Kern hat. Ulf Fink, einer der Protagonisten des linken Flügels der CDU, erklärte dazu, zwar sei Frau Süßmuth keine Vertreterin der 68er, »aber Habermas hat insofern recht, als Politik und Ansehen von Rita Süßmuth deutlich machen, wie wenig die CDU von 1988 mit der von 1968 vergleichbar ist... Die Politik Rita Süßmuths ist aber keine Marschetappe, sondern das Ergebnis einer Entwicklung innerhalb der CDU.«[1] Von Konservativen wurde diese Entwicklung als »Sozialdemokratisierung der CDU« kritisiert[2], von Linken innerhalb und außerhalb der CDU als Prozeß der »Modernisierung der Union« bezeichnet.

Mit »Modernisierung« ist dabei im Grunde jedoch nichts anderes gemeint als die Anpassung an den von 1968 geprägten Zeitgeist. Charakteristisch ist, daß Vertreter der »modernen« CDU das Jahr 1968 nicht mehr als Niederlage und Beginn einer Fehlentwicklung interpretieren, sondern als Befreiung und Aufbruch zu neuen Ufern. Zu den Ursachen und Folgen der 68er Bewegung erklärte etwa Richard von Weizsäcker: »Aktive Teile einer neuen Generation sahen keinen Grund, in kritikloser Dankbarkeit hinzunehmen, daß sie nun über weit mehr Freiheit und Wohlstand verfügten als ihre Vorfahren... Es gab scharfe Fragen zur Vergangenheit, zur Offenheit des Bildungssystems, zur Demokratie als Lebensform... Geistige, soziale und politische Folgen sind seit 1968 geblieben. Gesellschaftspolitische Themen traten in den Vordergrund. Politisches Engagement drang über staatliche Organe hinaus in die Gesellschaft vor. Das ist unbequem und fruchtbar. Basisdemokratie wurde eingefordert, Bürgerinitiativen verbreiteten sich. Neue soziale Bewegungen entstanden. Befreiung und neue Gemeinschaft wurden gesucht.« Weitere Folgen seien: »Die Frauen sind freier geworden. Das ist ein Gewinn für sie. Männer sollten aufhören, unwiederbringlichen Privilegien nachzutrauern.« Natürlich, es gibt immer noch überall Benachteiligungen, unter denen »alle« leiden. Und so wäre es beispielsweise »gut, wenn Männer, soweit sie im Rechtsstaat dazu berufen sind, über die Lage von Frauen besonders behutsam urteilen«. So Richard von Weizsäcker in einer Rede anläßlich des vierzigsten Jahrestages des Grundgesetzes.[3]

Heiner Geißler beklagte nach der Wiedervereinigung – ähnlich wie Jürgen Habermas und viele andere linke Intellektuelle –, daß den Deutschen in den neuen Bundesländern die Erfahrung von 1968 fehle. »Erfahrungen, die mit heftigen Auseinandersetzungen über die Liberalität des Staates und über den Rechtsstaat verbunden waren, die ganze Notstandsgesetzgebung zum Beispiel, als es wirklich um die Liberalität des Rechtsstaates ging. Das fehlt ihnen. Das war aber meinungsbildend bei uns. Streit und Auseinandersetzung im positiven Sinne, nicht zuletzt 1968.«[4] Warnfried Dettling, Ideengeber für Heiner Geißler und Rita Süßmuth, bekannte gar in seinem 1994 erschienenen Buch über *Das Erbe Kohls*: »Die studentische Protestbewegung hat, wie später und in ihrer Folge die Frauenbewegung, die Grünen und die neuen sozialen Bewegungen, die Fenster weit aufgestoßen und die Gesellschaft durchlüftet. . . 1968 hat das Land auf eine dialektische, aber höchst erfolgreiche Weise als eine offene und demokratische Gesellschaft stabilisiert.«[5] Diese – für Politiker einer als konservativ geltenden Partei zunächst erstaunlichen – Wertungen sind Indikatoren der gesamtgesellschaftlichen geistigen Hegemonie der 68er, die auch nicht vor einstmals konservativen Parteien und Institutionen haltgemacht hat.

Was die CDU anlangt, so stehen vor allem die Namen von vier Politikern für diese Entwicklung: Richard von Weizsäcker, Rita Süßmuth, Heiner Geißler und Friedbert Pflüger. Sicherlich gibt es erhebliche Unterschiede in Persönlichkeit und politischer Haltung dieser Politiker. Heiner Geißler etwa ist wirklich ein Nonkonformist, ein scharfer analytischer Denker und ein großartiger Rhetoriker – dies sollte man einräumen, auch wenn man seine utopischen Theorien ablehnt. Richard von Weizsäcker verkörpert den entgegengesetzten Politikertypus, was nicht nur mit dem Amt des Bundespräsidenten zusammenhängt: Möchte Geißler provozieren, so sucht Weizsäcker die breite Zustimmung: der Linksintellektuellen, der Medien, der Eliten, des Auslandes, des gemeinen Volkes. Während Geißler die scharfen Formulierungen und Zuspitzungen liebt, ist Weizsäcker ein Meister der nichtssagenden und gefälligen Phrase. Wenn er polemisieren wollte, etwa gegen Steffen Heitmann, dann schickte er seinen Adlatus Friedbert Pflüger vor. Pflüger war von 1981 bis 1984 Redenschreiber, Persönlicher Referent und Leiter des Persönlichen Büros des damaligen Regierenden Bürgermeisters von Berlin, 1984 bis 1989 war er Pressesprecher des Bundespräsidenten. Er hat Weizsäcker in seiner würdevoll-bedächtig-abwägenden Haltung zu imitieren versucht, bis hin zu dem Bestreben,

Gestik, Mimik, Körperhaltung und Stimmlage des Meisters möglichst präzise nachzunahmen. Als Kronzeugen für seine Ansichten zitiert Pflüger in dem Buch *Deutschland driftet* – neben Konrad Adenauer – stets drei Persönlichkeiten: Rita Süßmuth, Heiner Geißler und Richard von Weizsäcker. Auch Rita Süßmuth bezieht sich immer wieder auf Geißler, dem sie wegen dessen nachdrücklichem Engagement zur Einbeziehung feministischer Elemente in Politik und Programmatik der Union zu Dank verpflichtet ist – und Geißler revanchiert sich, indem er keine Gelegenheit ausläßt, eine stärkere Rolle für Rita Süßmuth zu fordern.

Bei allen charakterlichen Gegensätzen und politischen Unterschieden eint die vier Genannten die scharfe Ablehnung des rechten Flügels der CDU/CSU, der von Politikern wie Alfred Dregger, Heinrich Lummer, Steffen Heitmann, Edmund Stoiber, Carl Dieter Spranger, Claus Jäger oder Peter Gauweiler repräsentiert wird. Und so war es kein Zufall, daß sich beispielsweise in der Anti-Heitmann-Kampagne (mehr dazu in Kapitel VIII) am lautesten die vier Genannten vernehmen ließen, wobei Weizsäcker – aus Rücksicht auf Amt und Vornehmheit – in erster Linie darauf vertraute, daß jeder politisch Wissende hinter den in der *Zeit* verkündeten Worten Friedbert Pflügers den Willen des Meisters vernahm. Eine vom *Spiegel* zitierte und vom Bundespräsidialamt nur halbherzig dementierte Bemerkung über den »konturenarmen Nischenossi« tat ihr übriges zur Klarstellung.

Am ausführlichsten wollen wir uns in diesem Kapitel mit Heiner Geißler auseinandersetzen, denn seine klar und präzise formulierten Gedanken eignen sich besser zur kritischen Darstellung als der oft nichtssagende Wortschaum der Weizsäcker-Reden. Dennoch soll mit einer Rede begonnen werden, die als geradezu »historisch« bezeichnet worden ist, in zwanzig Sprachen übersetzt, in Deutschland vielfach gepriesen und millionenfach unters Volk gebracht wurde.

Richard von Weizsäcker und seine »historische Rede«

Gemeint ist die Ansprache des Bundespräsidenten am 8. Mai 1985 auf einer Veranstaltung im Plenarsaal des Deutschen Bundestages aus Anlaß des 40. Jahrestages des Endes des Zweiten Weltkrieges. Selbst ein von der Rede so begeisterter Historiker wie der Sozialdemokrat Eberhard Jäckel, der meint, sie habe »in nahezu klassischer Weise allen Ansprüchen an die präsidiale Rede« entsprochen, räumt ein: »Sie ging im allgemeinen über den inzwischen erzielten Konsens in der Gesellschaft (und auch in der historischen Forschung) nicht sehr weit hinaus.«[6]

Linksintellektuelle priesen die Rede dennoch als besonders »mutig« und »engagiert«. Dabei war wenig Mutiges zu entdecken, es sei denn, man meint den Mut, sich in Widerspruch zu den Überzeugungen der konservativen Kräfte in der Union zu setzen, für die die Rede freilich ein Schlag ins Gesicht war. Wie immer in seiner Amtszeit konnte Weizsäcker jedoch mit zwei Faktoren sicher rechnen: der ungeteilten Zustimmung der linksliberalen Öffentlichkeit und der mit Rücksicht auf die Parteiloyalität nur verhalten und gedämpft vorgetragenen Kritik der konservativen Unions-Politiker. Eine Kritik, die mit Sicherheit viel schärfer formuliert worden wäre, wenn Weizsäcker nicht aus den Reihen der CDU, sondern der SPD gekommen wäre.

Von der Linken gelobt und von Konservativen kritisiert wurden vor allem folgende Aussagen in Weizsäckers Rede:

– »Der 8. Mai war ein Tag der Befreiung. Er hat uns alle befreit von dem menschenverachtenden System der nationalsozialistischen Gewaltherrschaft.«

– »Als Deutsche ehren wir das Andenken der Opfer des deutschen Widerstandes, des bürgerlichen, des militärischen und glaubensbegründeten, des Widerstandes in der Arbeiterschaft und bei Gewerkschaften, des Widerstandes der Kommunisten.«

– »Am Anfang der Gewaltherrschaft hatte der abgrundtiefe Haß Hitlers gegen unsere jüdischen Mitmenschen gestanden. Hitler hatte ihn nie vor der Öffentlichkeit verschwiegen, sondern das ganze Volk zum Werkzeug dieses Hasses gemacht... Wer seine Ohren und Augen aufmachte, wer sich informieren wollte, dem konnte nicht entgehen, daß Deportationszüge rollten... Es gab viele Formen, das Gewissen ablenken zu lassen, nicht zuständig zu sein, wegzuschauen, zu schweigen. Als dann am Ende des Krieges die ganze unsagbare Wahrheit des Holocaust herauskam, beriefen sich allzu viele von uns darauf, nichts gewußt oder auch nur geahnt zu haben.«

Diese Aussagen waren weder mutig noch originell. Vielmehr handelte es sich um alte Stereotypen der Linken, die nun, in etwas vornehmere Sprache verpackt, verkündet wurden: die These vom 8. Mai als »Befreiung«, die Einbeziehung des kommunistischen Widerstandes in eine positive, antifaschistische Tradition, der Vorwurf an die Deutschen, sich durch »Wegschauen« und »Schweigen« mitschuldig am Holocaust gemacht zu haben. Inzwischen sind diese Thesen zu Dogmen geronnen, die sich einer rationalen Debatte weitgehend entziehen. Obwohl eine kritische historische Auseinandersetzung hier nicht geleistet werden kann, seien doch einige Argumente genannt, die teilweise auch von der Kritik vorgebracht wurden:

»Befreiung« bedeutete die Niederlage vom 8. Mai natürlich für viele Insassen der Konzentrationslager, »Befreiung« bedeutete die Niederlage auch insofern, als mit ihr zugleich die nationalsozialistische Diktatur endete. Allerdings war »Befreiung« weder von der Sowjetunion noch von den Westalliierten intendiert. Wer dies behauptet, verwechselt Kriegspropaganda und tatsächliche historische Beweggründe. Nicht zuletzt das Verhalten der Alliierten gegenüber dem deutschen Widerstand und das Unterlassen jedes Versuches, den Massenmord in den Vernichtungslagern (etwa durch Bombardierung der Zugverbindungen) zu stoppen, sind Hinweise dafür, daß »Befreiung« nicht das Ziel war. Daß die Niederlage »uns alle« befreit habe, konnte nur ein westdeutscher Präsident sagen, der damit die Menschen in der DDR ausklammerte, für die ja der 8. Mai keineswegs Befreiung bedeutete, sondern den nahtlosen Übergang zu einer nunmehr kommunistischen Diktatur. Auch im Westen Deutschlands waren die Menschen zwar froh, daß der Krieg zu Ende war, aber von einer Begeisterung über die »Befreiung« konnte nicht die Rede sein. Viele Deutsche teilten jene Haltung, die Konrad Adenauer im Januar 1947 in einem Brief artikulierte: »Die ›Befreiung‹ ist eine grausame und harte Enttäuschung.«[7] Auf die Frage, wann es in diesem Jahrhundert den Deutschen »am schlechtesten gegangen« sei, antworteten im November 1951 80 Prozent der Befragten: »Zwischen 1945 und 1948«.[8]

Die Einbeziehung des Widerstandes der Kommunisten, dessen Opfer der Bundespräsident »ehrte«, wurde von der Linken als besonderes Verdienst gewürdigt. Dabei wird vergessen, daß die Kommunisten nicht für Freiheit und Menschenrechte kämpften, sondern für die Ersetzung der nationalsozialistischen durch die stalinistische Diktatur. Um dieses Ziel zu erreichen, hatten sie schon die Weimarer Republik bekämpft und bekämpften sie später die demokratische Ordnung der Bundesrepublik. Ihren Kampf in einem Atemzug mit dem christlich motivierten Widerstand zu nennen verwischt entscheidende Unterschiede, ja Gegensätze, in Motivation und Zielsetzung. Mit gleicher Berechtigung könnte man auch beispielsweise den Widerstand der nationalsozialistischen Otto-Strasser-Gruppe ehren oder aber die antikommunistische Haltung rechtsextremer Kräfte in der DDR – ein absurder Gedanke.

Die These schließlich, daß die Deutschen von den Verbrechen wußten oder zumindest hätten wissen können, und daß das Nicht-Wissen bestenfalls Ausdruck eines moralisch ebenso verwerflichen »Wegschauens« oder Nicht-wissen-Wollens war, ist historisch ebenfalls unhaltbar. Himmler und andere führende Nationalsozialisten haben immer wieder betont, daß die »Endlösung« streng geheim durchzuführen sei, weil das deutsche Volk »nicht reif« zur Einsicht in die Notwendigkeit dieser »Maßnahmen« sei. Vom Massenmord an den Juden wußte nur eine verschwindend kleine Minderheit. Und daß Hitler seinen Haß gegen die Juden nie verschwiegen habe, entspricht auch nicht den Tatsachen. Gerade in jenen Jahren, als er seine Wahlerfolge hatte und zur Macht kam (1932/33), spielten antisemitische Motive in Hitlers Reden praktisch keine Rolle. Und dies nicht etwa, weil er in diesen Jahren seinen Haß auf die Juden abgelegt hätte, sondern weil er wußte, daß die Mehrheit der Deutschen mit antisemitischen Haßtiraden nicht zu gewinnen war.

Weizsäcker konnte sich jedoch sicher sein, daß diese Einwände in der öffentlichen Debatte – insofern sie überhaupt artikuliert wurden – keine Chance hatten. Auch die anderen Reden des Bundespräsidenten waren immer wieder nach dem gleichen Muster gestrickt. Mit (in der Formulierung) vornehm-präsidial-zurückhaltenden Thesen ergriff er gleichwohl eindeutig Partei für die Position der Linken: so etwa in seiner Rede auf dem Historikertag 1988, als er zum Historikerstreit im Sinne der Habermas-Richtung Stellung bezog[9], so etwa in seinen Äußerungen zu »Frauenfragen«, in seinem unermüdlichen Einsatz für »Minderheiten« usw. Immer konnte er sich einer breiten Zustimmung der von den Linken dominierten Medien und einer gewissen Zurückhaltung des konservativen Lagers sicher sein, wo sein Auftreten jedoch mit zunehmender Verärgerung notiert wurde. Der CDU-Linke Warnfried Dettling weiß zu berichten: »Das Unbehagen am Bundespräsidenten durfte keinen öffentlichen Ausdruck finden, denn einen Bundespräsidenten kritisiert man schließlich nicht. Dafür aber hat es sich ins politische Unterbewußtsein verkrochen und auf eine Gelegenheit zur Entladung gewartet. Statt dezent daran zu erinnern, daß dieser angesehene Bundespräsident ja schließlich aus ihren eigenen Reihen hervorgegangen war, betrachteten Teile der CDU und der CSU ihn mit wachsendem Groll und Ärger.«[10]

Zum Ende seiner Amtszeit wurde Weizsäcker in den Medien fast einhellig als hervorragender Staatsmann, kritischer und mutiger Mahner und großer Redner gefeiert. Es gab allerdings eine mutige Stimme, die nicht in den breiten Chor der kritiklosen Zustimmung einfiel. Brigitte Seebacher-Brandt erhielt im *FAZ-Magazin* Gelegenheit zu einem kritischen Porträt und einer Bilanz der Amtszeit Weizsäckers: »Er brachte es fertig, was fertigzubringen keinem Amtsinhaber vor ihm auch nur in den Sinn gekommen war: dem Zeitgeist vollkommen Ausdruck zu verleihen, ihn zu repräsentieren.«[11] Und so war beispielsweise auch die berühmte 8.-Mai-Rede nach dem Urteil der Historikerin keineswegs eine besondere Leistung, sondern Ausdruck »von jener selbstgerechten und selbstgefälligen Zerknirschtheit, die die Zeit, seine Zeit ausgemacht hat«.[12]

Der scheinbar selbstzerknirschte, in Wahrheit jedoch stets das eigene Volk und die Geschichte dieses Volkes anklagende Tonfall ist charakteristisch nicht nur für die Reden Weizsäckers, sondern auch für jene von Rita Süßmuth. Das Eintreten für »Minderheiten« und »Unterprivilegierte«, also für Ausländer, Homosexuelle, Frauen, Kriminelle, Behinderte und Aids-Kranke, wirkt höchst moralisch, und doch ist die gegen die Bevölkerungsmehrheiten (= »Stammtische«), gegen politisch Andersdenkende oder auch nur Andersfühlende gerichtete Aggressivität deutlich spürbar. Die Intoleranz im Gewand der Hypertoleranz, die Ergebenheit gegenüber dem Zeitgeist im Gewand »kritischer Aufklärung«, die mit Entschiedenheit vorgetragenen Wortschaum-Phrasen der »Betroffenheit«: all dies macht die Reden von Weizsäckers und Süßmuths für manche so schwer erträglich.

Der hohe Sympathiewert, den beide dennoch in Umfragen genießen – bei Anhängern aller Parteien, von der Union bis zu den Grünen –, widerlegt diesen Befund nicht, sondern ist ein trauriger Indikator für bundesdeutsche Befindlichkeiten und Medienwirklichkeiten. Es ist ja durchaus bemerkenswert, daß nur 5 Prozent der Wähler der Grünen erklärten, sie seien mit Weizsäcker nicht einverstanden (Juli 1988) und nur 19 Prozent der Grünen-Wähler sagten, sie seien mit der CDU-Politikerin »nicht einverstanden« (fast doppelt so viele Anhänger der Grünen erklärten im September 1991 ausdrücklich, sie seien mit ihrer Politik einverstanden!).[13] Allerdings ist auch bemerkenswert, daß die Zustimmung zum »linken Flügel« der CDU unter Unions-Wählern nur halb so hoch war wie die Zustimmung zum »rechten Flügel« der Partei (September 1990), während bei den SPD-Wählern die Zustimmung zum »rechten Flügel« der eigenen Partei etwa gleich hoch war wie die zum »linken Flügel«.[14]

Heiner Geißler ist – neben Rita Süßmuth – der prominenteste Vertreter der CDU-Linken. Zu den Auffassungen von Rita Süßmuth und Friedbert Pflüger sind kaum Unterschiede festzustellen, während manches von dem, was Geißler beispielsweise über den deutschen Nationalstaat und die deutsche Geschichte sagt, mit Sicherheit nicht die Zustimmung Weizsäckers finden würde. So sind etwa die Haßtiraden auf den »Bismarck-Staat« nur vor dem Hintergrund der Biographie Geißlers verständlich, Weizsäcker würde diese Sichtweisen nicht teilen. Hier werden die Gegensätze zwischen dem Protestanten Weizsäcker und dem Absolventen des Jesuitenkollegs Heiner Geißler deutlich.

Geißler kann jedoch als Vordenker des linken Flügels der Union gelten – und seine Vorstellungen und Ideen sind weniger in der Union selbst als weit darüber hinaus konsensfähig. Daher lohnt sich eine kritische Darstellung seiner politischen Zielvorstellungen.

Heiner Geißlers politisches Glaubensbekenntnis

Ist Heiner Geißler ein machiavellistischer Politiker, dem es vor allem darauf ankommt, neue Wählerschichten für die CDU zu erschließen, oder ist er ein ideologisch geprägter Programmatiker, dem es primär um die Durchsetzung bestimmter Inhalte geht? Geißler begründet seine Ansichten häufig mit bestimmten – scheinbar – objektiven Notwendigkeiten und Zwangsläufigkeiten, zu denen es keine vernünftigen Alternativen gebe. Wenn er für eine verstärkte Einwanderung von Ausländern und die »multikulturelle Gesellschaft« plädiert, dann begründet er dies mit demographischen und ökonomischen Notwendigkeiten, etwa der Sicherung der Renten. Fordert er eine verstärkte Besetzung »linker« Themen durch die CDU, dann begründet er dies mit Wahlanalysen und soziologischen Veränderungen. Aber man hat immer den Eindruck, daß diese Argumente eher instrumentellen Charakter haben oder nachträgliche Rationalisierungen von grundsätzlicheren Motiven darstellen.

Letztendlich zeigt das Beispiel Geißlers, daß es auch eine liberale Variante utopischen Denkens gibt. Geißler selbst spricht von einem »anthropologischen Optimismus«[15], der für sein Denken konstitutiv ist. Das Endziel ist eine Weltgesellschaft, in der die Werte von Gleichheit, Freiheit, Brüderlichkeit gelten, in der es keine Nationalstaaten mehr gibt, sondern nur noch ein »Weltbürgerrecht«.[16] In der angestrebten »Weltfriedensordnung« können »endlich alle Menschen frei, friedlich und sicher zusammenleben«. Nicht mehr »Interessen« und »Machtpolitik« dominieren, sondern »moralische Kategorien, Freiheit, Gerechtigkeit, Solidarität, Menschenrechte« werden die »maßgebenden Elemente der Weltpolitik«.[17] Die »Vereinigten Staaten von Europa«, die Geißler nicht etwa im Sinne eines »Europa der Vaterländer« versteht, sondern als europäischen Bundesstaat, der die Nationalstaaten überwindet, sind ein notwendiger Zwischenschritt zur Erreichung dieses utopischen Endziels. Von zentraler Bedeutung für Geißlers Denken ist der Begriff der »multikulturellen Gesellschaft«, die spätestens in dem europäischen Bundesstaat Wirklichkeit werden wird: »Die multikulturelle Gesellschaft wird die Gesellschaft der europäischen Gemeinschaft sein.«[18]

Allerdings hat Geißler Angst, die »Nationalisten« in Deutschland, England und anderen europäischen Ländern könnten dieses Ziel noch in letzter Minute verhindern. »Der europäische Bundesstaat kann deshalb gar nicht schnell genug kommen.«[19] Und deshalb müsse der Prozeß der europäischen Einigung – hier weiß sich Geißler mit Helmut Kohl einig – auch »unumkehrbar« gemacht werden. Den Maastricht-Vertrag sieht Geißler – trotz aller Mängel – als Instument an, um diesem Ziel näherzukommen.[20] Daß Maastricht aus der Sicht der europäischen Nachbarn »die nachgeholte Erfüllung einer Bedingung für die deutsche Einheit« war, ist wieder eher ein Hilfsargument.[21]

Was die Ablehnung des Nationalstaates und des Prinzips Nation überhaupt angeht, so wendet sich Geißler ausdrücklich gegen jeden moderaten Mittelweg im Sinne etwa eines »aufgeklärten Nationalismus«: »Nationalismus ist wie religiöser Fundamentalismus, Rassismus, Faschismus, Kommunismus eine ideologische Pest, die man nicht durch Cholera austreiben, sondern nur durch politische Antibiotika vernichten kann. Es gibt keinen moderaten Mittelweg.«[22]

Die Vision der multikulturellen Gesellschaft, die Geißler explizit als Gegenentwurf zum Nationalstaat propagiert, zeichnet sich dadurch aus, daß tatsächliche Probleme verdrängt werden und dagegen ein harmonisches Bild des friedlichen Zusammenlebens gezeichnet wird: »Ein Europa der praktizierten Freizügigkeit kann dann dazu führen, daß man in der Bundesrepublik Deutschland geboren wird und aufwächst, in Großbritannien studiert, später in Deutschland oder in Frankreich arbeitet, um dann in Italien sein ›aktives Alter‹ zu verbringen. In Deutschland wird der Nachbar Belgier, der Arbeitskollege Türke, die Schwiegertochter Dänin und der Vereinskamerad Spanier oder Ungar sein. Schon heute vollzieht sich eine Europäisierung, ja sogar Internationalisierung unseres Lebens. Eine europäische Vielfalt der Produkte, des Essens und des Trinkens, der Literatur, der Musik und der Malerei, wie wir sie schon seit Jahrhunderten haben, der Wissenschaft und der Forschung, der Mode, des Designs wird – und das ist neu – ein Massenerlebnis des Alltags werden. Es sind die Merkmale einer bereits existierenden und wachsenden multikulturellen Gesellschaft.«[23]

Die massiven Konflikte, die eine solche multikulturelle Gesellschaft ebenfalls charakterisieren, werden entweder geleugnet oder aber durch Hinweis auf die Möglichkeiten einer Umerziehung der Menschen relativiert. Ein Beispiel für die Leugnung von Konflikten ist Geißlers Hinweis auf die Vereinigten Staaten, die er ausdrücklich als »Modell« einer funktionierenden multikulturellen Gesellschaft preist. Die Bürgerkriegsszenen aus Los Angeles, die im Sommer 1992 die Welt erschreckten, läßt Geißler als Gegenargument nicht gelten: »Los

Angeles ist kein Gegenbeispiel, sondern im Gegenteil ein Beweis dafür, daß multikulturelle Gesellschaft möglich ist.« Geißlers Beweisführung: An den Ausschreitungen hätten sich ja höchstens 100 000 Menschen beteiligt, und das sei eben nur eine Minderheit, gemessen an der Gesamtzahl der Einwohner von Los Angeles.[24] Was das Thema »Ausländerkriminalität« angeht, so leugnet Geißler ebenfalls die statistisch eindeutig nachweisbare höhere Kriminalitätsrate von Ausländern und bezichtigt die Innenminister, sie verbreiteten »fast täglich statistische Lügen über die Ausländerkriminalität«.[25] Diese »statistischen Lügen« seien eine der »Hauptursachen für die Übergriffe und Mordanschläge gegen die Ausländer«.[26] Geißler forderte deshalb mehrfach, die »nichtdeutschen Tatverdächtigen« sollten künftig in der Statistik nicht mehr als solche aufgeführt, also verschwiegen werden.[27] Wie im Fall der Brandstifter von Los Angeles soll auch hier die Wirklichkeit durch fragwürdige Rechenkünste so geschönt werden, daß das utopische Ziel der multikulturellen Gesellschaft nicht mehr durch Tatsachen in Frage gestellt wird, die im Widerspruch zur Ideologie stehen.

Dem Hinweis, daß aus kulturellen und religiösen Unterschieden nicht nur Bereicherungen, sondern auch erhebliche Spannungen und Probleme entstehen, begegnet Geißler mit dem Argument, diese Differenzen seien nur dann zu akzeptieren, wenn sie unsere Verfassungsvorstellungen nicht tangieren: »Das heißt also auch, wer zum Beispiel als fundamentalistischer Moslem die Gleichberechtigung der Frau und die Religions- und Glaubensfreiheit nicht akzeptiert, hat in Deutschland nichts verloren.«[28] Wie ein solcher Grundsatz in der Praxis zu realisieren sei, bleibt allerdings offen: Sollen die religiösen Überzeugungen der hier lebenden Türken und Araber nach Geißlers Vorstellung vielleicht in einem Gesinnungs-TÜV abgefragt und überprüft werden, um dann zu einem Urteil zu gelangen, ob sie hier leben dürfen oder nicht? Oder will Geißler gar eine neue Glaubensrichtung innerhalb des Islam gründen, die die Gleichheit von Frau und Mann im Sinne von Rita Süßmuths feministischen Vorstellungen zum Glaubensinhalt macht?

Weil Geißler glaubt, daß »Ausländerfeindlichkeit« nicht auch durch reale Konflikte im Zusammenleben mit Ausländern erzeugt werde, sondern primär ein Ergebnis der Hetze von Massenmedien sei (er nennt ausdrücklich die *Welt am Sonntag* und die *FAZ*[29]), hofft er, durch entsprechende Medieneinwirkung und Umerziehung seien die (objektiv angeblich unbegründeten) »Ängste« der Menschen zu beseitigen: »Warum soll in einer Mediendemokratie nicht effizient dargelegt werden können, daß diese Angst zwar da, aber unbegründet ist?«[30] Die Sorgen vieler Menschen, etwa vor dem Asylbewerberzustrom, tut

Geißler als »Phobien« ab, »die bei richtiger Information ausgeräumt werden können«.[31]

Damit weisen Geißlers Ansichten alle Elemente einer utopischen Ideologie auf: Die Verheißung eines glückseligmachenden Endzustandes im Weltmaßstab, die Leugnung realer Konflikte, der Glaube an die Möglichkeit, durch Umerziehung und Aufklärung alle Probleme in den Griff zu bekommen. Wie bei allen anderen utopischen Konstruktionen entspricht dem positiven Zukunftsbild zugleich eine Dämonisierung der bisherigen Geschichte, die als einziger Irrweg abgetan wird. Den Beginn des verhängnisvollen deutschen Weges in den letzten 100 Jahren datiert Geißler auf die Begründung des Nationalstaates: »Mit der Bildung des Nationalstaates 1871 begann das Verhängnis für die Deutschen, das in einem katastrophalen verbrecherischen Kataklysma endete.«[32] Das Kaiserreich sei von Anfang an eine »Mißgeburt« gewesen – als Beleg nennt Geißler neben dem Kulturkampf auch die Sozialistengesetze und die »erstickende Militarisierung«.[33] Das »Preußen-Deutschland der Bismarck-Ära« sei die »schlimmste, zum Teil widerwärtigste Periode der deutschen Geschichte« gewesen, »im Grunde genommen eine groteske Veranstaltung«.[34] Auch die Weimarer Republik war »sozusagen ein Appendix des Bismarck-Reiches«, eine »eigentliche Demokratie« gebe es in Deutschland überhaupt erst seit vierzig Jahren.[35] Abzulehnen seien daher auch alle geschichtlichen Symbole wie etwa das Hohenzollern-Schloß, dessen Wiederaufbau einen »fatalen Symbolcharakter«[36] hätte, das Eiserne Kreuz an der Quadriga auf dem Brandenburger Tor und die Generalsdenkmäler an der Neuen Wache in Berlin.[37] Fahnen – wie auch andere nationale Symbole – seien nur etwas für Analphabeten. Deshalb hätten sie etwa in Nicaragua ihre Berechtigung – nicht aber in Deutschland. So begründete Geißler, daß er zwar keine Deutschlandfahne, dafür aber die Parteifahne der Christlichen Demokraten von Nicaragua auf seinem Schreibtisch aufgestellt habe.[38]

Neben dem Kampf gegen den Nationalstaat und für die multikulturelle Gesellschaft ist vor allem der Feminismus ein zentrales Anliegen Heiner Geißlers. Das utopische Bild der multikulturellen Gesellschaft wird so durch das einer »weiblichen Gesellschaft« bereichert: »Vielleicht sollte man auch mal darüber nachdenken, daß eine Gesellschaft, in der die Frauen mehr zu sagen hätten, besser, friedlicher, moderner und bürgernäher wäre.«[39] Zum Beleg für diese These führt Geißler die Tatsache ins Feld, daß an den ausländerfeindlichen Ausschreitungen wesentlich mehr Männer als Frauen beteiligt waren[40], vergißt dabei aber das Beispiel der RAF, die keineswegs als Beleg für die Friedfertigkeit von Frauen dienen kann.

Es gehe, so Geißler, um einen »Abschied von der Männergesellschaft«. Hier genüge nicht eine »Bewußtseinsänderung bei den Männern«, sondern »Frauen müssen sich zusammenschließen, streiken und sich verweigern und andererseits von den Männern mehr Beteiligung an der Macht und Ausgleich für Nachteile fordern«.[41] Die »Feminisierung unserer Gesellschaft wird diese friedlicher machen« – so Geißlers Hoffnung.[42]

Kritiker des Feminismus werden von Geißler, ebenso wie die Gegner der multikulturellen Gesellschaft oder Anhänger eines »übertriebenen Law-and-order«-Denkens, in die rechtsradikale Ecke gestellt: »Wiederherstellung der alten patriarchalischen Ordnung, Machismus, Beseitigung der Gleichberechtigung von Mann und Frau, Antifeminismus, das ist alles rechtsradikal.«[43]

Geißlers Thesen sind heute in der Union nicht mehrheitsfähig. Daß er aber auch keineswegs allein steht, beweist nicht nur die Tatsache, daß es ihm beispielsweise 1985 gelang, sich mit seiner Idee eines »Frauenparteitages« durchzusetzen. Für viele jüngere CDU-Politiker, die schon in der Jungen Union eine eher linke Politik betrieben haben, ist Geißler nach wie vor Symbolfigur der »modernen« CDU. Und Geißlers Chancen liegen in der erheblichen Medienpräsenz, die ihm – wie auch anderen Vertretern des linken Flügels der CDU – gewährt wird. Dies liegt nicht nur daran, daß er ein rhetorisch gewandter Talkshowgast ist, dessen Polemik erfrischend wirkt, sondern hängt vor allem damit zusammen, daß er bei den überwiegend linken TV-Journalisten mit seinen Thesen so beliebt ist. In den meist von linken Politikern, Künstlern und Autoren dominierten Talkrunden kann er zudem als Alibi für eine vermeintliche Pluralität gelten – man hat ja auch einen Vertreter der CDU eingeladen. Und selbstverständlich ist ohnehin jeder Gast hochwillkommen, der als CDU-Mitglied die CDU, die Konservativen allgemein und Helmut Kohl insbesondere kritisiert.

Durch die Medienpräsenz von Politikern wie Geißler und Süßmuth wurde jedoch in der Öffentlichkeit ein verzerrter Eindruck vom geistigen Zustand der Union vermittelt. Konservative verzweifelten zunehmend an der von ihnen einstmals präferierten Partei, da die Thesen von Politikern wie Heiner Geißler in praktisch allen Fragen das Gegenteil der eigenen Überzeugungen waren und sind. Der Erfolg der Republikaner war auch ein Ergebnis der Politik Heiner Geißlers, und Franz Schönhuber unterließ keine Gelegenheit, dem Generalsekretär für dessen Wirken und Wahlhilfe ausdrücklich zu danken. Dies war einer der Gründe, warum Helmut Kohl sich 1989 von Geißler trennte.

Die Ursachen für den Erfolg Geißlers in der Union und für die Attraktivität seiner Vorstellungen sind vor allem psychologisch zu erklären. Geißler überzeugte viele mit dem Anspruch: »Es geht um die Fähigkeit, die Probleme der Gegenwart und Zukunft zu erkennen und Antworten zu formulieren, die nicht den Rezepten der 50er oder der 60er Jahre entnommen sind.«[44] In der Tat gelang es den – oft älteren – Konservativen in der CDU immer weniger, jüngere Menschen anzusprechen. Zudem waren sie zunehmend in die Defensive geraten und vermittelten keine Aufbruchsstimmung, sondern entweder trotziges Beharren oder aber eine rein defensive Haltung gegenüber der sich in der Offensive befindenden Linken. Dieser Linken war es gelungen, die von ihr propagierten utopischen Vorstellungen als Ausweis von Modernität zu verkaufen. Scheinbar gehörte ihnen die Zukunft, während die Konservativen nur veralteten und rückwärtsgewandten Illusionen nachtrauerten. Geißlers Erfolg lag darin begründet, daß er die linken – egalitären, antinationalen, multikulturellen und feministischen – Utopien aufnahm und der Union damit ein vermeintlich »modernes« Aussehen gab. Endlich konnte man mit gutem Gewissen an Lichterketten teilnehmen und sich trotzdem zur CDU bekennen. Viele sahen die Chance, das »verstaubte« und »ewiggestrige« gegen ein »modernes« und »progressives« Image einzutauschen. Und vor allem konnte jene »Sinnlücke« gefüllt werden, die nach Ansicht vieler die Kohl-Ära so geprägt hat: »Es ist der Widerspruch dieser Ära, daß sie Anfang der 80er Jahre, mit der Fanfare einer ›geistig-moralischen Wende‹ eingeläutet wurde, daß es aber keine Kanzlerschaft gegeben hat, die in politischer und erst recht in geistiger Hinsicht so anspruchslos war, das allerdings mit großer Konsequenz und Beharrlichkeit.«[45]

Der Erfolg der Geißler-Richtung ist also zugleich Ergebnis eines Versagens der demokratischen Rechten in der Union, der es nicht gelang, dieses geistige Vakuum zu füllen und ihre Vorstellungen in einer modernen und zukunftsorientierten Weise zu formulieren, die auch junge Menschen und Intellektuelle anspricht. Dies wäre jedoch der dritte Weg zwischen der CDU-Linken, die Anpassung an und Übernahme von linken Vorstellungen als Ausdruck von Modernität mißverstanden hat, und den CDU-Rechten, die allzuoft den Eindruck vermittelten, es gehe ihnen lediglich um eine Rückkehr zur Adenauer-Zeit. Die Zukunft der CDU wird auch davon abhängen, ob es ihr gelingt, in den eigenen Reihen glaubwürdige Persönlichkeiten zu fördern, die für einen solchen »dritten Weg« eines modernen, kritischen und national orientierten Konservativismus stehen. Gelingt ihr dies nicht, dann werden sich diese Kräfte trotzdem formieren, aber außerhalb und möglicherweise gegen die CDU. Einiges spricht dafür, daß die Parteiführung dies noch nicht begriffen hat.

VI. Die Macht der Medien – und ihre Grenzen

Die Macht der Medien – dies war eines der zentralen Themen der 68er. Sie hatten richtig erkannt, daß die Kontrolle der Medien in der modernen Gesellschaft eine, wenn nicht *die* zentrale Frage ist. Im Mittelpunkt ihrer Kritik stand vor allem der Axel-Springer-Verlag, dem sie vorwarfen, die Menschen im Sinne der »bürgerlichen« und »antikommunistischen« Ideologie zu manipulieren. Zwar verfehlten die 68er ihr Ziel, nämlich die Enteignung Springers und anderer »kapitalistischer Medienunternehmen«, aber dennoch waren sie in kaum einem gesellschaftlichen Bereich so erfolgreich wie bei den Medien. Statt der Zerschlagung der bestehenden Institutionen unterwanderte und infiltrierte man sie.

Wichtiger noch als die gezielte Unterwanderung war jedoch, daß es den 68ern gelang, das geistige Klima zu prägen, insbesondere an den geistes- und gesellschaftswissenschaftlichen Fakultäten der Universitäten. Die Absolventen der soziologischen, pädagogischen, psychologischen, germanistischen, politologischen usw. Fachbereiche waren während ihres Studiums fast durchweg durch linke Ideologien geprägt worden. In geistes- und gesellschaftswissenschaftlichen Seminaren herrschte in den siebziger Jahren ein extremer Meinungsdruck. Und bis heute bedarf es in vielen politikwissenschaftlichen oder soziologischen Seminaren einer erheblichen Portion Mut, nicht-linke Meinungen zu vertreten. Nach dem Ende des Studiums ergriffen die meisten Absolventen kommunikative Berufe. Sie wurden Lehrer, Lektoren, Sozialpädagogen oder: Journalisten.

Bei der Wahl des Arbeitgebers war man nicht zimperlich. Natürlich ging man am liebsten zur *Frankfurter Rundschau*, zur *Zeit,* zur *taz* oder zu anderen linken Blättern, aber man hatte auch keine unüberwindbaren Skrupel, bei konservativen Zeitungen zu arbeiten, insbesondere dann, wenn diese gute Gehälter bezahlten. Man war sogar bereit, einen Teil der ursprünglichen Gesinnung zu verkaufen, aber es blieb dennoch eine höchst wirksame linke Grundierung. Und das linke Gewissen mußte immer wieder beruhigt werden, indem man »kritische« Inhalte in die konservativen Medien implantierte und sich gegen »reaktionäre« Tendenzen zur Wehr setzte.

Politische Einstellungen der Journalisten

Eine Umfrage, die genau 25 Jahre nach der 68er-Revolte erhoben wurde, beweist, wie erfolgreich die Linke bei der Vereinnahmung der Medien war. Als »konservativ«, »christdemokratisch« oder »rechtsliberal« bezeichneten sich 15,3 Prozent aller deutschen Journalisten, als »liberal« 19,3 Prozent und als »linksliberal«, »sozialdemokratisch«, »grün-alternativ« oder »sozialistisch« 51,2 Prozent. Die Einschätzung des Mediums, für das die befragten Journalisten arbeiteten, differierte erheblich von der Selbsteinschätzung. Obwohl sich nur 2,4 Prozent der Journalisten selbst als »konservativ« einstuften, schätzten 11,3 Prozent der Befragten das Medium, für das sie arbeiteten, als »konservativ« ein. Und während nur 2,3 Prozent der Journalisten das Medium, für das sie tätig waren, als »grün-alternativ« einschätzten, bezeichneten genau viermal so viele Journalisten ihren eigenen politischen Standort als »grün-alternativ«.[1] Nach der parteipolitischen Präferenz befragt, antworteten die Journalisten wie folgt: Keine Nähe zu einer Partei: 27,9%, SPD 22,5%, Bündnis90/Die Grünen 17,4%, CDU/CSU 10,6%, FDP 8,2%, PDS 4,0%. Die Linksverschiebung gegenüber dem Meinungsspektrum der Gesamtbevölkerung ist also ganz offensichtlich.[2]

Der Linkstrend wird noch verstärkt durch den Anpassungsdruck innerhalb der Berufsgruppe der Journalisten. Zum engeren privaten Bekanntenkreis gehören bei 84,3 Prozent der Befragten auch Journalisten. Medienleute, in der Regel politisch hochinteressierte und kommunikationsfreudige Menschen, orientieren sich meist mehr an ihren Kollegen als an ihrem Publikum, also an den Lesern, Zuhörern oder Zuschauern.

Die Kampagne der 68er gegen »reaktionäre« Medien war insofern erfolgreich, als die bei diesen Medien tätigen Journalisten von ihren »progressiven« Kollegen ausgegrenzt wurden. Gegen den Springer-Verlag wurde vor allem von linken Intellektuellen und Verlagen regelrecht und ausdrücklich ein Boykott verhängt. Und nicht alle bei konservativen Blättern tätigen Journalisten hielten dem Druck stand. Viele wollten um fast jeden Preis der Isolation entgehen und auch als »fortschrittlich« anerkannt werden, weil das Einverständnis mit den Kollegen der eigenen Zunft wichtiger war als das mit der Leserschaft.

Unter den Journalisten gibt es Leitmedien, die den Ton angeben. Renate Köcher kommt in ihrer Dissertation zu dem Befund, daß die von Journalisten am intensivsten genutzten Medien *Der Spiegel* (82%) und die *Süddeutsche Zeitung* (80%) waren – danach rangierten lokale Zeitungen und die *FAZ* mit jeweils 73%, die *Zeit* mit 70%, der *Stern* und die *Welt* mit je 62% und die *Frankfurter Rundschau* mit 51%.[3] Diese

Befunde aus den Jahren 1980/81 werden durch eine empirische Untersuchung vom Frühjahr 1993 bestätigt, die Dominanz des *Spiegel* tritt jetzt sogar noch deutlicher hervor. Die Rangfolge der von den Journalisten regelmäßig genutzten Medien lautet: *Spiegel* 66,7%, *Süddeutsche Zeitung* 46,6%, *Stern* 37,1%, *Frankfurter Allgemeine* 36,2%, *Die Zeit* 34,4%, *Focus* 29,3%, *taz* 24,5%, *Frankfurter Rundschau* 23,2%, *Die Welt* 22,2%. Hinzu kamen noch – als Novum – 6,4% »feministische Zeitschriften«.[4]

Linke Journalisten nutzen besonders intensiv linke Medien und sind in der Nutzung »rechter« Angebote eher zurückhaltend, während konservative Journalisten nicht im gleichen Maße die linken Medien meiden. Die Analyse von Renate Köcher zu diesem Thema ergab: »Die Präferenzen für bestimmte Presseorgane und Sendungen korrelieren hoch mit dem eigenen politischen Standort des Journalisten und erzeugen so bei der Mediennutzung die dem Meinungsspektrum analoge Asymmetrie. 75 Prozent der sich im politischen Spektrum links einstufenden Journalisten nutzen intensiv die linksliberale Presse, 49 Prozent der sich rechts einstufenden Journalisten. Die konservativen Organe werden von 60 Prozent der sich als rechts einstufenden Journalisten intensiv genutzt, aber nur von 29 Prozent ihrer links orientierten Kollegen. Damit ist eine nach den eigenen politischen Anschauungen selektierende Mediennutzung bei sich als links einstufenden Journalisten ausgeprägter als bei konservativen Journalisten. Lediglich 5 Prozent der konservativen Journalisten nutzen zur eigenen Information keines der vier linksliberalen Organe; umgekehrt beachten 23 Prozent der linksorientierten Journalisten keines der fünf konservativen Organe. . . Eine schärfere Selektion gegenüber konservativen Standpunkten durch die überdurchschnittliche Neigung linker Journalisten, bei ihrer Mediennutzung rechte Organe zu meiden, verschlechtert zwangsläufig die Chancen konservativer Standpunkte, in der Berichterstattung berücksichtigt zu werden. Die Neigung, bei der Mediennutzung nach den eigenen Überzeugungen zu selektieren, verleiht der Asymmetrie des politischen Spektrums eine andere Dimension, da sie eine Verbindung zwischen dem persönlichen Standpunkt des Journalisten und seiner beruflichen Praxis herstellt.«[5]

Redakteure konservativer Medien sind gegenüber den Urteilen der bei linken Blättern beschäftigten Kollegen häufig wesentlich empfindlicher als umgekehrt. Linken Journalisten ist es meist relativ gleichgültig, was etwa ihre Kollegen von der *FAZ* über sie denken. Kritik von konservativer Seite würde eher als Bestätigung dafür empfunden, daß man den richtigen Kurs verfolgt. Journalisten, die bei konservativen Blättern arbeiten, neigen eher dazu, sich bei scharf vorgetragener Kritik der linken Konkurrenz ängstlich zu fragen, was man selbst möglicherweise falsch gemacht hat.

Man mag einwenden, daß Untersuchungen zum politischen Standort der Journalisten nur von begrenztem Aussagewert seien, da die politische Linie des jeweiligen Mediums nicht von den einfachen Redakteuren bestimmt werde, sondern von Chefredakteuren, Herausgebern oder Intendanten. Genau dies war immer ein Grundirrtum der christdemokratischen Medienpolitik. Entsprechend einem eher autoritären Menschenbild meinten die Konservativen, wesentlich sei es, Leitungspositionen zu besetzen – etwa bei den öffentlich-rechtlichen Anstalten den Intendanten oder wenigstens die Direktion zu stellen. Die Intendanten haben jedoch in der Praxis bei weitem nicht den Einfluß der Redakteursbasis. Was produziert und ausgestrahlt wird, bestimmen weder die »gesellschaftlich relevanten Gruppen« noch die Intendanten, sondern vor allem die Redakteure, die oft in großer Hektik die tägliche Arbeit erledigen. Es ist eben ein fataler Irrtum zu glauben, man könne einfach »von oben« einen bestimmten politischen Kurs verordnen. Je größer – und bedeutender – ein Medium ist, um so weniger ist dies möglich. Welche Themen verfolgt werden – und welche nicht –, wie recherchiert wird, mit welchem Tenor über einen Sachverhalt berichtet wird – all dies kann natürlich nicht »von oben« befohlen werden.

Es wäre ungerecht, Journalisten mehrheitlich den Willen zur Manipulation zu unterstellen. Elisabeth Noelle-Neumann betont zu Recht: »›Selektive Wahrnehmung‹ und das Bemühen des Menschen, ›kognitive Dissonanz‹ zu vermeiden, sich ein stimmiges Weltbild zu erhalten, wird neben dem Zwang zur Reduktion von Komplexität zur zweiten unvermeidlichen Quelle der Verzerrung der Wahrnehmung der Wirklichkeit und Verzerrung der Berichterstattung.«[6] Es handele sich daher nicht um bewußte Manipulation, denn »die Journalisten berichteten nur, was sie wirklich *sahen*«. Der einseitigen Medienwirklichkeit könne man daher nur entgegenwirken, indem Journalisten verschiedener politischer Couleur ihre Sichtweise dem Publikum zeigten.[7]

Verstärkend kommt hinzu, daß sich deutsche Journalisten in weitaus höherem Maße bewußt als Meinungsbildner verstehen als beispielsweise ihre angelsächsischen Kollegen, die eher dem Leitbild des investigativen Journalismus verpflichtet sind. Renate Köcher hat den Gegensatz im Selbstverständnis britischer und deutscher Journalisten auf die Formel *Spürhund oder Missionar* gebracht. So sahen sich beispielsweise 95 Prozent der deutschen (aber nur 76 Prozent der britischen) Journalisten als »Kritiker an Mißständen«.[8] Die Wiedervereinigung hat bewirkt, daß diese Tendenz im deutschen Journalismus sogar eine noch stärkere Ausprägung erhalten hat. Man muß dazu wissen, daß gut drei Fünftel der Redaktionen in den neuen Bundesländern mit Journalisten besetzt sind, die bereits vor dem Herbst 1989 für DDR-Medien tätig waren. Mit rund 71 Prozent überdurchschnittlich hoch ist deren Anteil in den Redaktionen der 15 marktbeherrschenden einstigen SED-Bezirksblätter.[9] Eine Ende 1992/Anfang 1993 erhobene empirische Untersuchung ergab, daß 67 Prozent der westdeutschen Journalisten als »besonders anziehend« an ihrem Beruf die Möglichkeit empfanden, »Mißstände aufzudecken und zu kritisieren«. Im gleichen Sinne antworteten aber 93 Prozent jener Journalisten in Ostdeutschland, die ihren Wohnsitz vor 1989 in der DDR hatten. Die »Möglichkeit, sich für Werte und Ideale einzusetzen« empfanden 49 Prozent der westdeutschen Journalisten attraktiv, aber 81 Prozent der schon zu DDR-Zeiten tätigen Journalisten in den neuen Bundesländern. Und fast die Hälfte der ostdeutschen Journalisten wollte »politische Entscheidungen beeinflussen«, während dies nur für 30 Prozent der westdeutschen Journalisten ein wichtiges Anliegen ist.[10] In welchem Sinne diese Beeinflussung erfolgen soll, zeigt die Tatsache, daß CDU und FDP gemeinsam nur über eine Anhängerschaft von 11 Prozent unter den ostdeutschen Journalisten verfügen – positive Sympathiewerte verbuchen nur die linken Parteien.[11]

An diesem Beispiel wird deutlich, in welch dramatischem Ausmaß die Linksverschiebung des politischen Meinungsspektrums durch die Wiedervereinigung verstärkt wurde. Die 68er, die bei ihrem »Marsch durch die Institutionen« im Medienbereich besonders erfolgreich waren, haben massive Verstärkung durch die Agitprop-geschulten Journalisten aus der ehemaligen DDR erhalten. Joachim Gauck hat kritisiert, daß es bei den ostdeutschen Medien nach der Wende »nur einen geringen Wechsel« gegeben habe. Bei manchen Redaktionen sei eine »klammheimliche Freude« zu beobachten, »daß viele der gesellschaftlichen und wirtschaftlichen Umstellungen noch nicht so richtig funktionieren«.[12] Und Elisabeth Noelle-Neumann meint: »Diejenigen, die für den Verkauf der ehemaligen SED-Tageszeitungen verantwortlich waren, waren sich offenbar nicht der Verantwortung bewußt, die sie damit auf sich genommen haben. Die Verleger sollten nicht nur an ihre Bilanzen denken, sondern sich auch ihrer geistigen Verantwortung bewußt sein.«[13]

Im Sommer 1994 begann eine lautstarke Kampagne der linken Medien gegen ein angebliches Medienkartell von Leo Kirch und Springer, das unter der persönlichen Kontrolle von Helmut Kohl stehe. *Die Zeit,* die *Frankfurter Rundschau, Die Woche,* die *Wochenpost, Der Spiegel* und andere linke Medien zogen Parallelen zu Berlusconi, und der SPD-

Medienexperte Peter Glotz wurde nicht müde, vor einem alles verschlingenden rechten Machtkartell zu warnen, das die Meinungsfreiheit in Deutschland fast schon beseitigt habe. Die Analyse der politischen Einstellungen deutscher Journalisten zeigt indes, wie absurd diese These von einer drohenden rechten Gleichschaltung ist.

Die Sorge der SPD-Medienpolitiker, durch die zunehmende Differenzierung im Bereich der elektronischen Medien, also durch den Bruch des öffentlich-rechtlichen Medienmonopols, könnte eine Rechtsverschiebung stattfinden, haben sich bislang nicht bewahrheitet. Die Aufregung darüber, daß der Programmdirektor von SAT.1, Heinz-Klaus Mertes, kein Linker, sondern ein Konservativer ist, belegt vielmehr, wie wenig selbstverständlich es heute erscheint, daß ein Nicht-Linker eine profilierte Position bei den elektronischen Medien einnimmt. Es gibt heute unzählige linke Magazinsendungen (Panorama, Report Baden-Baden, ZAK, Monitor, Spiegel TV usw.), aber nur eine einzige eher konservative Magazinsendung (Report aus München von Andreas Bönte). Und von den etwa 50 Talkshows in Deutschland sind die meisten eher links, manche sogar extrem links ausgerichtet, aber es gibt bis heute keinen einzigen rechten Talkmaster. Eine Sendung, die so stark rechts geprägt wäre, wie etwa die von Lea Rosh geleiteten Talkshows links ausgerichtet waren, würde mit Sicherheit zu »Betroffenheit«, empörten Protesten und Rücktrittsforderungen führen.

Der Linkstrend beschränkt sich keineswegs auf die politischen Sendungen im engeren Sinne. Auch in scheinbar unpolitischen Unterhaltungssendungen wird politische Stimmungsmache betrieben. »So kann man in der seit Jahren mit immer größerem Erfolg laufenden – weil im Programmschema gut plazierten und mit viel journalistischer Aufmerksamkeit bedachten – ›Lindenstraße‹ beinahe jedes Reizthema der bundespolitischen Szene wiederfinden: Krebsgefahr durch Kernreaktoren, rigide Ausländerfeindlichkeit, kapitalistisch-faschistoide Tendenzen in der bürgerlichen Gesellschaft. Oder aus der Reihe der positiv besetzten Themen: Jugendliche, die gegen den Druck der ›Herrschenden‹ alternativer (›gesunder‹) Energie zum Durchbruch zu helfen versuchen, Widerstand gegen Bundeswehr und Nato, Engagement für Umweltschutz.«[14] Kaum noch eine Woche, in der man Krimis vermissen müßte, in denen es um Neonazis und Ausländerfeindlichkeit geht, wobei die eigentliche Botschaft stets lautet, daß die scheinbar ehrbare bürgerliche Gesellschaft solche Bestrebungen fördert oder zumindest wohlwollend duldet. Wenn es einmal nicht um Neonazis geht, dann um kriminelle Unternehmer, die aus Profitgier die Umwelt zerstören und dabei von korrupten Politikern und Beamten gedeckt werden. *Für den Profit der Reichen geht der Kapitalismus über Leichen* – so eine Parole der 68er, die sich heute als Botschaft in zahlreichen »Umweltkrimis« wiederfindet. Absurderweise werden Filme, die die Deutschen der »Ausländerfeindlichkeit« bezichtigen, stets als besonders »mutig« (vor wem und gegen wen?) oder »kritisch« gelobt. Und 1994 hat ein linker Regisseur mit einem Kurzfilm über die Ausländerfeindlichkeit der Deutschen sogar bewiesen, daß man mit solchen Themen einen Oscar gewinnen kann.

Es erhebt sich jedoch die Frage, in welchem Ausmaß diese politische Einseitigkeit der Medien prägend für das Bewußtsein der Bevölkerung ist. Die Tatsache, daß nach wie vor die Mehrheit der Deutschen eben nicht so wählt wie die Mehrheit der Journalisten, zeigt an, daß den manipulativen Möglichkeiten der Medien Grenzen gesetzt sind.

Grenzen der Medienmacht

Eines der markantesten Beispiele für die Grenzen der Medienmacht ist die Diskrepanz zwischen der Einstellung einer Mehrheit der Bevölkerung und einer Mehrheit der Medien zur Wiedervereinigung. »Wünschen Sie sehr, daß die Wiedervereinigung kommt, oder ist Ihnen das nicht so wichtig«, fragte das Allensbacher Institut. »Wünsche mir sehr« antworteten im Januar 1976 60 Prozent der Befragten, im Juli 1981 61 Prozent und im September 1989 52 Prozent.[15] Auf die Frage, ob die Präambel des Grundgesetzes (»das gesamte deutsche Volk bleibt aufgefordert, in freier Selbstbestimmung die Einheit und Freiheit Deutschlands zu vollenden«) gewahrt bleiben oder gestrichen werden sollte, antworteten in regelmäßigen Umfragen von 1973 bis 1989 69 bis 79 Prozent »soll stehenbleiben«, und nur 7 bis 16 Prozent votierten für eine Streichung.[16] Wurde ganz allgemein danach gefragt, ob man für oder gegen die Wiedervereinigung sei, dann antworteten »für die Wiedervereinigung« im Dezember 1986 65 Prozent, im August 1987 66 Prozent, im Dezember 1989 62 Prozent, im Februar 1990 69 Prozent und im Juli 1990 sogar 74 Prozent.[17] Regelmäßig wurde zwischen 1978 und 1990 auch danach gefragt, ob man für ein vereintes und neutrales Deutschland eintrete, das weder dem Warschauer Pakt noch der Nato angehört. Obwohl diese Position von keiner der im Bundestag vertretenen Parteien geteilt und von den Medien abgelehnt wurde, war in fast allen Umfragen etwa die Hälfte der Bevölkerung für diese Lösung, jeweils etwa ein Viertel lehnte sie ab und ein weiteres Viertel blieb unentschieden.[18]

Die zitierten Umfrageergebnisse stehen in erheblichem Kontrast zu der Haltung, die die Mehrheit der bundesdeutschen Medien zur Frage der Wiedervereinigung eingenommen hatte. Der Politikwissenschaftler Jens Hacker hat in seiner Studie *Deutsche Irrtümer* die Haltung der Presse zur deutschen Einheit untersucht. Deprimierend war der Tenor der Beiträge in der *Zeit*, der wichtigsten deutschen Wochenzeitung. Theo Sommer meinte noch im Sommer 1989 – in völliger Verkennung der Realitäten: »Wer heute das Gerippe der deutschen Einheit aus dem Schrank holt, kann alle anderen nur in Angst und Schrecken versetzen.«[19] Über Jahre hinweg war es ein Hauptanliegen der *Zeit*-Chefs Marion Gräfin Dönhoff und Theo Sommer, den Nachweis zu führen, daß die Wiedervereinigung weder möglich noch wünschenswert sei. In der *Süddeutschen Zeitung* propagierte Robert Leicht (der später zur *Zeit* wechselte) die These, »daß die Deutschen ihre nationalstaatliche Chance gehabt – und verspielt haben«.[20] Allerdings gab es in der *Süddeutschen Zeitung* auch andere Stimmen wie von Hans Schuster, Ressortleiter Innenpolitik. Die *Frankfurter Rundschau* vertrat indes fast einheitlich das gleiche Status-quo-Denken wie die *Zeit*. Ihr »Verdienst« war es insbesondere, daß sie regelmäßig Vortragsmanuskripte prominenter Politiker und jener Wissenschaftler veröffentlichte, die von »Deutschland« bereits Abschied genommen hatten. Die politische Redaktion der *Frankfurter Rundschau* wußte dies im Vorspann jeweils zu verdeutlichen.

Der *Spiegel* nahm demgegenüber keine einheitliche Haltung ein. Rudolf Augstein war in den fünfziger Jahren einer der engagiertesten publizistischen Streiter für die deutsche Einheit – und gegen die Politik Konrad Adenauers.[21] Und als die deutsche Frage Ende der achtziger Jahre akut wurde, traten vor allem Rudolf Augstein im *Spiegel* und die BILD-Zeitung vehement für die Wiedervereinigung ein. Allerdings stand Augstein mit seiner Haltung im Widerspruch zur Mehrheit der *Spiegel*-Redaktion, so daß eine einheitliche Linie in dieser Frage nie auszumachen war. Mehrheitlich für die deutsche Einheit traten auch die Redaktionen der *Frankfurter Allgemeinen* und des *Rheinischen Merkur* ein. In der *Welt* waren es vor allem Herbert Kremp, Enno von Loewenstern und Matthias Walden, die sich nachdrücklich für die Wiedervereinigung einsetzten.

Eine negative Rolle spielten ARD und ZDF. »Für beide Anstalten«, so Hacker, »war die Problematik des politischen und rechtlichen Offenseins der deutschen Frage im Verlauf der siebziger Jahre und verstärkt danach kaum noch ein Thema. Von den bevorzugten Gesprächspartnern im Fernsehen – Egon Bahr, Klaus Bölling und Günter Gaus – waren stereotyp nur die Status-quo-Positionen zu erfahren.«[22] TV-Journalisten wie Wolfgang Venohr, der sich mit seiner zehnteiligen Fernsehserie *Dokumente Deutschen Daseins* und anderen Beiträgen

Verdienste um das Wachhalten des nationalen Gedankens erworben hat, blieben leider die Ausnahme. Und Gerhard Löwenthal, der sich in seinem ZDF-Magazin stets für die Freiheit der Menschen in der DDR eingesetzt hat und sich nicht mit der »Zweistaatlichkeit« und der SED-Diktatur abzufinden vermochte, wurde jahrelang als reaktionärer »Ewiggestriger« bekämpft.

Jedenfalls kann man nicht sagen, daß die positive Einstellung einer überwiegenden Mehrheit der Deutschen zur Wiedervereinigung den Medientenor zu dieser Frage reflektiert hat. Nach der vollzogenen Einheit ärgerten sich viele Journalisten darüber, daß sie unrecht behalten hatten. Nun machten sie es sich zur vorrangigen Aufgabe, all das darzustellen, was beim Zusammenwachsen beider Teile Deutschlands *nicht* klappte, und jede gegen die Einheit gerichtete Stimme aus der Bevölkerung einzufangen. Während vor 1989 Mißstände in der DDR kein »interessantes Thema« waren, wurden nun die wirtschaftlichen, politischen und psychologischen Probleme der Wiedervereinigung extensiv dargestellt. Es ist das Verdienst des Allensbacher Institutes, seit 1990 die Frage zu stellen, ob für die Deutschen die Wiedervereinigung »eher Anlaß zur Freude oder eher zur Sorge« sei. Entgegen dem Medientenor antwortete die Mehrheit der Deutschen Monat für Monat, die Wiedervereinigung sei für sie eher Anlaß zur Freude.[23] Ohne diese demoskopischen Befunde würden die Jahre ab 1990 für spätere Historiker, die primär auf die Auswertung von Medien und literarischen Zeugnissen angewiesen wären, vermutlich ausschließlich unter der Überschrift »Katzenjammer und Enttäuschung« in die Geschichtsbücher eingehen.

Die deutsche Einheit ist nicht das einzige Beispiel, wo Medientenor und Bevölkerungsmeinung weit auseinandergehen. Besonders deutlich ist diese Diskrepanz auch in der Beurteilung der Ausländer- und Asylpolitik zu beobachten. Mit wenigen Ausnahmen wie der *Welt am Sonntag* oder der *Frankfurter Allgemeinen* bemühten sich fast alle Printmedien – und erst recht die elektronischen Medien – darum, die Probleme der massenhaften Einwanderung herunterzuspielen oder durch appellative »Ausländerfreundlichkeits«-Kampagnen zu überdecken. Entgegen dem von vielen linken Medien vermittelten Eindruck waren solche Kampagnen eigentlich überflüssig, weil die Mehrheit der Deutschen durchaus ausländerfreundlich war – und ist.

Aussagen wie etwa »Ich habe grundsätzlich nichts gegen Ausländer, aber bei uns gibt es zu viele«, wurden von vielen linken Intellektuellen und Journalisten jedoch schon als höchst bedenkliches Indiz für Ausländerfeindlichkeit gewertet. Eine Umfrage im Dezember 1991 ergab[24], daß 65 Prozent der Deutschen der zitierten Aussage zustimmen und nur 25 Prozent sie ablehnen. Aufschlußreich dabei ist, daß nur 17 Prozent der Befragten mit einfachem Schulabschluß dieser Aussage nicht zustimmten, während eine relative Mehrheit von 47 Prozent der Befragten mit höherer Schulbildung erklärte, sie sei mit der Aussage nicht einverstanden. Da beispielsweise Arbeiter im Berufs-, Wohn- und Freizeitumfeld häufiger mit Ausländern zusammentreffen als Menschen mit höherer Bildung, kann man annehmen, daß die unmittelbare persönliche Erfahrung bei den Befragten mit einfacher Schulbildung stärker wirkte als die ideologischen Vorgaben der Medien, in denen die tatsächlichen Schwierigkeiten geleugnet wurden. Die bei vielen Linken beliebte These, die Medien seien es, die »Ausländerfeindlichkeit« erzeugten, ist jedenfalls abwegig. Gerade Blätter wie die in diesem Zusammenhang oft genannte BILD-Zeitung werben nachdrücklich für ein positives Ausländerbild. Wer jedoch allein die Tatsache, daß bei von Ausländern begangenen Verbrechen die Staatsangehörigkeit des Täters nicht verschwiegen wird, als Indiz für ausländerfeindliche Berichterstattung wertet, wird solche Belege denn auch leicht in fast allen Medien finden können.

Immerhin ist es den linken Medien gelungen, den Eindruck zu vermitteln, die Mehrheit der Deutschen sei »gegen die Ausländer«. Diesen Eindruck hatten bei einer Umfrage im Dezember 1991 jedenfalls 71 Prozent der Deutschen. Nur scheinbar im Gegensatz dazu steht, daß zwei Monate zuvor 57 Prozent der Deutschen sagten, sie fühlten sich durch »die Ausländer nicht gestört«.[25] Und 66 Prozent der Befragten begrüßten es ausdrücklich, wenn sich Bürger schützend vor die Asylantenheime stellen, um sie vor ausländerfeindlichen Angriffen zu schützen.[26] Die verbreitete Meinung von der »Ausländerfeindlichkeit« der Deutschen ist ein typisches Beispiel dafür, wie die tatsächliche Stimmung der Bevölkerung einerseits und die Wahrnehmung dieser Volksmeinung andererseits auseinanderklaffen können, und zwar dann, wenn durch Medien systematisch ein verzerrtes Bild über die Stimmung gezeichnet wird. Medien haben jedoch, wie das Beispiel der Ausländer- und Asylpolitik zeigt, eine nur begrenzte Wirkung, wenn unmittelbare Erfahrungen der Menschen die dort geäußerten Meinungen bestätigen oder widerlegen können.

Es gibt aber Bereiche, die solchen unmittelbaren Erfahrungen nicht zugänglich sind. Das Ozonloch ist eben nicht sichtbar, und Annahmen über die Risiken von Kernkraftwerken entziehen sich unmittelbarer Erfahrung und Beurteilung. Reginald Rudorf hat in seinem Buch *Die vierte Gewalt* an zahlreichen Beispielen gezeigt, wie gerade das Öko-Thema für viele linke Medien zum bevorzugten Agitationsfeld geworden ist. Die Wirkung ist beeindruckend. Im Juni 1986 wurde Jugendlichen im Alter zwischen 12 und 16 Jahren die Frage gestellt: »Wenn du dir jetzt die ganze Umwelt so einrichten könntest, wie es dir gefällt, und Dinge, die dir nicht gefallen, verschwinden einfach. Was von diesen Dingen hier gäbe es dann in deiner idealen Welt, was gäbe es nicht und wo ist es dir egal, ob es das gibt?« Nur für 25 Prozent der Jugendlichen gehörten große Industrieunternehmen zu dieser Wunschwelt, aber 28 Prozent wünschten sich, diese sollten »verschwinden«. Und 40 Prozent war es egal, ob es Großunternehmen gibt oder nicht. Bei Atomkraftwerken fiel die Antwort noch eindeutiger aus: Nach Ansicht von 70 Prozent der Jugendlichen sollten Atomkraftwerke »verschwinden«, nur 7 Prozent waren anderer Meinung.[27]

Aufgefordert, die mit Atomkraftwerken verbundenen Gefährdungen auf eine Skala zwischen »kein Risiko« und »außerordentlich hohes Risiko« einzuschätzen, entschieden sich bei einer Umfrage im September 1988 drei Viertel der Deutschen für die beiden höchsten Risikostufen (größeres bzw. außerordentlich hohes Risiko), nur 6 Prozent sahen die mit Atomkraftwerken verbundenen Risiken als »gering«.[28] Und nur noch 29 Prozent der Westdeutschen meinten im Dezember 1991, »ein moderner Industriestaat braucht einfach Kernkraftwerke«.[29] Der Anteil der Befürworter von Kernenergie nahm dabei über die Jahre ab: Im September 1977 votierten noch 45 Prozent für Kernkraftwerke, im Mai 1991 waren es nur noch 28 Prozent[30] – wobei jedoch seit 1988 kein Rückgang mehr feststellbar ist, sondern die Werte für Anhänger, Gegner und Unentschiedene eher stabil bleiben.

Der Medienforscher Hans Mathias Kepplinger hat die Ergebnisse einer quantitativen Inhaltsanalyse der Medienberichterstattung zum Thema »Technik« mit den Resultaten von Umfragen verglichen. Der Zusammenhang zwischen Presse-Berichterstattung und der Tendenz der Bevölkerungsmeinung kann präzise nachgewiesen werden – die Ansichten der Medienkonsumenten folgen nach ein bis zwei Jahren dem veränderten Medientenor.[31] Dabei besteht oft gar kein Zusammenhang zwischen Veränderungen in der Realität und Änderungen in der Berichterstattung der Medien. Während beispielsweise die Belastung der Gewässer und der Luft – wie Messungen zeigen – seit Mitte der siebziger Jahre deutlich zurückgeht, stieg der Umfang der Berichterstattung über Gewässer- und Luftverschmutzung an. Andererseits nehmen die Waldschäden noch immer jährlich um mehrere Prozentpunkte zu, gleichwohl sind sie im Vergleich zu 1983/84 praktisch kein Thema mehr.[32]

Während insgesamt bei Umweltthemen eine hohe Übereinstimmung zwischen Medientenor und Volksmeinung festzustellen ist, zeigen alle Umfragen zum Nationalsozialismus, daß in der Bevölkerung Meinungen stark vertreten sind, die in den Medien nicht artikuliert werden. Bei einer Umfrage im Februar 1986 plädierten beispielsweise 66 Prozent der Befragten dafür, 40 Jahre nach Kriegsende solle man »endlich einen Schlußstrich« ziehen und nicht mehr so viel über die NS-Vergangenheit sprechen.[33] Bedenkt man, daß – keineswegs nur in den linksgerichteten Medien – ständig vor einer »Schlußstrich-Mentalität« gewarnt wird, ist dies ein erstaunliches Ergebnis. Vermutlich hat die Mehrheit der Befragten allerdings gar nichts gegen die kritische Auseinandersetzung mit der NS-Zeit, sondern gegen die Art und Weise, wie diese betrieben wird. Die Zelebration der »Betroffenheit« und die ständige moralisierende Beschwörung unserer »leidvollen Vergangenheit«, die angeblich immer noch »unbewältigt« sei, bewirkt bei vielen Menschen das Gegenteil des Gewollten und – vielleicht – Gutgemeinten.[34]

Die Tatsache, daß im Herbst 1988 bei einer infas-Umfrage 42 Prozent der Bundesbürger und immerhin 21 Prozent der Jugendlichen erklärten, »der Nationalsozialismus hatte auch seine guten Seiten«[35], sollte nicht ohne weiteres als Indiz für die Verbreitung rechtsextremen Denkens gewertet werden. Vielmehr scheint es so, daß undifferenzierte Schwarzweiß-Bilder, wie sie manchmal immer noch in Medien oder Schulbüchern dargeboten werden, nicht zu überzeugen vermögen und die Thematisierung mancher Aspekte des Dritten Reiches offenbar nach wie vor als Tabu empfunden wird. So stimmten bei einer Umfrage im Februar 1991 17 Prozent der Deutschen der Ansicht zu, daß man über manche Dinge aus der Zeit des Dritten Reiches öffentlich nicht reden könne. Und immerhin weitere 24 Prozent meinten, es »komme darauf an«, oder waren unentschieden, ob über diese Themen ein freies Gespräch möglich sei oder nicht.[36]

Souverän ist, wer bestimmt, was ein Skandal ist

Die Ansicht, daß man – wenn es um die NS-Zeit geht – »nicht alles . . . beim Namen nennen [darf] in Deutschland«, äußerte auch Bundestagspräsident Philipp Jenninger bei seinem Rücktritt.[37] Von seinen Kritikern wurde übrigens gerade *dieser* Satz, also die Benennung eines tabuisierten Bereiches, als das größte Ärgernis bei der sogenannten Jenninger-Affäre gewertet.

Da diese Affäre ein eindrückliches Beispiel dafür ist, wie es den Medien zuweilen gelingt, eine geradezu hysterische Atmosphäre zu erzeugen, einen Meinungsdruck, dem kaum jemand in der Politik widerstehen kann, soll der Fall Jenninger noch einmal ins Gedächtnis gerufen werden. Auslöser war eine Ansprache, die der Bundestagspräsident zum Gedenken an den 50. Jahrestag der »Reichskristallnacht« gehalten hatte. Jenninger war von den Grünen von vornherein als Redner abgelehnt worden. Die Abgeordnete Jutta Oesterle-Schwerin hatte vor der Ansprache die absurde Erklärung abgegeben, es sei »unerträglich, daß ein Bundestagspräsident, in dessen Bundesland Baden-Württemberg die Anbringung einer Gedenktafel für die kommunistische Widerstandskämpferin Lilo Herrmann von der Uni Stuttgart abgelehnt wurde, die Gedenkrede bei dieser Feier hält«.[38] Bereits nach den Einleitungsworten Jenningers kam es zu dem Zwischenruf der Abgeordneten: »Das ist doch alles gelogen!« Weitere Zwischenrufe folgten, Abgeordnete von SPD und Grünen verließen den Saal. Parlamentarier versicherten einander oder den Journalisten, ihnen sei bei dieser oder jener Passage »einfach schlecht geworden«, einer mußte sich »erst einmal eine Zigarette anzünden«, andere erklärten pathetisch: »Das ist ein schwarzer Tag.«[39]

Was an der Rede wirklich schlimm war, darüber waren sich die Kritiker nicht einig. Charakteristisch für die hysterische Atmosphäre war, daß sich die Begründungen für die »Ungeheuerlichkeit« der Rede häufig widersprachen. Die Kritik gipfelte in dem Vorwurf, Jenninger habe bei der Verwendung nationalsozialistischer Begriffe vergessen, die Anführungszeichen vorzulesen. Besonnene Stimmen hatten es in dieser Atmosphäre »politisch-moralischer Lynchstimmung«[40] schwer, sich Gehör zu verschaffen. Michael Fürst, stellvertretender Vorsitzender des Zentralrats der Juden in Deutschland, erklärte, er sei nicht der Auffassung, Jenninger solle zurücktreten, dieser habe eine »sehr deutliche« Bestandsaufnahme der damaligen Zeit gemacht. Er könne die Aufregung »nicht verstehen, weil ich glaube, daß der Präsident in völlig lauterer Absicht etwas dargestellt hat. . . Es muß doch dargestellt werden dürfen, was in der Vergangenheit passiert ist, ohne daß einem das zum Vorwurf gemacht werden kann«.[41]

Die Medien machten die Rede jedoch zu einem Skandal, und es ist bemerkenswert, daß in den Tagen nach der Rede kaum eine differenzierende Stimme zu vernehmen war. Die BILD-Zeitung meinte, Jenninger habe eine »taktlose Rede gehalten«[42], und die *Hamburger Morgenpost* erklärte, die Rede »hätte man einem Schuljungen um die Ohren geschlagen«, denn sie habe gewirkt, »als sei jemand auf Plattfüßen durch den schlimmsten Teil der deutschen Geschichte gewandert«.[43] Die *Berliner Morgenpost* schrieb: »Wer sich total disqualifiziert hat wie er, schadet dem Gemeinwesen, dem zu dienen er vorgibt, mit jeder Minute noch zusätzlich, die er an seinem Amt klebt.«[44] Die *taz* warf dem Bundestagspräsidenten (der für seinen besonderen Einsatz für die deutsch-jüdische Aussöhnung und die Beziehungen zu Israel bekannt war) »latenten Antisemitismus« vor[45], und die *Frankfurter Rundschau* erblickte in der Rede ein Symptom für »das, was in konservativen Kreisen dieser Republik seit einiger Zeit große Mode ist: ohne Rücksicht auf ›Mißverständnisse‹ geradezu verzweifelt die zwölf Jahre, in denen sich Deutschland aus der zivilisierten Welt verabschiedete, so zu relativieren, daß sie ihre Einmaligkeit verlieren und damit auch erklärbar werden«.[46]

Der Spiegel wertete die Rede ebenfalls als Beleg dafür, daß »die Union« die »Schatten der Vergangenheit« nicht loswerde.[47] Natürlich durfte Rolf Hochhuth nicht fehlen, der Jenninger persönlich beleidigte: »Ein geistig wie seelisch minderbemittelter Präsident des Bundestages: daher ist die Schadenfreude des Auslands über Bonn noch größer als sogar die Erbitterung!«[48] Johannes Mario Simmel wertete Jenningers Rücktritt gar als Existenzfrage für Deutschland: »Die Rede war derart entsetzlich, instinktlos, um nichts Schlimmeres zu sagen. Dieser Mann mußte zurücktreten. Ohne den Rücktritt hätten wir nicht weiterhin im Kreise der anderen westlichen und östlichen Völker existieren können.«[49]

Die Aufregung im Inland spiegelte sich in übersteigerter Form in der ausländischen Presse wider – und dies wiederum wurde in Deutschland als untrüglicher Beweis für die Verwerflichkeit der Rede gewertet. Wie so oft hatte man zunächst in Deutschland eine große Aufregung inszeniert, um dann den übersteigerten Niederschlag dieser Hysterie in der ausländischen Presse als Bestätigung für die Berechtigung der Aufregung im Inland zu werten – schließlich werde das Ansehen der Bundesrepublik »im Ausland« negativ tangiert, argumentierten gerade jene, denen dieses Ansehen ansonsten zumindest gleichgültig ist. Der *Corriere della Sera* (Mailand) titelte zur Jenninger-Rede: »Hitler gab uns herrliche Zeiten« und schrieb: »Antisemitismus explodiert im deutschen Parlament – Der christdemokratische Präsident des Bundestages hat die Nazivergangenheit gepriesen und den Haß auf die Juden gerechtfertigt.« *Il Tempo* (Rom) titelte: »Hitler erhebt sich, der Bundestag leert sich«, *La Stampa* (Turin): »Jahre der Glorie mit Hitler«.[50]

Diese Berichte hatten mit der wirklichen Rede überhaupt nichts mehr zu tun. Jenninger hatte weder Antisemitismus gepredigt noch Hitler verteidigt, sondern versucht, jenseits des unverbindlichen »Betroffenheits«-Geredes über Ursachen und Bedingungen des Nationalsozialismus nachzudenken. Zudem hatte er wohl ein Tabu gebrochen, indem er auch die Attraktivität und Massenwirksamkeit des Nationalsozialismus thematisierte und zu erklären suchte.

Schon zehn Jahre vor Jenningers Rücktritt wurde die NS-Thematik einem anderen prominenten CDU-Politiker zum Verhängnis. Der baden-württembergische Ministerpräsident Hans Filbinger wurde Opfer einer Kampagne, von der wir heute wissen, daß sie Teil einer von der Abteilung X der »Hauptverwaltung Aufklärung« des MfS gesteuerten »Aktion Schwarz« war, die sich gegen »Konservative, CDU/CSU, ›Faschisten‹« richtete.[51] Das Material für die Diffamierungskampagne gegen den konservativen Ministerpräsidenten lieferte das MfS, die Kampagne selbst wurde über vier Monate von dem linken Medienkartell betrieben. Den Startschuß hatte Rolf Hochhuth gegeben, der Filbinger in einer von der *Zeit* veröffentlichten Erzählung als »furchtbaren Juristen« bezeichnet hatte – ein Etikett, das diesem bis heute anhängt. Vier Monate lang verwendete der *Spiegel* 16 Ausgaben und 60 Seiten für die moralische Hinrichtung Filbingers. Die *Zeit* brachte es gar auf 65 Seiten. Das sozialdemokratische Mitglieder-Magazin *Vorwärts* steuerte 14 Ausgaben und 29 Seiten bei, der *Stern* 13 Ausgaben und 34 Seiten.[52] Theo Sommer sprach in der *Zeit* vom »Als-ob«-Nazi Filbinger, und Rudolf Augstein nannte ihn im *Spiegel* einen »Gesinnungsnazi«.

Der Fall, der inzwischen minutiös rekonstruiert und aufgeklärt ist[53], kann hier nicht dargestellt werden. Tatsache ist jedoch, daß die im Zusammenhang mit der Tätigkeit Filbingers als Marinerichter am Ende des Zweiten Weltkrieges erhobenen Vorwürfe detailliert widerlegt werden konnten, aber es dem linken Medienkartell dennoch gelang, den Rücktritt des Ministerpräsidenten zu erzwingen. Josef Augstein, Bruder des *Spiegel*-Herausgebers und Verteidiger Filbingers, resümierte: »Bedenklich stimmt an der ganzen Sache nur, daß die Massenmedien einen ihnen mißliebigen Politiker so fertigmachen können, daß allgemein sein Rücktritt gefordert wird, obwohl die gegen ihn erhobenen Vorwürfe unbegründet sind. Die Presse- und Meinungsfreiheit ist ein hohes, unverzichtbares Gut. Erforderlich ist dafür ein gewisses Maß an Objektivität. Daran hat es in diesem Fall leider oft gefehlt.«[54]

Ein anderer Fall, in dem es ebenfalls zu einem Rücktritt kam, allerdings nicht zum Rücktritt von einem Amt, sondern von einer Kandidatur – der Fall Steffen Heitmann – wird in Kapitel VIII behandelt. Auch hier gelang es wiederum den linken Medien, durch eine systematische Diffamierungskampagne einen unbequemen Konservativen »abzuschießen«. In Kapitel IX werden wir den Medienskandal um »Bad Kleinen« behandeln, in dessen Folge Innenminister Rudolf Seiters und der Generalbundesanwalt Alexander von Stahl zurücktraten. Beide wurden nicht rehabilitiert bzw. wieder in ihr Amt eingesetzt, auch nachdem klargeworden war, daß die These von der »Hinrichtung« des RAF-Terroristen Wolfgang Grams völlig unhaltbar war und es sich in Wahrheit um einen Skandal unseriöser Berichterstattung des Fernsehmagazins *Monitor* und des *Spiegel* handelte.

Umgekehrt gibt es potentiell skandalträchtige Fälle, die praktisch ohne Konsequenzen für die Schuldigen bleiben, weil die betreffenden Politiker eben nicht im Schußfeld des linken Medienkartells stehen. Zu nennen sind etwa die gravierenden Versäumnisse der ehemaligen Gesundheitsminister Rita Süßmuth und Heiner Geißler in der Aids-Politik, denen »pflichtwidriges Hoheitshandeln« vorgeworfen wird, in dessen Folge mindestens 2000 Bluter durch verseuchte Medikamente mit dem tödlichen HI-Virus angesteckt wurden.[55] Zwar wurden die folgenreichen Versäumnisse der beiden Politiker auch in den linken Medien nicht verschwiegen, aber diese Nachrichten erhielten bei weitem nicht den prominenten Platz in der Berichterstattung, den weitaus unbedeutendere Verfehlungen konservativer Politiker einnahmen. Der Tonfall der Berichterstattung und der Tenor der Kommentare waren auffallend zurückhaltend, vergleicht man dies etwa mit der Begleitmusik zu den Affären prominenter CSU-Politiker, obgleich die Vorwürfe im Falle Geißler/Süßmuth an sich viel schwerwiegender waren.

Eine positive Ausnahme bildete im Fall des Aids-Skandals der *Spiegel,* der zwar das Thema auch nicht der eigentlichen Bedeutung gemäß aufarbeitete und plazierte, aber immerhin einen Kommentar aus der Feder von Hans Halter veröffentlichte, der an Deutlichkeit nichts zu wünschen übrig ließ: »Als Heiner Geißler und Rita Süßmuth Gesundheitsminister in Bonn waren, gab es fünf Jahre lang Aids auf Rezept. . . Mindestens 60 Prozent dieser Infektionen hätten verhindert werden können, sagt der Untersuchungsausschuß, und zwar auch ›nach dem damaligen Kenntnisstand‹. Viele Opfer – und keine Schuldigen? Geißler und Süßmuth fühlen sich unbeschwert, frei von Schuld, auch im moralischen Sinn. Sie sind jedoch zutiefst empört über den Bayern Peter Gauweiler, der öffentlich nach ihrer Verantwortung für ›Tod und Siechtum einer unbekannten Zahl von Menschen‹ gefragt hat. Die Opfer haben nur ganz leise Stimmen, man hört sie kaum. Warum schreit keiner auf? Liegt es in der Natur der Krankheit, die langsam alle Kräfte aufzehrt? Oder daran, daß die Todgeweihten keine Verbündeten fanden in Kirchen und Parteien, bei der Justiz, den Ärzten? Nicht einmal die Betroffenenbetreuer ehrenhalber, die Dichter und Pastoren, mögen sich für sterbende Bluter engagieren. . . Die politische Klasse schaut weg.«[56]

Medien haben die Macht zu definieren, was ein Skandal ist – und was nicht. Diese Macht ist viel entscheidender als die Möglichkeiten der Beeinflussung der Volksmeinung. Zwar erfolgt diese Beeinflussung täglich und massiv, aber ihr sind gewisse Grenzen gesetzt. Erklärungsbedürftig erscheint, daß sich Politiker in höherem Maße nach dem Medientenor ausrichten als nach der Meinung der Bevölkerung, wie sie sich etwa in demoskopischen Daten widerspiegelt. Zwar entscheiden die Wähler alle vier Jahre über die Wiederwahl eines Politikers bzw. einer Partei, aber die Medien können praktisch täglich darüber entscheiden, ob Verfehlungen eines Politikers zum »Skandal« werden oder nicht. Medien können einen Politiker aufbauen – und höchst wirksam demontieren. Nur so ist es zu erklären, daß sich Politiker beispielsweise in der Asyl- und Ausländerpolitik über viele Jahre lieber in Widerspruch zur Mehrheitsmeinung ihrer Wähler gesetzt haben, als sich in einen Gegensatz zum Medientenor zu begeben. Und für viele Journalisten ist die Meinung der Leser wiederum weniger ausschlaggebend als die ihrer Kollegen und der publizistischen Stimmführer in Medien und Geistesleben. Sie bestimmen, welche Ansichten öffentlich geäußert werden dürfen und die Artikulation welcher Meinungen mit Isolation und Ausgrenzung geahndet wird.

So entsteht jene für das Verständnis der »öffentlichen Meinung« konstitutive »Schweigespirale«, die Elisabeth Noelle-Neumann entdeckt hat. Schweigespiralen, so ihr Befund, »entwickeln sich praktisch nie gegen den Tenor meinungsbildender Medien; auch wenn nur eine kleine Minderheit diesen Medientenor teilt, ist sie redebereit, und das Gegenlager bildet eine ›schweigende Mehrheit‹«.[57] So kommt es zu der erheblichen Diskrepanz zwischen dem, was »öffentliche Meinung« genannt wird, und der »veröffentlichten Meinung«.

Die Linksverschiebung im politischen Spektrum der Bundesrepublik seit 1968 ist ohne Kenntnis dieser Mechanismen nicht zu verstehen. Die Linke ist sich der Bedeutung dieser Mechanismen in hohem Maße bewußt. Deshalb reagiert sie geradezu panisch auf alle Tendenzen, die das Meinungsmonopol der Linken in Frage stellen. Kommen rechte Meinungen in den etablierten Medien zu Wort, dann wird dies nicht als selbstverständlicher Teil einer pluralistischen Gesellschaft verstanden, sondern als illegitim bekämpft. Und selbst gegen Zeitungen mit geringer Auflage wie etwa die *Junge Freiheit* – ein rechtes Pendant zur linken *taz* – wird mit allen Mitteln vorgegangen. Die Pressionen reichen von der Weigerung namhafter Banken, Konten für diese Zeitung einzurichten, über die Bedrohung von Kioskbesitzern, mit dem Ziel, den Vertrieb zu verhindern, bis zum Überfall autonomer Gruppen auf die Druckerei und dem Versuch gewaltbereiter Antifaschisten, die Redaktion zu stürmen. In der absurden Affäre um den Pressesprecher des Berliner Innensenators Dieter Heckelmann[58], Hans-Christoph Bonfert, spielte gar der Vorwurf, dieser habe die Zeitung *Junge Freiheit* abonniert, eine wichtige Rolle. Durch den Hinweis auf diese »entlarvende« Tatsache erschien die Teilnahme des langjährigen CDU-Mitglieds an einem konservativen Gesprächskreis im »rechten« Lichte.

Eine Änderung der Medienlandschaft wird in erster Linie von einer Wende im intellektuellen Milieu abhängen. So wie die heutige Situation im wesentlichen eine Folge der Kulturrevolution von 1968 ist, so wird sich die Medienlandschaft auch erst dann wieder ändern, wenn die »Basis«, also die Journalisten, nicht mehr wie selbstverständlich »links« ausgerichtet ist. Solange selbst konservative Blattmacher auf linke Journalisten zurückgreifen müssen, einfach weil es zu wenig rechte Journalisten gibt, so lange wird sich an der Dominanz der Linken bei Presse, Funk und Fernsehen nur wenig ändern.

VII. Der Geist steht links

Daß die Mehrheit der Intellektuellen in Deutschland politisch links oder linksliberal eingestellt ist, war nicht erst eine Folge der 68er Bewegung, obwohl diese für die Linksverschiebung im intellektuellen Milieu wie ein Katalysator gewirkt hat. Die 68er Bewegung war jedoch nicht nur Ursache, sondern bereits Ergebnis einer solchen Linksverschiebung. Ohne die »Frankfurter Schule«, ohne Theoretiker wie Herbert Marcuse, Max Horkheimer, Jürgen Habermas und Theodor Adorno wäre die Kulturrevolution von 1968 nur schwer denkbar.

»Ohne revolutionäre Theorie kann es auch keine revolutionäre Bewegung geben« – dieser Leitsatz aus der Revolutionstheorie Lenins wurde von den rebellierenden Studenten gerne zitiert. Lenins Konzept der revolutionären Avantgarde, die berufen sei, den Arbeitern das sozialistische Bewußtsein zu vermitteln, schmeichelte den Intellektuellen, weil es ihnen eine privilegierte Aufgabe im revolutionären Prozeß zuschrieb. Die Arbeiterklasse, so Lenin in seinem 1902 erschienenen Buch *Was tun?*, könne aus eigener Kraft nur »trade-unionistisches Bewußtsein« hervorbringen, das systemimmanent bleibe. »Die Lehre des Sozialismus ist hingegen aus den philosophischen, historischen und ökonomischen Theorien hervorgegangen, die von den gebildeten Vertretern der besitzenden Klassen, der Intelligenz, ausgearbeitet wurden. Auch die Begründer des modernen wissenschaftlichen Sozialismus, Marx und Engels, gehörten ihrer sozialen Stellung nach der bürgerlichen Intelligenz an. Ebenso entstand auch in Rußland die theoretische Lehre der Sozialdemokratie ganz unabhängig von dem spontanen Anwachsen der Arbeiterbewegung, entstand als natürliches und unvermeidliches Ergebnis der ideologischen Entwicklung der revolutionären sozialistischen Intelligenz.«[1]

Lenins Theorie der revolutionären Avantgarde war nicht erst für die K-Gruppen, die aus dem Zerfall der Studentenbewegung Anfang der siebziger Jahre entstanden sind, sondern bereits für viele Aktivisten der Studentenbewegung von grundlegender Bedeutung. Hans-Jürgen Krahl bezog sich auf Lenins Werk, wenn er schrieb: »Lenin funktioniert jedoch die spätbürgerliche gegenaufklärerische Ideologie von Elite und Masse revolutionär um. . . Lenin kann ausgehen von der Existenz einer Bewußtseinsavantgarde, sein Problem ist das der Agitation. Heute sind wir auf die Konstitution von Bewußtseinsgruppen zurückverwiesen, die einmal avantgardestrategische Funktion übernehmen können.«[2]

Diese »Bewußtseinsgruppen« bildeten sich an den Universitäten in mannigfaltigen Formen: Rote Zellen, Basisgruppen und Schulungsgruppen, in denen die marxistische Theorie studiert wurde. Es gelang den Studenten, ganze soziologische oder politologische Fachbereiche »umzufunktionalisieren«, in denen nicht mehr »bürgerliche Wissenschaft« betrieben, sondern um die richtige und zeitgerechte Deutung der Marxschen Theorie gerungen wurde. Es gab allerdings nur wenige Universitäten, in denen orthodoxe Marxisten so eindeutig dominierten wie etwa in Marburg, wo neben vielen anderen auch der Kommunist Reinhard Kühnl sehr erfolgreich die marxistische Faschismustheorie propagierte.

In den siebziger Jahren fand jedoch überwiegend ein anderer, nämlich ein »kritischer« Zugang zum Marxismus Verbreitung. »Kritische Sozialwissenschaftler« oder Vertreter der sich neu etablierenden »Gesellschaftsgeschichte« orientierten sich nicht dogmatisch an marxistischen Lehrgebäuden, sondern versuchten, Elemente der »Kritischen Theorie«, der Soziologie Max Webers, aber auch des Marxismus zu einer Synthese zusammenzuführen und für die wissenschaftliche Analyse fruchtbar zu machen. Für Historiker wie Hans-Ulrich Wehler und Jürgen Kocka, die in Bielefeld die sogenannte Gesellschaftsgeschichte begründeten, waren Begriffe wie »Organisierter Kapitalismus« und »Klassengesellschaft« zentrale Kategorien. Für Kockas Studie *Klassengesellschaft im Krieg* etwa war der Ausgangspunkt ein »letztlich aus der Marxschen Klassentheorie abgeleitetes, allerdings stark stilisiertes und aus dem Kontext des Marxschen geschichtsphilosophischen Denkens weitgehend herausgelöstes, durch neuere Erkenntnisse der Konfliktanalyse ergänztes und in einer für uns brauchbaren Weise operationalisiertes klassengesellschaftliches Modell«.[3] Auch für Wissenschaftler, die sich keineswegs als orthodoxe Marxisten verstanden – wie Hans-Ulrich Wehler – gehörte es zum guten Ton, gleich zu Beginn einer wissenschaftlichen Studie mit Marx-Zitaten aufzuwarten, um methodische Prämissen oder erkenntnisleitende Interessen offenzulegen.

Die Vorstellung einer um Wertfreiheit und Objektivität bemühten Wissenschaft wurde nur noch mitleidig belächelt und als Ausdruck eines längst überholten und methodisch anachronistischen »Positivismus« kritisiert. Unter »kritischer Geschichtswissenschaft« verstand man eine Art der Geschichtsschreibung, die, ausgehend von der Zukunftsvision einer »vernünftig organisierten« – nichtkapitalistischen – Gesellschaft, die vergangene Geschichte »kritisch« durchleuchtet.

Treffend bemerkte dazu der Historiker Thomas Nipperdey: »Die Vergangenheit wird entlarvt, mit dem allgewaltigen Prinzip der Emanzipation politisiert und moralisiert, ja hypermoralisiert: Nur so entsteht freie Bahn für das Zukunftsmonopol der Utopien.«[4]

Ergebnis einer solchen Geschichtsschreibung war die Theorie vom »deutschen Sonderweg«, nach der die bisherige deutsche Geschichte eine Folge von Fehlentwicklungen gewesen sei, die schließlich im Dritten Reich ihren logischen und zwingenden Kulminationspunkt erfahren hätten. Dies war allerdings kein spezifisch marxistischer Ansatz mehr – er wurde sogar von marxistischen Historikern wie Geoff Eley zurückgewiesen. Eley erkannte, daß die neue »kritische Geschichtsschreibung«»vor allem anderen bestimmt [war] durch diese entschiedene politisch-pädagogische Absicht, durch eine prinzipielle Entschlossenheit, daß man sich endlich mit den unbequemen Realitäten deutscher Geschichte auseinandersetzen müsse«.[5] Eley, der die Fragwürdigkeit vieler Thesen der »Gesellschaftsgeschichte« nachwies, forderte seine deutschen Kollegen auf, sie sollten endlich damit aufhören, »die deutsche Geschichte als Schauplatz der Pathologie zu sehen, wo die soziale und politische Entwicklung von Anbeginn ›fehlgelaufen‹ war«.[6]

Neben einem »emanzipatorischen« Anspruch, der sich vehement gegen jede Form des »Antikommunismus« wandte, aber durchaus »kapitalismuskritisch« war, bildete für linke und linksliberale Historiker und Politikwissenschaftler ein »negativer Nationalismus« den normativen Ausgangspunkt, welcher marxistischen Wissenschaftlern aus dem Ausland – wie Eley oder David Blackbourn – weitgehend unverständlich bleiben mußte.

Die Theorie des »deutschen Sonderwegs«, keineswegs nur von linken Historikern und Politologen vertreten, wurde manchmal ganz unverhohlen als »politisch notwendig« begründet. Die Wirksamkeit von außerwissenschaftlichen Motiven wird deutlich in dem Bekenntnis des Politikwissenschaftlers Kurt Sontheimer, der 1981 bei einem Kolloquium des Münchner Instituts für Zeitgeschichte eindringlich warnte: »Gibt man also die These vom deutschen Sonderweg als notwendigen Bestandteil des politischen Bewußtseins dieser Bundesrepublik auf oder löst man sie, wie zur Zeit die Dinge sich abzeichnen, in so viele Brechungen und Differenzierungen und Relativierungen auf, daß sie den in ihr enthaltenen Charakter eines moralischen Appells zur Diskontinuität und Umkehr einbüßt, dann bricht man dem deutschen politischen Bewußtsein der Epoche nach dem Zweiten Weltkrieg gewissermaßen das Rückgrat.« Er halte es daher »aus politischen Gründen für unverzichtbar, daß wir an der Theorie vom deutschen Sonderweg festhalten«. Wer diese Theorie in Frage stelle – möge er »auch noch die besten wissenschaftlichen Absichten dafür ins Feld führen« –, müsse sich darüber klarsein, daß er damit »gewollt oder ungewollt« zum Handlanger von politischen Kräften werde, die von der nach 1945 konstitutiven Ursprungssituation wegstrebten.[7]

Diese Argumentation zeigt beispielhaft die verhängnisvolle Politisierung der Wissenschaft, die von vielen Studenten und Professoren nur noch als Fortsetzung der Politik mit anderen Mitteln mißverstanden wurde. Dies wurde besonders deutlich im sogenannten Historikerstreit der Jahre 1986 ff., einer Debatte, die die Gemüter der deutschen Intelligenzija so erregte wie keine andere Auseinandersetzung in den achtziger Jahren.

Der »Historikerstreit«

Üblicherweise finden wissenschaftliche Debatten in kleinen Zirkeln statt, werden an Universitäten und Forschungsinstituten, in Fachzeitschriften und wissenschaftlichen Monographien ausgetragen. Der »Historikerstreit« tobte hingegen in den großen Tages- und Wochenzeitungen, in Hörfunk- und Fernsehdiskussionen und öffentlichen Veranstaltungen, und es beteiligten sich viele Nicht-Wissenschaftler, bis hin zum Bundespräsidenten. Dies ist nur damit erklärbar, daß es zwar vordergründig um wissenschaftliche Fragen ging, aber im Kern um Politik. Hans-Ulrich Wehler hat recht: »Tatsächlich aber handelte es sich von Anfang an um eine öffentliche Meinungskontroverse: Es ging um Grundfragen des politischen Bewußtseins und des Selbstverständnisses der Bundesrepublik, das sie heute besitzt und künftig besitzen soll.«[8] Die Debatte, so Wehler, »enthüllte die Wachsamkeit einer kritischen Öffentlichkeit. Sie demonstrierte die Bereitschaft zahlreicher Historiker, sich mit Entschiedenheit öffentlich zu engagieren. Sie endete bisher mit einem Sieg der kritischen Vernunft und Sachkunde über die Zumutungen dieses neuen Revisionismus.«[9]

Wehler verkündete selbstbewußt den Triumph seiner Richtung, also der »Vertreter einer liberal-demokratischen Politik, einer aufgeklärten, selbstkritischen Position, einer ideologiekritischen Rationalität gegenüber dem Verdrängungs- und Beschönigungskartell«.[10] Der lauthals proklamierte »Sieg« war keine Folge besserer Argumente, sondern reflektierte das Kräfteverhältnis unter Historikern im besonderen und in der deutschen Intelligenz im allgemeinen. An Zahl, vor allem aber an Kraft, Engagement und Zusammengehörigkeitsgefühl übertraf die »kritische«, d.h. linke Seite die Konservativen bei weitem.

Die von dem Friedensnobelpreisträger Elie Wiesel – in Anlehnung an einen in der Ära nach Mao Tse-tung geprägten Kampfbegriff – so bezeichnete »Viererbande«[11] (Ernst Nolte, Andreas Hillgruber, Klaus Hildebrand und Michael Stürmer) war ein reines Konstrukt und Phantasieprodukt. In Wirklichkeit gab es keine solche Formation »neokonservativer« Historiker, und das ihnen unterstellte »nationalistische« Motiv war ebenfalls eine reine Erfindung, deren Absurdität beispielsweise im Falle Michael Stürmers auf der Hand liegt.[12]

Es ist hier nicht der Raum, die wissenschaftlichen Fragen zu erörtern, die in der Debatte eine Rolle spielten. Dies erübrigt sich auch deshalb, weil der wissenschaftliche Ertrag des Streites – darüber sind sich alle Teilnehmer einig – praktisch null war. Vielmehr soll die politische Dimension der Auseinandersetzung verdeutlicht werden. Imanuel Geiss, selbst einstmals einer der führenden linken Geschichtswissenschaftler, der im Historikerstreit weder die Partei Noltes noch die seiner Kritiker einnahm, beschrieb die Auseinandersetzung als Kampf um die kulturelle Hegemonie: »Habermas, Wehler und ihre Freunde verteidigen ihre ihnen durch den ›Paradigmenwechsel‹ nach links zugefallene ›Vorherrschaft der politischen Sprache‹ im ›Kampf um die kulturelle Hegemonie‹, also ihre privilegien- und prestigeträchtige Machtstellung als Links-Mandarine und Neue Orthodoxie ›redlicher‹ und ›selbstkritischer‹ Geschichtswissenschaft gegen die ›Offensive‹ der neokonservativen Bösewichter mit allen Mitteln, auch mit der Fälschung und demagogischen Ausbeutung verstümmelter Zitate.«[13] Präziser lassen sich Wesen und Methoden der Auseinandersetzung nicht darstellen. Also – worum ging es?

Ausgelöst wurde der Streit durch einen Beitrag von Ernst Nolte, der im Juni 1986 in der *Frankfurter Allgemeinen* unter der Überschrift *Vergangenheit, die nicht vergehen will* erschienen war. Nolte stellte die Frage nach einem inneren Zusammenhang, ja nach einem »kausalen Nexus« zwischen dem »Archipel GULag« und Auschwitz. Dezidiert wandte er sich gegen eine Einstellung, »die nur auf den *einen* Mord und den *einen* Massenmord hinblickt und den anderen nicht zur Kenntnis nehmen will«.[14] In dem durch diesen Beitrag ausgelösten Streit ging es einmal um die Frage, ob es einen »kausalen Nexus« zwischen bolschewistischem und nationalsozialistischem Massenmord gebe (so Noltes These), aber auch um zahlreiche andere Problemkreise, vor allem um die »Einzigartigkeit« und »Unvergleichbarkeit« des Holocaust. Für Nicht-Wissenschaftler, für die breite Öffentlichkeit, spielte besonders die Frage eine Rolle, ob es legitim sei, den Massenmord an den Juden mit anderen Massenmorden zu »vergleichen«, oder ob dieses Verbrechen »einzigartig« in der Geschichte sei. Cora Stephan resümiert ebenso knapp wie präzise das politische Ergebnis der Debatte: »Der recht komplizierte ›Historikerstreit‹ etwa hat in westdeutschen Köpfen fest das Unvergleichbarkeitsgebot verankert.«[15]

Für Wissenschaftler mußte die Frage nach »Vergleichbarkeit« und »Singularität« müßig erscheinen, und viele Teilnehmer der Debatte wiesen zu Recht darauf hin, daß der *Vergleich* die logische Voraussetzung dafür sei, um überhaupt Unterschiede und Gemeinsamkeiten festzustellen, und daß im übrigen jedes historische Ereignis »singulär« sei, der Holocaust ebenso wie die unter Stalins Diktatur begangenen Massenverbrechen. Übrigens hatte auch Nolte die »Singularität« von Auschwitz nicht bestritten, auch wenn ihm dies in der Debatte unterstellt wurde.

Problematisiert wurde die »Singularitäts«-Behauptung jedoch von dem Herausgeber der *FAZ,* dem Hitler-Biographen Joachim Fest, der Ende August 1986 in die Debatte eingriff und die von den Anhängern der Singularitäts-These ins Feld geführten Begründungen widerlegte.[16] Die Argumente pro und contra können hier nicht nachgezeichnet werden. Es ist jedoch charakteristisch, daß die zahlreichen in der Debatte vorgetragenen Begründungen, *warum* der Holocaust »singulär« gewesen und ein »Vergleich« mit anderen Massenverbrechen problematisch sei, höchst uneinheitlich waren und sich widersprachen. Fast jeder Historiker wartete mit einer eigenen, originellen Begründung für die »Singularität« des Holocaust auf. Bei Abwägung der Argumente blieb der Eindruck, daß diese These im Kern außerwissenschaftlich motiviert war und die sich widersprechenden Begründungen nur »nachgereicht« wurden, um ein »politisch notwendiges« Dogma zu untermauern. Die politische Motivation hat recht offenherzig Richard Evans ausgesprochen, ein britischer Historiker, der in seinem Buch *Im Schatten Hitlers* zugunsten der von der »linken Fraktion« – also von Hans-Ulrich Wehler, Jürgen Kocka, Jürgen Habermas, Eberhard Jäckel u.a. – vertretenen Sichtweise Partei ergriff. Sein Argument: »Doch angesichts der Stellung und des Ansehens der Deutschen in der Welt macht es sicher einen Unterschied, ob Auschwitz einzigartig war oder nicht. Denn wenn die Deutschen kein Verbrechen begangen haben, das sich an Schrecklichkeit gegen alle anderen abhebt, dann müssen sie sich nicht mehr schämen als jede andere Nation und können auf der internationalen Bühne unbelastet von einer historischen Verantwortung agieren, die ohne Parallele ist in der Welt.«[17]

Die komplizierten wissenschaftlichen Begründungen, die sich Historiker ausgedacht haben, um die These von der »Singularität« zu fundieren, wurden von der Öffentlichkeit ohnehin nicht wahrgenommen oder nicht verstanden. Im öffentlichen Bewußtsein spielte genau das eine

Rolle, was Evans herausstreicht, nämlich die Ansicht, der Massenmord an den Juden sei ein Verbrechen gewesen, »das sich an Schrecklichkeit gegen alle anderen abhebt«. Fairerweise muß man einräumen, daß dieses Argument so von keinem der beteiligten Historiker vorgebracht wurde. Dennoch schwang auch bei den differenzierteren Begründungen diese Vorstellung häufig mit.

Anti-Antikommunismus

Im Historikerstreit wurde deutlich, wie sehr sich seit der Kulturrevolution von 1968 die Ideologie des »Anti-Antikommunismus« in den Köpfen vieler Intellektueller festgesetzt hatte. Micha Brumlik bezeichnete im Juli 1986 in seinem *taz*-Beitrag zum Historikerstreit den «Antikommunismus« als »notwendigen Bestandteil von Verdrängung« und als »Herausforderung« im Hinblick auf die NS-Vergangenheitsbewältigung: »Er [der Antikommunismus] entläßt uns mit einer einfachen Frage: Gab oder gibt es in der Sowjetunion Gaskammern? Und wenn nicht – heißt das, daß sie dennoch mit dem Nationalsozialismus vergleichbar ist? Sind also – und darauf kommt es an – die Gaskammern, Eisenbahnbetriebe und Bürokratien der Massenvernichtung in moralischer und politischer Hinsicht zufälliges Beiwerk eines beliebigen Totalitarismus oder nicht doch Ausdruck, nein Wesen eines weltgeschichtlich einmaligen Verbrechens, dessen Dimensionen sich unserem moralischen Fassungsvermögen je und je wieder entziehen...?«[18]

Imanuel Geiss hat an zahlreichen Beispielen nachgewiesen, daß Historiker der linken Fraktion in der Debatte Formulierungen verwendet haben, die sie in anderer Richtung mit Sicherheit als »apologetisch« aufspießen würden.[19] So war es kein Zufall, daß Habermas in jenem Beitrag gegen »apologetische Tendenzen in der deutschen Zeitgeschichtsschreibung«, mit dem er im Juli 1986 die Diskussion eröffnete, selbst eine apologetische Formulierung gebrauchte, indem er den millionenfachen Massenmord als »Vertreibung der Kulaken« bagatellisierte[20] – später konzedierte er allerdings die Berechtigung der Kritik.[21] Hans-Ulrich Wehler führte zur Bekräftigung seiner Argumente apologetische Untersuchungen an, die sich darum bemühten, die Zahl der Opfer stalinistischer Verbrechen herunterzurechnen. Anderslautende Forschungsergebnisse kritisierte er mit dem Hinweis, daß in ihnen »zu viele Vorurteile russischer Emigranten auftauchen«[22]. Ähnlich war Evans eifrig bestrebt, die Zahl der Opfer des Holocaust möglichst hoch, die der Opfer des Stalinismus möglichst niedrig anzusetzen.[23] Evans rechtfertigte offen und uneingeschränkt die – von ihm als »Bevölkerungstransfer« verharmlosten – Vertreibungen nach dem Ende des Zweiten Weltkrieges[24] und äußerte sich in mehr als nur verständnisvoller Manier über die Kriegsverbrechen der Roten Armee.[25]

Wehler sprach im Zusammenhang mit dem Massenmord an den »Kulaken« von den »vielfach gestaffelten Reaktionsweisen der Sowjets auf das bäuerliche Verhalten«. Als »entscheidenden Punkt« und signifikanten Unterschied zum Holocaust hob der Bielefelder Historiker hervor, daß »viele der russischen Bauern Optionen besaßen, unter denen sie unter unterschiedlichem Druck noch wählen konnten«[26] – schließlich hätten sie ja durch Zustimmung zur Kollektivierung dem tödlichen Schicksal entrinnen können. Der Bochumer Historiker Hans Mommsen bezeichnete die Verbrechen Stalins als »Geschehnisse der 20er und 30er Jahre« und verwendete für den millionenfachen Massenmord den Euphemismus »Maßnahmen gegen die Kulaken«.[27]

Überhaupt war und ist die Polemik gegen die Totalitarismustheorie und gegen einen »primitiven Antikommunismus« für Hans Mommsen (Mitglied der Historischen Kommission beim Parteivorstand der SPD) stets ein Hauptthema: »Der von Konrad Adenauer innenpolitisch wirkungsvoll in Szene gesetzte Antikommunismus«; »von internalisiertem Antibolschewismus geprägte Sprache der amerikanischen Neokonservativen«, »Der hybride Antikommunismus«, »hybriden antikommunistischen Ressentiments, die tief in die SPD hineinreichten«, »der antisemitisch garnierte Antibolschewismus insbesondere der herrschenden Eliten und keineswegs nur der Nationalsozialisten« usw. usf.[28] – die Reihe ließe sich beliebig fortsetzen.

Imanuel Geiss hat die »moralische Perhorreszierung« des Antikommunismus als Propagandacoup des Kommunismus bezeichnet, »zumal bereits die öffentliche Abgrenzung vom Kommunismus als verwerflicher ›Antikommunismus‹ denunziert wird«.[29] Karl Dietrich Bracher hat grundsätzlich den Begriff des »Antikommunismus« problematisiert, denn dieser Begriff »ist von Anfang an und weiterhin sehr viel mehr Kampfbegriff als sachlich wissenschaftliche Bezeichnung, und er dient vor allem zur Verdächtigung und Verfemung all derer, die sich überhaupt um eine Kritik am Kommunismus bemühen, ohne deswegen selbst einem der ideologischen -ismen zuzugehören . . . Im Grunde steht es damit ähnlich wie mit dem Gebrauch eines allgemeinen, polemischen Faschismusbegriffs, der ja ebenfalls gern auf alle Nichtkommunisten ausgedehnt wird oder jedenfalls werden kann, wenn sich Kommunisten ihrer Kritiker zu erwehren suchen. Der Antikommunismusvorwurf hat sich dafür als besonders wirkungsvoll erwiesen. Denn er ist mit der Vorstellung von Intoleranz und geistiger und menschlicher Beschränktheit und Voreingenommenheit verbunden und rührt

122

als Verdächtigungsbegriff an die intellektuelle und moralische Ehrenhaftigkeit der Kommunismuskritik überhaupt.«[30]

Die Motive für den Anti-Antikommunismus waren recht unterschiedlicher Natur. Nur eine Minderheit der bundesdeutschen Linksintellektuellen war wirklich kommunistisch orientiert, sympathisierte mit der DKP oder anderen K-Gruppen. Bei vielen Intellektuellen waren Stellungnahmen zugunsten von DDR und Sowjetunion weniger Ausdruck einer Identifikation mit dem politischen System dieser Länder. Ausschlaggebend war vielmehr der Reflex, den Feind seines Feindes in Schutz zu nehmen, wenn dieser kritisiert wird. Und da eben die Vereinigten Staaten und das »kapitalistische System« der Bundesrepublik von vielen als Feinde begriffen wurden, ergab sich wie von selbst eine gewisse Sympathie zu den Antipoden, also zu der DDR und der Sowjetunion.

Michael Schneider hat die Ursache dafür, daß viele Linke die DDR selbst dann verteidigten, wenn sie sich mit diesem System nicht identifizierten, so analysiert: »Auch wenn wir stets zwischen der DDR und dem ›wahren Sozialismus‹ unterschieden, den wir eher in der Karibik oder im Fernen Osten als vor der deutschen Haustüre zu finden glaubten, vor den einheimischen kalten Kriegern nahmen wir die DDR natürlich in Schutz. Auf die alltägliche Infamie ›Geht doch nach drüben‹ reagierte man reflexhaft mit Verteidigungsstrategien. Eben weil man nicht mit den Wölfen des Kalten Krieges heulen wollte, verteidigte man dieses ungeliebte Staatswesen auch noch dort, wo es längst nicht mehr zu verteidigen war.«[31]

Wie sich die Distanz zum politischen System der Bundesrepublik Deutschland und eine deutliche Sympathie für die DDR miteinander verbanden, wird in den Schriften von Günter Gaus *Wo Deutschland liegt* und *Die Welt der Westdeutschen* deutlich. Nebenbei bemerkt: Der SED-Führung gefiel das letztgenannte Buch von Gaus so gut, daß sie sogar eine DDR-Ausgabe herausbrachte. Der junge MfS-Offizier André Stech schrieb eine Diplomarbeit mit dem Titel: *Analyse der Publizistik von Günter Gaus anhand ausgewählter Beispiele unter dem Aspekt der Nutzbarkeit für die Gewinnung von Kräften aus der BRD für die Koalition der Vernunft und des Realismus.* Seinen Ausführungen zufolge wurde die Publizistik von Gaus, vornehmlich dessen Buch *Die Welt der Westdeutschen*, als Pflichtlektüre für jeden angehenden Aufklärer sowie als Gesprächsanleitung bei der Anbahnung von Werbungen für das MfS empfohlen.[32]

Das Bestreben, die DDR gegen ihre »antikommunistischen« Kritiker in Schutz zu nehmen, war auch Ausdruck eines gewissen Bonus, den linke Intellektuelle diesem System wegen seiner »antifaschistischen« Grundausrichtung zusprachen. Cora Stephan erblickt darin ein zentrales Motiv dafür,»daß die DDR auch von jenen Linken nicht völlig aufgegeben werden konnte, die den Sozialismus in seiner Realität durchaus ablehnten... Die DDR war antifaschistisch, während der Kapitalismus den Verdacht nicht ausräumen kann, er führe zum Faschismus.«[33]

Für eine Mehrheit der Intellektuellen war das Argument wichtig, der Marxismus habe immerhin einen »humanistischen Kern«, der gerade auch die entscheidende Differenz zur menschenverachtenden Ideologie des Nationalsozialismus darstelle. Und auch die Faszinationskraft des beeindruckenden theoretischen Systems der marxistischen Gesellschaftstheorie spielte eine Rolle – verbunden mit einer intellektuellen Verachtung für den »geistlosen« Nationalsozialismus, der mit einer entsprechenden »wissenschaftlichen« Theorie nicht aufwarten konnte. Dabei wurde die wohl wichtigste Lehre der Geschichte des 20. Jahrhunderts verdrängt, daß nämlich der Schrecken im Gewand der hoffnungsvollen Verheißung kommt. Das Versprechen der klassenlosen Gesellschaft führte zum GULag und die Verheißung einer solidarischen »Volksgemeinschaft« zu Auschwitz.

Diese Sichtweise wollten aber viele Intellektuelle nicht teilen, da hiermit ja ganz grundsätzlich der positive Wert politischer Utopien in Frage gestellt wird. Offenbar gibt es aber gerade bei Intellektuellen so etwas wie ein unstillbares Bedürfnis nach Utopien, die in einer säkularisierten Welt wohl Bedürfnislücken füllen, die früher einmal von der Religion gedeckt wurden. Ihre Verführbarkeit für totalitäre Utopien – es gibt dafür zahlreiche Beispiele in der Geschichte des zwanzigsten Jahrhunderts – hat sicherlich auch mit der Eigenart intellektueller Tätigkeit zu tun. Intellektuelle sind es gewohnt, Theorien aufzustellen, die vor allem eine innere Stringenz und Logik aufweisen müssen – und auch ein gewisses Maß an Radikalität in dem Sinne, daß man zu den »Wurzeln« und den tieferen Ursachen vorstößt und hinter den Erscheinungsformen bestimmte Wesensmerkmale zu ergründen sucht. Anders als etwa der Kaufmann, der die Richtigkeit oder Fehlerhaftigkeit seiner Annahmen fast täglich in der Realität überprüfen kann und muß, anders auch als der Ingenieur, dessen geistige Überlegungen nur von Belang sind, wenn sie in der Realität auch »funktionieren«, ist eine Verifikation von Gesellschaftstheorien nicht möglich. Es sei denn, man versucht, sie politisch in die Realität umzusetzen. Dann aber entwickkeln sie eine Eigendynamik, die oft zum Gegenteil des Gutgemeinten und Gutgewollten führt. Scheitert das Experiment, so wie Ende der 80er Jahre der Kommunismus historisch gescheitert ist, dann meinen viele Intellektuelle, dies könne ja kein Einwand gegen die »an sich richtige« Theorie sein, die nur unzureichend umgesetzt worden sei. Also plädiert man für eine Neuaufnahme des Experiments oder ersinnt neue – vielleicht noch radikalere – Theorien, die an Stelle der gescheiterten Utopie treten sollen.

Die Intellektuellen und die Bundesrepublik

Die Utopie aber wird – und dies ist entscheidend – zum allein akzeptablen Maßstab für die Beurteilung gesellschaftlicher Wirklichkeit. Das Gesellschaftssystem der Bundesrepublik wird nicht verglichen mit real existierenden Gesellschaftssystemen, sondern mit utopischen Entwürfen einer besseren, ja idealen Zukunftsgesellschaft. Es versteht sich von selbst, daß *keine* gesellschaftliche Realität eine Chance hat, wenn sie nicht mit anderen Realitäten, sondern mit – frei im Kopf oder auf dem Papier erdachten – Idealzuständen verglichen wird.

Um die Verwirklichung der Utopie als »notwendig«, ja dringlich erscheinen zu lassen, muß das vorgefundene gesellschaftliche und politische System dämonisiert werden. So war es eine beliebte Übung linker Intellektueller, die Bundesrepublik als »faschistoid« zu bezeichnen und die Kontinuitätslinien vom historischen »Faschismus« zur »BRD« möglichst kräftig zu zeichnen.

Schon Mitte der sechziger Jahre läßt sich diese denunziatorische Haltung zur Bundesrepublik Deutschland in der Literatur nachweisen. Lothar Ulsamer hat in seiner Untersuchung über die politische Haltung deutscher Schriftsteller[34] zahlreiche Beispiele dafür angeführt. Heinrich Böll etwa leugnete, daß es nennenswerte Unterschiede gebe zwischen der Einstellung der Menschen, die 1933 Hitler an die Macht gelangen ließen, und denen, die nach 1945 ihren Weg in die Demokratie gingen: »Eine Frage des Besuchers: ›Was unterscheidet die Menschen hier eigentlich von denen im Jahre 1933?‹ hatte ich mit einem ›Natürlich nichts‹ beantwortet, dann eine winzige Korrektur hinzugefügt: ›Es geht ihnen wirtschaftlich besser als denen damals.‹ Die Frage: ›Gibt es noch Nazis in diesem Land?‹ Meine Antwort: ›Natürlich, hatten Sie erwartet, ein nacktes Datum, der 8. Mai 1945, habe die Menschen verwandelt?‹«[35]

Das Bestreben Bölls, eine ungebrochene Kontinuität zwischen Nationalsozialismus und Bundesrepublik zu konstruieren, wird auch in seinem Werk *Ansichten eines Clowns* deutlich. Die Hauptperson, Hans Schnier, wird als Kind wegen einer gegen die Nationalsozialisten gerichteten Äußerung angezeigt. Der Denunziant, Herbert Kalick, der auch am Tod eines Waisenjungen schuld ist, erhält später »das Bundesverdienstkreuz ... wegen ›seiner Verdienste um die Verbreitung des demokratischen Gedankens in der Jugend‹«. Ein Lehrer, der für die Äußerung Schniers forderte:»»Mit Stumpf und Stil ausrotten, ausrotten mit Stumpf und Stil‹«, arbeitet nach dem Krieg als Lehrender an einer Pädagogischen Hochschule.[36] Hans Schniers Mutter wird von der überzeugten Nationalsozialistin zur Vorsitzenden eines »Zentralkomitees der Gesellschaften zur Versöhnung rassischer Gegensätze« – und dies alles, ohne einen echten geistigen Wandel durchgemacht oder gar das vorhergehende Verhalten bereut zu haben.[37] Überzeugte Nationalsozialisten und Opportunisten aller Art stellt Böll in verschiedensten Positionen dar. Stets sind sie ohne Reue, haben nichts dazugelernt – und selbstverständlich haben sie es ohne große Probleme in der Bundesrepublik zu etwas gebracht: ein Anhänger Hitlers nimmt eine einflußreiche Position im Auswärtigen Amt ein; »dem Gauleiter geht es ganz gut heute, er hat sein Baugeschäft«, und ein NS-Offizier, der eine unschuldige Frau erschießen lassen wollte, ist nach Hans Schniers Meinung »jetzt sicher Oberst oder General«.[38]

In Bölls *Die verlorene Ehre der Katharina Blum* werden die Freunde und Bekannten von Katharina Blum in der »Zeitung« (gemeint: die BILD-Zeitung) angegriffen und von Polizei und Justiz nicht eben freundlich behandelt, bis auf »Konrad Beiters, der bei dieser Gelegenheit zugab, er sei ein alter Nazi, und dieser Tatsache allein verdanke er es wahrscheinlich, daß man bisher auf ihn nicht aufmerksam geworden sei«.[39]

Andere namhafte Autoren teilten Bölls Sichtweise – so zum Beispiel Hans Magnus Enzensberger, der die »alten Nazis« in der Bundesrepublik entdeckt zu haben glaubt: »Die einzige Klasse, die diesen Prozeß [Veränderung nach dem Krieg, eingeleitet durch die Besatzungsmächte] im Westen Deutschlands mit einem intakten Bewußtsein überstanden hat, war die herrschende; sie ist die herrschende geblieben; ihr Sieg scheint vollständig. Die Rückkehr alter Nazis in Schlüsselpositionen der Regierung, der Armee, der Polizei und der Justiz; die Militarisierung des Landes; der durch und durch philiströse Stil des offiziellen Deutschland; die platte Verherrlichung des Konsums; und die katastrophale Erziehungs- und Forschungspolitik der Republik – das waren nicht die Ursachen, es waren nur die Symptome jener Kontinuität der Herrschaftsstrukturen und der großen Monopole, die übrigens bis in wilhelminische Zeit zurückreicht.«[40]

Stets fühlten sich die Linksintellektuellen als Warner und Mahner in letzter Minute – Entwarnung wurde natürlich nie gegeben, sondern ein Horrorszenario löste das nächste ab. Von den Notstandsgesetzen über »Berufsverbote« und Volkszählung bis zu AKW-Supergau und unmittelbar bevorstehendem Dritten Weltkrieg als Ergebnis der Nachrüstung. Im nachhinein ist die Absurdität dieser Warnungen offensichtlich. So sah Böll – wie viele andere – mit der Verabschiedung der Notstandsgesetze das Ende der Demokratie gekommen: »Sollten die Gesetze so, wie sie jetzt vorliegen, verabschiedet werden, mit all den darin verstecken Dehnbarkeiten, mit diesem ominösen ›gemeinsamen Ausschuß‹, der mir wie eine Zusammenlegung von Exekutive und Legislative erscheint, dann würde das die Aufhebung einer Grundvoraussetzung der Demokratie bedeuten. Dieses Gesetz kann innenpolitisch mißbraucht werden, es lädt geradezu dazu ein, jede aufflackernde außerparlamentarische Kritik, jede politische Bewegtheit außerhalb des Parlaments‹ unter den Begriff ›drohende Gefahr‹ einzuordnen.«[41]

Enzensberger beschwor 1967 mit dramatischen Worten den unmittelbar bevorstehenden Untergang der Demokratie – und leitete hieraus die Berechtigung und Notwendigkeit einer revolutionären Veränderung des bundesrepublikanischen Systems ab: »Die parlamentarische Regierungsform ist vollends zur Fassade für ein Machtkartell geworden, das der verfassungsmäßige Souverän, das Volk, auf keine Weise mehr beseitigen kann. . . Das Ende der zweiten deutschen Demokratie ist absehbar.« ». . . alle Parteien sind sich darin einig, daß die Verfassung, wie sie ist, verschwinden muß . . . In der Tat, was auf der Tagesordnung steht, ist nicht mehr der Kommunismus, sondern die Revolution. Das politische System der Bundesrepublik ist jenseits aller Reparatur . . .« »Wieder einmal scheint es, als ginge Deutschland finsteren Zeiten entgegen.«[42] Es sei angemerkt, daß Enzensberger laut einer Umfrage vom Juli 1967 bei den Studenten der mit Abstand beliebteste Intellektuelle war – er rangierte sogar weit vor Adorno, Marcuse, Habermas und Abendroth.[43]

Sichtweisen wie die von Enzensberger waren also keineswegs Außenseitermeinungen. In apokalyptischem Duktus – der später auch für die Aufrufe gegen Atomenergie und Nachrüstung charakteristisch war – warnte die Bundesvereinigung der Schriftstellerverbände vor einer Verabschiedung der Notstandsgesetze. Die Unterzeichner, unter ihnen Heinrich Böll und der Initiator der Gruppe 47, Hans Werner Richter, brachten »in letzter Stunde« ihre Sorge vor einer endgültigen Zerstörung der Demokratie zum Ausdruck: »Wir Schriftsteller rufen Sie in letzter Stunde, im Bewußtsein deutscher Vergangenheit, aus Sorge um den Bestand der Demokratie in unserem Land auf, gegen die Verabschiedung der Notstandsgesetze im vorliegenden Wortlaut und zu diesem Zeitpunkt zu stimmen.«[44]

Die Schärfe der Kritik an den »herrschenden Verhältnissen« der Bundesrepublik korrespondierte mit einer Blindheit für die Unterdrückung der Menschenrechte in der DDR und anderen kommunistischen Ländern. Während man sich stets Sorgen um eine Wiederkehr der Diktatur in Westdeutschland machte und nicht müde wurde, Menschenrechtsverletzungen in Chile oder Südafrika anzuprangern, war man merkwürdig gleichgültig gegenüber den Zuständen im anderen Teil Deutschlands. Man kritisierte nicht die dortigen Verhältnisse, sondern geißelte die Kritiker dieser Verhältnisse, also die »Springers und Löwenthals«, die »Kalten Krieger«, die »Prediger eines primitiven Antikommunismus«.

Und – erstaunlich genug – die stets auf Veränderung, Reform oder gar Revolution orientierten Linksintellektuellen der Bundesrepublik zeigten sich zugleich als die eifrigsten Verteidiger des deutschen Status quo. Man hielt kaum eine Idee oder Utopie für so weltfremd, als daß man ihr nicht eine Chance auf Realisierbarkeit einräumte, ob dies nun die klassenlose Gesellschaft war oder eine Zivilgesellschaft des »herrschaftsfreien Diskurses«. Die nächstliegende »konkrete Utopie« im geteilten Deutschland, nämlich die Überwindung der Zweistaatlichkeit, wurde aber von der Mehrheit der Intellektuellen nicht nur nicht gewollt, sondern man verwendete erhebliche Anstrengungen darauf, die »Unmöglichkeit« der Überwindung des Status quo »wissenschaftlich« nachzuweisen.

Intellektuelle als Apologeten der Teilung

Martin Walser, ehemals Sympathisant der DKP und später einer der ganz wenigen Schriftsteller, die sich für die Wiedervereinigung einsetzten, berichtete 1988 in seinem Beitrag *Über Deutschland reden* von einer aufschlußreichen Übereinstimmung zwischen Franz Xaver Kroetz und dem *FAZ*-Literaturpapst Marcel Reich-Ranicki: Ersterer hatte verkündet: »Mir ist die DDR so fremd wie die Mongolei.« Dazu Reich-Ranicki: »Das gefällt mir außerordentlich.« Und noch einmal Kroetz: »Es ist schon eine weise Sache, daß wir zwei Deutschlands haben.« Weil dadurch der »Weltfrieden« weniger in Gefahr sei. Reich-Ranicki: »Respekt vor einem Mann, der sich der hierzulande jetzt üblichen nationalen, mitunter ins Nationalistische übergehenden Heuchelei mit einer solchen Erklärung widersetzt.«[45] Dieses Beispiel war für Walser nur eines von vielen für einen verhängnisvollen Konsens unter den deutschen Intellektuellen: »Linke Intellektuelle und rechte sind sich bei uns im Augenblick wahrscheinlich über wenig so einig wie darüber: die Teilung ist annehmbar.«[46]

Walser hatte damit einen Konsens konstatiert, der in der Tat weit über die Kreise der Linksintellektuellen hinaus trug. Allerdings ist seiner Feststellung nur mit zwei Einschränkungen zuzustimmen: Wenn er von »rechten« Intellektuellen spricht, dann meint er wohl jene »Liberalkonservativen«, die sich – überwiegend in der Adenauer-Tradition stehend – gegen die deutsche Einheit wandten. Im übrigen tut man aber den rechten bzw. konservativen Intellektuellen wie beispielsweise Andreas Hillgruber, Hellmut Diwald, Rupert Scholz, Elisabeth Noelle-Neumann, Dieter Blumenwitz, Gerd-Klaus Kaltenbrunner, Caspar von Schrenck-Notzing und Günter Rohrmoser unrecht, die sich für die deutsche Einheit einsetzten. Und man tut auch jenen linken Intellektuellen unrecht, die – wenn auch in der Minderheit – Anfang der achtziger Jahre in der Bundesrepublik die »deutsche Frage« erneut thematisierten.

Wie die Zustimmung zur Zweistaatlichkeit über bestehende Lagergrenzen hinauswies, so auch die Kritik an ihr. Erhebliche Aufmerksamkeit erlangte das 1981 erschienene Buch von Peter Brandt und Herbert Ammon *Die Linke und die nationale Frage*, in dem sichtbar wurde, daß die deutsche Frage nun auch wieder von links aufgeworfen wurde. Es gab interessante Konstellationen, wie die in dem 1982 von Wolfgang Venohr herausgegebenen Buch *Die deutsche Einheit kommt bestimmt* versammelte Autorenschaft signalisierte. Dort schrieben Autoren mit so unterschiedlichen politischen Positionen wie die Konservativen Hellmut Diwald und Harald Rüddenklau, der Sozialdemokrat Theodor Schweisfurth, der 1978 aus der DDR übergesiedelte Völkerrechtler Wolfgang Seiffert und wiederum Peter Brandt und Herbert Ammon.

Die genannten Autoren meldeten sich in den achtziger Jahren in zahlreichen Publikationen zur »deutschen Frage« zu Wort. Jahre vor der »Wende« vom Herbst 1989 spürten sie, daß die »deutsche Frage« wieder auf die Tagesordnung kommen und der Status quo des Systems von Jalta nicht von ewiger Dauer sein würde. Natürlich konnte niemand den Zeitpunkt und die Umstände voraussehen, unter denen sich konkrete Chancen zur Wiedervereinigung bieten würden. Die genannten Autoren vermuteten, der Weg zur Überwindung der Teilung werde über eine deutsche Konföderation führen, und konnten sich eine Wiedervereinigung im Rahmen des westlichen Bündnisses nicht vorstellen. Der oft gescholtene »Neutralismus« war zwar bei manchen von ihnen Ausdruck der Suche nach einem gesellschaftspolitisch verstandenen »dritten Weg«.[47] Aber dieses Motiv galt bei weitem nicht für alle »Neutralisten«. Autoren wie Günter Kießling[48] und Wolfgang Seiffert[49] betonten nachdrücklich, das vereinte Deutschland müsse sich als Teil der westlichen Wertegemeinschaft verstehen. Für sie bezog sich die

»Blockfreiheit« lediglich auf den militärpolitischen Status, weil sie sich ein vereintes Deutschland im Rahmen der Nato nicht vorzustellen vermochten und in der Bündnisfreiheit den einzigen realistischen Weg zur Wiedervereinigung sahen.

Der Widerstand, den sie bei der Mehrheit der deutschen Publizisten, Politikwissenschaftler und Historiker provozierten, war keineswegs Ausdruck einer Meinungsverschiedenheit über den richtigen *Weg* zur deutschen Einheit, sondern reflektierte die Tatsache, daß sich inzwischen eine Mehrheit der Intellektuellen mit der Teilung nicht nur abgefunden hatte, sondern die Zweistaatlichkeit geradezu als erstrebenswerten Endzustand der deutschen Geschichte idealisierte.

So nahm Robert Leicht in der *Süddeutschen Zeitung* im Juni 1982 das Erscheinen der Bücher von Venohr, Brandt und Ammon zum Anlaß für eine grundsätzlich gegen die Einheit gerichtete Polemik. Man könne sich »nur darüber wundern, daß die mühsam errungene Einsicht der (West)Deutschen in die bleibenden Folgen des Zweiten Weltkrieges nationale Erwartungen offenbar nicht endgültig ernüchterte«. Die staatliche Einheit stelle in der deutschen Geschichte ohnehin nur eine »Ausnahmesituation« dar. »Die Geschichte jedenfalls liefert den Deutschen kein mehr oder weniger zwingendes Gewohnheitsrecht auf Einheit.« Das Denken in nationalstaatlichen Kategorien sei »*a priori* anachronistisch und insofern im Wortsinn reaktionär«.[50] In einer Besprechung der Bücher von Venohr und von Brandt/Ammon betonte Leicht: »In Wirklichkeit läßt sich eben nationale Politik nicht entweder rechts oder links formieren, sondern Nationalpolitik ist – jedenfalls in ihrem geschichtlich für Deutschland vorgegebenen Rahmen – schon von der Struktur her derart problematisch, daß sie sich schwerlich und willkürlich ins Gute wenden läßt.« Es gebe schließlich in der neuzeitlichen Geschichte »gar keinen Hinweis darauf, daß ein deutscher Nationalstaat, eine Zusammenfassung des deutschen politischen Potentials in einem staatlichen Willensverband auf längere Sicht friedensverträglich wäre«.[51]

Der Bielefelder Historiker Hans-Ulrich Wehler warnte im September 1982 in der *FAZ* vor dem *Neutralismus der Friedensbewegung.* Den Deutschen in der DDR müsse mit anderen Mitteln »zu einem freieren Leben verholfen werden als mit der historisch überholten, papierenen Verheißung einer vereinigten Nation«.[52] In einem 1986 veröffentlichten Beitrag wandte sich Wehler scharf gegen die »Renaissance des berüchtigten ›Sonderwegs‹, der diesmal zu einem neutralisierten Gesamtdeutschland zwischen den Blöcken führen soll«. Charakteristisch ist die Begründung, die zeigt, daß die Ablehnung des Neutralismus aus der prinzipiellen Verneinung des Rechts der Deutschen auf staatliche

Einheit resultierte. Wehler argumentierte, hinter der Forderung nach einem neutralen Gesamtdeutschland stecke die »schon pathologische Mißachtung einer Grundtatsache der internationalen Politik, die – ob im Westen oder im Osten betrieben – nicht das geringste realpolitische Interesse daran besitzt, den Status quo in Mitteleuropa zugunsten der riskanten Rückkehr zu einem 80-Millionen-Staat der Deutschen aufzugeben«.[53]

Leider sind solche Äußerungen keine Ausnahmen. Die Wortführer der deutschen Intellektuellen, ob nun Schriftsteller wie Walter Jens, Historiker wie die Gebrüder Mommsen oder Eberhard Jäckel, Politikwissenschaftler wie Karl Kaiser oder Kurt Sontheimer: Sie alle sahen ihre Aufgabe darin, den Nachweis zu führen, daß die Teilung kein Unglück für die Deutschen sei, sondern eine historische Chance. Zwei Jahre vor dem Fall der Mauer beendete Sebastian Haffner sein Buch *Von Bismarck zu Hitler* mit der Prophezeiung, eine Wiedervereinigung könne »nur noch im Massengrab stattfinden. Aber eine Wiedervereinigung, in der die beiden deutschen Staaten, so wie sie nun einmal sind und geworden sind, zu einem funktionierenden Staat verschmolzen würden, ist nicht vorstellbar, nicht einmal theoretisch.«[54]

In seiner Analyse der Äußerungen von Schriftstellern, Historikern und Politikwissenschaftlern zum Thema »deutsche Einheit« gelangt Jens Hacker zu dem ernüchternden Resümee: »In der Tat gehörten die deutschen Dichter und Denker beiderseits des Eisernen Vorhangs zu den eisernsten Wächtern des fortbestehenden Status quo in Deutschland.«[55] Treffend hat Jens Jessen diese Haltung einer überwiegenden Mehrheit der deutschen Intellektuellen auf den Punkt gebracht: »Dem politisch Erzwungenen wurden die Weihen des moralisch Wünschbaren verliehen. Man sprach von ›Vergangenheitsbewältigung‹ und meinte die Sicherung des Status quo für alle Zukunft. Nach und nach gewann die deutsche Teilung die Würde einer nationalen Buße, die für die Sünden der Vergangenheit freiwillig zu leisten sei. Die Wiedervereinigung wurde zu einem Tabu, über das nur noch in feststehenden Formeln geredet werden durfte.«[56] Und Heimo Schwilk konstatierte bereits im September 1989 im *Rheinischen Merkur* »eine seltene Eintracht, zumal in diesem Land, zwischen Geist und Macht, diese stillschweigende Übereinkunft, daß um der ›Stabilität‹, des ›Gleichgewichts‹ und des ›Friedens‹ willen den Deutschen das Recht auf Geschichte und nationale Selbstbestimmung bis ans Ende aller Tage vorenthalten bleiben solle«.[57]

Die Ablehnung der Wiedervereinigung war bei vielen linken Intellektuellen Ausdruck eines nationalen Masochismus, wie es ihn in dieser Ausprägung in anderen Ländern nicht gibt. 1985 erschien im Piper

Verlag ein Buch mit dem Titel *Lieben Sie Deutschland?* Die Herausgeberin hatte Schriftsteller, Wissenschaftler, Publizisten und Politiker befragt. Nicht alle antworteten so extrem wie Jan Philipp Reemtsma, der mit der Gegenfrage konterte:»Halten Sie mich für nekrophil?«[58] Doch das überwiegende Ergebnis der »Umfrage« war deprimierend: ».. .Gefühle für dieses Land behält man besser für sich. Allenfalls findet man es legitim, seinen Abscheu zu äußern. . . Das merkte ich bei der Arbeit an diesem Buch. Zahlreiche Ablehnungen, die Distanz und Befremden gegenüber dem Thema ausdrückten. Brüske Verweigerungen am Telefon, sich auf die Titelfrage einzulassen. Andere fühlten plötzlich ›ein überfallartiges Bedürfnis‹, sich dazu zu äußern. Manche Autorinnen und Autoren läßt die Frage nicht schlafen, versetzt sie in einen Zustand der Erregung – Alpträume, Zwiespälte, ›Kindheitskisten‹ tauchen auf. . . Manchmal beim Hin- und Herwandern eines Textes zwischen Autor und Herausgeberin gewinne ich den Eindruck, daß dieses Unternehmen eher eine Therapeutin als eine Publizistin bräuchte, eine Geburtshelferin für tabuisierte Gefühle.«[59]

Dies war also der mentale Zustand, in dem die deutschen Intellektuellen der Schock der Ereignisse des Jahres 1989 traf.

VIII. Der Schock von 1989 und das Rollback der Linken

Die Linke empfand die Ereignisse der Jahre 1989 und 1990 als historische Niederlage. Der Zusammenbruch des Sozialismus und die Thematisierung der nationalen Frage wirkten wie ein Schock. Der linke Schriftsteller Michael Schneider konstatierte, daß schon im Spätherbst 1989 »bei den Linken, Grünen, Sozialisten und (Ex)Kommunisten hierzulande ein Stimmungstief [herrschte], als hätten sie eine historische Schlacht verloren. . . Sagen wir es offen: Der Gang der Geschichte hat ihnen, hat uns einen gehörigen Streich gespielt, ja einen Strich durch manche politischen Blütenträume gemacht. Denn hatten wir nicht eher erwartet, hatten nicht manche sogar gewünscht, der Kapitalismus würde zusammenbrechen oder wenigstens, damit sich endlich etwas ändert, in eine tiefe Krise geraten, wie es marxistische Theoretiker so oft und mit guten Gründen . . . prophezeit haben? Nun aber ist es genau umgekehrt gekommen: Der ›Kommunismus‹ (stalinistischer Bauart) ist am Ende und der Kapitalismus, pardon!, die ›soziale Marktwirtschaft‹ feiert ungeahnte Triumphe und hat einen weltweiten Legitimationsschub bekommen. Ja, die Ironie der Geschichte hat es gewollt, daß gerade der Kapitalismus, den ›einzuholen und zu überholen‹ die kommunistische Propaganda sich so oft gebrüstet hatte, nun die Rolle des Arztes am Krankenbett der darniederliegenden östlichen Volkswirtschaften übernehmen muß.«[1]

In dieser Reflexion schwingt ein gewisses Maß an Selbstkritik mit, das die Äußerungen mancher Linker in den Jahren 1989 und 1990 kennzeichnete. Doch viele Linke reagierten angesichts des Zusammenbruchs des Sozialismus und der Wiederkehr des Nationalen verzweifelt und hysterisch. Eine unvollständige Chronologie der Ereignisse soll daran erinnern, wie die Linken – und zwar die intellektuellen und die weniger intellektuellen, die extremistischen und die demokratischen, die sozialistischen und die grün-alternativen, die autonomen und die feministischen – auf die Ereignisse der Jahre 1989 und 1990 reagierten.

Linksintellektuelle gegen die Wiedervereinigung

Ende November 1989 veröffentlichten namhafte DDR-Intellektuelle einen gegen eine mögliche Wiedervereinigung gerichteten Aufruf »Für unser Land«.[2] Initiatoren waren u.a. die Schriftstellerin Christa Wolf und die Schriftsteller Stefan Heym und Volker Braun. Bald schlossen sich Günter Grass, Max Frisch, Günter Wallraff und zahlreiche weitere Intellektuelle aus Ost und West dem Aufruf an.[3] Sympathie bekundeten aber auch Politiker wie der Regierende Bürgermeister von Berlin, Walter Momper[4], oder der Honecker-Nachfolger Egon Krenz. Bis Ende des Jahres wurden angeblich über 560 000 Unterschriften für den Appell gesammelt, der sich gegen einen »Ausverkauf unserer materiellen und moralischen Werte« wandte und vor einer Vereinnahmung der DDR durch die Bundesrepublik warnte. »*Noch* haben wir die Chance, in gleichberechtigter Nachbarschaft zu allen Staaten Europas eine sozialistische Alternative zur Bundesrepublik zu entwickeln. *Noch* können wir uns besinnen auf die antifaschistischen und humanistischen Ideale, von denen wir einst ausgegangen sind.«[5]

Stefan Heym erklärte bei der internationalen Pressekonferenz, auf der die Initiative vorgestellt wurde, es gelte »das Experiment Sozialismus auf deutschem Boden zu bewahren«. Daß der Sozialismus auf so traurige Weise heruntergewirtschaftet worden sei, habe daran gelegen, »daß es kein Sozialismus war, sondern Stalinismus«.[6] Allerdings gab es auch Intellektuelle, die energisch widersprachen und erklärten, warum sie nicht unterschrieben hatten. So fragte die Schriftstellerin Helga Schubert: »Soll dies eine Ergebenheitsadresse zum Sozialismus sein? Möchte man mit der sicher langen Unterschriftenliste dem Aufkommen anderer Meinungen vorbeugen oder diese für unwesentlich erklären?« Sie fühle sich peinlich erinnert an die Zeit »parteilicher« Agitprop-Aufrufe.[7]

Wenige Tage zuvor, am 23. November, hatte Jürgen Habermas vor einem »Anschluß« der DDR an die Bundesrepublik gewarnt. Die Horrorvision des Frankfurter Sozialphilosophen verriet tiefsitzende antikapitalistische und antinationale Ressentiments: »Eine kapitalistische Umgestaltung der Wirtschaft würde auf kaltem Wege die politische Eigenständigkeit der DDR aushöhlen.«[8] Eine »kapitalistische Weichenbildung« müßte dem »Experiment eines ›neuen Sozialismus‹, für das sich eine Mehrheit der Bevölkerung immerhin entscheiden könnte, das Wasser abgraben«.[9] Seit dem »Zusammenbruch des Nazi-Regimes« hätten sich die nationalen Gefühle in Deutschland »völlig erschöpft, sie haben seitdem legitime Formen des öffentlichen Ausdrucks nicht mehr gefunden«.[10] Und dies drohe sich nun zu ändern.

Neben Jürgen Habermas war der Schriftsteller Günter Grass einer der unermüdlichsten Warner vor der deutschen Einheit. Die SPD gab ihm Gelegenheit, auf ihrem Berliner Parteitag am 18. Dezember eine flammende Rede gegen die deutsche Einheit zu halten. »Wieder einmal sieht es so aus«, so Grass, »als werde vernunftbestimmtes Nationalbewußtsein von diffusem Nationalgefühl überschwemmt; beklommen bis verschreckt nehmen unsere Nachbarn den rücksichtslos herbeigeredeten Einheitswillen der Deutschen zur Kenntnis.«[11] Niemand, »der bei Verstand und geschlagen mit Gedächtnis ist«, könne es zulassen, daß es abermals zu einer »Machtballung in der Mitte Europas kommt..., denn jener Einheitsstaat, dessen wechselnde Vollstrecker während nur knapp fünfundsiebzig Jahren anderen und uns Leid, Trümmer, Niederlagen, Millionen Flüchtlinge, Millionen Tote und die Last nicht zu bewältigender Verbrechen ins Geschichtsbuch geschrieben haben, verlangt nach keiner Neuauflage«.[12] »Nichts wäre gewonnen außer einer beängstigenden Machtfülle, gebläht vom Gelüst nach mehr und mehr Macht. Allen Beteuerungen, selbst den gutgemeinten zum Trotz, wären wir Deutschen wieder zum Fürchten.«[13]

Anders Willy Brandt, der sich vehement für die deutsche Einheit einsetzte. Und anders auch *Spiegel*-Herausgeber Rudolf Augstein, der in diesen Monaten einer der engagiertesten Fürsprecher der Wiedervereinigung war.[14] Angesichts der Äußerungen von Brandt und Augstein seufzte die Vorsitzende der Bundestagsfraktion der Grünen, Antje Vollmer, Anfang Januar 1990 im *Neuen Deutschland:* »Wenn nur der Traum der alten Männer nicht so dicht bei meinem Alptraum läge! Und als das Volk von Dresden so ganz von Herzen ›Deutschland, Deutschland‹ rief und dazu die funkelnagelneuen schwarz-rot-goldenen Fahnen ... lustig schwenkte, da dachte ich bei so viel Glück ans Desertieren – und wußte nicht wohin.«[15] Der bekannte Psychoanalytiker Horst-Eberhard Richter sah in dem Wiedererwachen nationaler Gefühle gefährliche Krankheitssymptome. Gegenüber der *Frankfurter Rundschau* erklärte er am 22. März 1990: »Da kriecht jetzt über Jahrzehnte verdrängter Nationalismus hervor, der sich vorher hinter dem offiziell verordneten Antikommunismus verstecken konnte. Es ist wie bei einer alten Krankheit, die lange abgekapselt war. Jetzt kommt das Krankmachende wieder zum Vorschein.« Aber, immerhin, er habe gute Hoffnung, »daß es starke Gegenkräfte gibt, die das in Schach halten können«.[16]

Hoffnungen auf Gegenkräfte mag der Psychiater aus einer Demonstration geschöpft haben, die wenige Tage zuvor – am 17. März – in Berlin stattfand. Das Motto der Veranstaltung: »Für eine unabhängige DDR – Gegen den Anschluß der DDR an die BRD«. 29 linke Organisationen hatten zu der Demonstration aufgerufen. In einem ganzseitigen Interview mit der *taz* äußerten sich die Initiatoren, der ehemalige RAF-Anwalt und Stasi-Spitzel Klaus Croissant sowie der ehemalige Terrorist (»Bewegung 2. Juni«) Till Meyer zu den Zielen der Initiative[17]: Die Demonstration sei der »Versuch einer Gegenoffensive«. Meyer erklärte, die »Veränderungen im Ostblock und die Niederlage in Nicaragua haben weltweit einen Schock ausgelöst... Die rote Fahne, seit 70 Jahren für Millionen Menschen ein Symbol der Freiheit vom Kapitalismus, ist dabei zu sinken.« Wenn eine Wiedervereinigung schon nicht aufzuhalten sei, dann müßten wenigstens die »Errungenschaften« der DDR eingebracht werden, so beispielsweise »das Verbot militaristischer, revanchistischer und faschistischer Propaganda« – dies sei nach DDR-Verfassung schließlich ein Verbrechen. »Das würde bedeuten«, so Croissant, »daß die Reps nicht mehr zu den Wahlen zugelassen wären. Damit wären die weg vom Fenster. Und das Ganze gilt natürlich auch für die ganzen anderen rechtsradikalen Gruppen.« Schließlich müßten auch die sozialen Errungenschaften der DDR bewahrt werden, »beispielsweise das Arbeitsgesetzbuch der DDR... Da leckt sich die westdeutsche Gewerkschaftsbewegung die Finger nach.«

Eine weitere Demonstration der antinationalen Einheitsgegner fand am 12. Mai in Frankfurt statt. In einem Pressebericht hieß es: »Auf der extremen Linken herrscht Aufbruchstimmung, seitdem auf einer Demonstration in Frankfurt am Main am 12. Mai erfolgreich der große Schulterschluß geprobt wurde. Über 100 Organisationen und 700 Personen hatten zu der ›Demonstration gegen deutschen Nationalismus, gegen die Kolonisierung des Ostens und die Annexion der DDR‹ aufgerufen. Darunter befanden sich Teile der Grünen und der DKP, verschiedene kommunistische Gruppierungen, gewaltbereite ›Militante‹, ›Autonome‹, ›Anarchisten‹ und ›Antiimperialisten‹. Eine führende Rolle spielte die Bundestagsabgeordnete der Grünen, Siggi Fries, deren Bonner Bundestagstelefon in den Aufrufen auch als Anlaufstelle genannt war.«[18] Fries erklärte in ihrer Rede: »Wir wollen kein Selbstbestimmungsrecht der Deutschen, weil das ein Selbstbestimmungsrecht der Imperialisten ist.« Und: »Söhne von KZ-Schergen wollen ein Volk werden. Wir nicht.«[19] Sprecher bei der Demonstration waren auch Jutta Ditfurth und der ehemalige Terrorist und Chefideologe der Autonomen, Karl-Heinz Roth. Das Motto der Veranstaltung lautete: »Deutschland muß sterben, damit wir leben können«.[20] Die Veranstalter sprachen von 20 000 Teilnehmern, die Polizei zählte rund 7000, darunter etwa 1000 Autonome und RAF-Sympathisanten. Vertreten war auch eine Delegation der PDS.

Eine weitere Veranstaltung fand zu Pfingsten in der Kölner Uni-

Mensa statt. Die Parole lautete, der Anschluß der DDR an die Bundesrepublik sei der »größte Sieg des Imperialismus«, den es zu verhindern gelte. Mehrere Angehörige gewaltbereiter Gruppen der Autonomen setzten sich dafür ein, daß im Kampf gegen die Wiedervereinigung auch Gewalt anzuwenden sei.[21]

Nach einem Anschlag der RAF auf den Bonner Innenstaatssekretär Hans Neusel gab die *taz* den Terroristen eine ganze Seite Raum, um ihre »Aktion« zu rechtfertigen. In der Erklärung hieß es, Neusel verkörpere »die personelle Kontinuität des deutschen Faschismus vom 3. Reich zum ›Großdeutschland‹, das auf das 4. Reich zusteuert. . . Die rasende Entwicklung der letzten Monate und die Einverleibung der DDR hat die BRD innerhalb Westeuropas zu uneingeschränkter Vormacht und den ganzen westeuropäischen Block zur Weltmacht gebracht. . . Die BRD und die neuen Machteliten der DDR verfolgen mit dem Schritt zum Großdeutschland dieselben Ziele und imperialen Pläne wie der Nazi-Faschismus. Der dritte Überfall, den das deutsche Kapital in diesem Jahrhundert auf die Völker Europas führt, wird nicht mit militärischen Mitteln, sondern mit den Mitteln der Wirtschaft und der Politik geführt. Die Unterwerfung von Millionen Menschen unter die Prinzipien von Markt, Profit und Warenstruktur bringt neues Leid und Elend für die Völker.«[22]

Ähnliche Vergleiche hatte Jürgen Habermas wenige Monate zuvor angestellt: »Deutsche Interessen werden in Deutscher Mark gewogen und durchgesetzt. Gewiß, schlimmer als dieser Code war die Sprache der Stukas. Aber obszön ist dieser Anblick des deutschen Muskelspiels allemal.«[23] Und der Journalist Erich Kuby warnte im Juni 1990: »Nach wenigen Jahren werden unsere Nachbarn, die mit Blindheit geschlagen jetzt den deutschen ›abgefahrenen Zug‹ nolens volens dahinbrausen lassen, über ihr jetziges Verhalten so denken und es nachträglich in gleicher Weise unbegreiflich finden, wie Hitlers Vertragspartner 1939 über das Münchner Abkommen von 1938 gedacht haben: Um Gottes willen, warum haben wir den Deutschen vertraut!«[24] Es sei eine »Verfälschung der Geschichte des deutschen Nationalstaates«, so Kuby, »das deutsche Volk für ein Volk wie jedes andere anzusehen«[25], denn die deutsche Geschichte stelle »keinen europäischen Normalfall dar. Mehr noch, in diesem Nicht-Normalen läßt sich eine Gesetzmäßigkeit entdecken, wie sie ähnlich aus der Geschichte anderer Nationen nicht, wie soll ich sagen, herauspräpariert werden kann«.[26] Es gebe nun einmal »deutsche Konstanten«, die die Deutschen »ganz grundsätzlich von denen anderer Nationen unterscheiden«.[27] Deshalb sei es eine Illusion, »anzunehmen, ein deutscher Gesamtstaat von 80 Millionen Menschen in der Mitte des westlichen Europa werde sich anders verhalten als das Bismarcksche, Wilhelminische und auch das nationalsozialistische Deutschland – nicht in den Details seiner praktizierten Politik, sondern im Generellen, in der Tendenz, die wiederum, wir erleben es seit einem Jahr, auf Machtentfaltung, Aggression, Rücksichtslosigkeit angelegt ist und im ganzen einen antizivilisatorischen, das heißt antieuropäischen Charakter hat und haben wird«.[28]

In dem Aufruf eines »Ost-West-Frauenbündnisses« zur Demonstration gegen die Wiedervereinigung am 29. September liest man ähnliches. Unterzeichnet war der Aufruf von Frauenzentren und Frauengruppen, vom Unabhängigen Frauenverband der DDR, den »Frauen gegen Paragraph 218«, der »Bundesweiten Koordination – Frauen begehren Selbstbestimmung« usw. In der Proklamation heißt es: »Die deutschtümelnde Stimmung in großen Teilen der Bevölkerung ist zunehmend bedrohlich. Die ausnahmslose Verteufelung der DDR-Vergangenheit schafft ein Klima der Denkverbote und Anpassung, das die fortschrittlichen Ideen der DDR-Opposition zu ersticken droht. . . Der Einigungsprozeß ist in höchstem Maße undemokratisch. . . Es wird ein hochgerüsteter, umweltzerstörender und wirtschaftlich enorm mächtiger Koloß zusammengezimmert, der nicht nur für die europäischen Nachbarländer eine Bedrohung darstellt, der die Ausplünderung der ›Dritten Welt‹ noch intensiver betreibt und der nach innen autoritäre Züge aufweist.« Um gegenzusteuern, fordere man ein anderes Deutschland, in dem etwa der Paragraph 218 ersatzlos zu streichen sei, »sexistische Werbung« verboten und »Sexismus als Asylgrund« anerkannt werde.[29]

Die Reihe der Beispiele für die nationalmasochistische Haltung vieler Linker, die den Untergang der DDR betrauerten und sich gegen die Wiedervereinigung stemmten, ließe sich beliebig fortsetzen. Extreme Äußerungen wie die von Erich Kuby oder die Haltung jener Demonstranten, die »Deutschland verrecke!« oder »Deutschland halts Maul!« riefen, beschränkten sich auf eine Minderheit der Linken. Für die große Mehrheit war das Gefühl bestimmend, daß man eine entscheidende Niederlage erlitten habe. Der »Siegeszug des Kapitalismus« und die Renaissance des Nationalen widerlegten alles, was linke Gesellschaftskritiker und postnationale Verfassungspatrioten in den letzten 25 Jahren gepredigt hatten. »Katzenjammer macht sich breit, wenn die Veteranen der 68er Studentenrevolte in diesen Wochen zusammenhocken«, gab der *Spiegel* die Stimmung wieder.[30]

Linke Selbstkritik

Freilich gab es auch Anflüge von Selbstkritik, wie ebenfalls der *Spiegel* zu berichten wußte: »Ich habe in den vergangenen 20 Jahren viel geschrieben. Doch ›Stasi‹ ist in meinen Texten nie vorgekommen«, gestand der Bremer Politikwissenschaftler Detlev Albers, einstmals Aktivist im linksextremen Sozialdemokratischen Hochschulbund (SHB), auf einer Tagung des Bundes Demokratischer Wissenschaftler in Hannover. Und bei einem Linken-Treffen in der Freien Universität Berlin räumte der Politikwissenschaftler Urs Müller-Plantenberg ein, wie »menschenverachtend« kommunistische Regime wie das in Rumänien gewesen seien, das »haben wir nicht wissen wollen«. Der Historiker Niels Kadritzke, ein APO-Streiter aus der Generation Rudi Dutschkes, sinnierte bei demselben Treffen selbstkritisch, die antiautoritäre Linke habe Ende der sechziger Jahre die Totalitarismustheorie auf die Gleichung »Rot gleich Braun« versimpelt, um sie pauschal verwerfen zu können.[31]

Anfang 1990 waren solche selbstkritischen Stimmen aus dem Lager der Linken nicht selten. Der GEW-Vorsitzende Dieter Wunder etwa bilanzierte die Versäumnisse der Deutschlandpolitik des DGB: »Haben wir nicht allzu lange ein kämpferisches Demokratieverständnis als Position des ›Kalten Krieges‹ abgetan? Sind wir mit Kritik an der kommunistischen Diktatur und ihren Menschenrechtsverletzungen nicht manchmal sehr zurückhaltend gewesen? Sind wir immer der Gefahr ausgewichen, zweifelhafte Funktionäre einer stalinistisch geprägten Organisation durch unsere Kontakte zu stützen?«[32]

Es gab Sozialdemokraten und Gewerkschafter, die kritisch über eigene Versäumnisse nachdachten, so der Vorsitzende des Deutschen Journalistenverbandes Hermann Meyn, der Anfang November 1990 auf dem Verbandstag seiner Organisation bekannte: »Ich habe über viele Jahre als Anhänger der sozialliberalen Entspannungspolitik Kollegen für Kalte Krieger und Ewiggestrige gehalten, die eher über prinzipielle Defizite als minimale Veränderungen des Honecker-Regimes berichteten. Mich hat der Neuaufbau des Nicolai-Viertels in Berlin-Mitte stärker interessiert als der seit langem bekannte Verfall der Mietskasernen am Prenzlauer Berg: Ich habe mitgeschrieben, mitgemalt am Bild einer DDR, in der es nach meinem Eindruck eher auf- als abwärts ging. Ich bin mitgeschwommen im publizistischen ›mainstream‹ meiner politischen Freunde, die Entspannungspolitik mit dem Ziel betrieben, das Los der Menschen zu erleichtern und die DDR so zu stabilisieren, daß sie sich einiges erlauben konnte. Der Unrechtscharakter der SED-Herrschaft war mir zwar stets bewußt, aber ich muß selbstkritisch einräumen: Ich habe mich weniger mit ihm und mehr mit Veränderungen an der Oberfläche befaßt. Mit anderen Worten: Ich habe mich täuschen lassen, und ich habe auch andere getäuscht.«[33]

Kritische Reflexionen finden sich auch in Michael Schneiders Buch über *Die abgetriebene Revolution*. Die Argumentation der westdeutschen Linken habe unter einem »mehrfachen Handicap« gelitten: »Sie war ausgesprochen vergangenheitslastig; in ihr steckte allzuviel deutscher Selbsthaß... Aus manchen wütenden Attacken linker und grüner Zeitgenossen gegen die ›nationale Euphorie‹ – dies galt vor allem für gewisse ›Konkret‹- und taz-Autoren – war die implizite Aufforderung herauszuhören, die Deutschen vom Prinzip und Recht der Selbstbestimmung vorsichtshalber auszuschließen und dieses unberechenbare Volk für immer der Oberaufsicht der Alliierten zu unterstellen. Als ob sich die nationale, die deutsche Frage für uns gar nicht stellen dürfe, weil wir Deutsche, d.h. ein Volk mit einer unglücklichen Geschichte sind, das soviel Unglück über andere Völker gebracht hat.«[34] Schneider schloß die eigene Person von solch kritischen Anmerkungen nicht aus. »Daß die deutsche Zweistaatlichkeit, die auch in meinem Bewußtsein festgeschrieben war, nun plötzlich zur Disposition stand, irritierte und verunsicherte mich mehr, als ich es selbst für möglich gehalten hatte.«[35]

Kritisch setzte sich auch Daniel Cohn-Bendit mit der Haltung der Linken zur Nation auseinander: »Wir sind Augenzeugen einer epochalen Entwicklung und wundern uns, daß wir dabei nichts zu sagen haben. Seit dem 9. November ist die Linke ängstlich, weil sie Angst hat, sich der gesellschaftlichen Situation zu stellen.« Die Ablehnung der deutschen Einheit sei zwar verständlich: »Diese Emotionalität habe ich geteilt, und es ist sicher eine ehrenwerte geschichtliche Position. Dennoch ist sie absolut daneben gewesen, weil sie dem historischen Prozeß, der in die Zukunft drängt, mit ihrem rückwärtsgewandten Blick überhaupt nicht gerecht werden konnte.« Es sei im übrigen eine schlechte Tradition der Linken, »auf das Volk zu schimpfen, wenn es sich ›falsch‹ verhält, und sich auf das Volk zu berufen, wenn es vor Atomkraftwerken demonstriert. Wir Linken haben mit den kühnsten theoretischen Entwürfen zu formulieren versucht, was die ›objektiven Interessen‹ des Volkes und der Geschichte sind, wie die ›Befreiung der Massen‹ ins Werk zu setzen sei.«[36] Cohn-Bendit kommt damit den Ursachen für den linken Nationalmasochismus nahe.

Diese Haltung als (Über-)Reaktion auf die Erfahrungen des Nationalsozialismus zu interpretieren greift nämlich mit Sicherheit zu kurz. Schließlich war die Linke – in ihrem kommunistischen wie auch in ihrem sozialdemokratischen Flügel – in den fünfziger Jahren keines-

140

wegs anti-national eingestellt. Und selbst für die 68er war das anti-nationale Motiv nicht bestimmend. Es gab sogar Wortführer wie Rudi Dutschke, die für ein einheitliches Deutschland eintraten.[37] Selbst die Zerfallsprodukte der Studentenbewegung, also vor allem die K-Gruppen, waren nicht anti-national orientiert.

Der seit Ende der achtziger Jahre in weiten Teilen der bundesdeutschen Linken grassierende Nationalmasochismus ist vor allem Ausdruck eines frustrierten Missionseifers, wie ihn Cohn-Bendit beschreibt. Jahrelang versuchte die Linke, »den Massen« ihre wahren Interessen zu erklären und ihnen das »falsche Bewußtsein« auszutreiben – weitgehend ohne Erfolg. Der frustrierte Aufklärungseifer und das enorm hohe – aber ins Leere laufende – Sendungsbewußtsein waren die eigentlichen Ursachen für die zunehmende Distanz der Linken zum eigenen Volk, eine Distanz, die teilweise in Haß umschlagen konnte. Der vermeintliche linke Selbsthaß ist somit im Grunde kein Selbsthaß (man haßt ja nicht sich selbst, denn schließlich ist man als Linker »aufgeklärt«, »kritisch« und »engagiert« und hat die richtigen Konsequenzen aus der leidvollen faschistischen Vergangenheit gezogen), sondern ein Haß gegen das eigene Volk, das man für dumm, faschistoid und ausländerfeindlich erklärt, während die linken Intellektuellen das »richtige Bewußtsein« gepachtet haben. Schuld am Scheitern der sozialistischen Mission waren also nicht die intellektuellen Missionare, sondern das dumpfe Volk, das sich gegen die Vermittlung des »richtigen Bewußtseins« wehrte.

Günter Nenning schrieb 1990 treffend in seinem Buch *Die Nation kommt wieder:* »Zwischen Intelligentsija und Leut' wird die Klassenkluft immer gähnender. Wir Intellektuellen sind erfüllt von absolut richtiger Menschlichkeit, die uns nichts kostet. Das Volk, dies merkend, ist erfüllt von absolut berechtigtem Mißtrauen gegen uns Intellektuelle. Wir können uns gegenseitig nicht leiden. Es gibt eine Volksseuche Ausländerhaß, und es gibt eine Intellektuellenseuche Volkshaß. Ein gut Teil des Raumes der hoch- und halbintellektuellen Medien ist gefüllt mit dem Thema: Wir mögen unser Volk nicht. Unser Volk ist blöd und faschistoid. Fast keinerlei Raum der hoch- und halbintellektuellen Medien ist gefüllt mit dem Thema: Was ist los mit unserer Intelligentsija? Warum kann die Intelligentsija das Volk nicht leiden? Hat das wechselseitige Unverständnis zwischen Intellektuellen und Leut' seinen Grund nur darin, daß die Intellektuellen aufgeklärt sind und das Volk blind ist? Wir Intellektuellen können uns kein neues Volk wählen, also machen wir es herunter... Ich bin für den Kopfstand: für die Arbeitshypothese: Wir Intellektuellen sind blöder, als wir glauben; das Volk ist klüger, als wir glauben.«[38]

Kritisch-selbstkritische Überlegungen wie die von Michael Schneider, Daniel Cohn-Bendit oder Günter Nenning blieben in der Linken allerdings die Ausnahme. Selbstkritische Reflexion ist unbequem und oft schmerzhaft. Die Linke war seit 1968 so lange in der Pose der moralischen Überlegenheit verharrt und erstarrt, daß es ihr überaus schwerfiel, sich selbstkritisch mit linker Theorie und Praxis auseinanderzusetzen. Vor 1989 war alles einfach und klar: Die moralisch Guten standen links, hatten die Werte des Humanismus und der Aufklärung exklusiv gepachtet. Man wähnte sich auf der Seite des historischen Fortschritts: Konservative und Nationale würden bald von der geschichtlichen Entwicklung endgültig widerlegt werden. Als 1989 genau das Gegenteil geschah, war dies ein Schock, auf den die Linke – wie gezeigt – weitgehend mit Unverständnis, ja mit Hysterie reagierte. Nachdenklichkeit herrschte bei den meisten Linken nur für eine Schrecksekunde. Die Gelegenheit, das Comeback zu initiieren, ergab sich im Zusammenhang mit den Kampagnen gegen »Ausländerfeindlichkeit« und »Neonazismus«. Antifaschismus hieß und heißt die Parole, unter der eine zutiefst verunsicherte und deprimierte Linke in den Jahren ab 1990/91 das Rollback einleitete.

Antifa und Lichterketten – das Rollback

Antifaschismus als letzter Rettungsanker des Sozialismus – dieses Rezept wurde bereits kurz nach dem Fall der Mauer, um die Jahreswende 1989/90, deutlich. Am 28. Dezember 1989 war das sowjetische Ehrenmal in Berlin mit Parolen wie »Besatzer raus«, »Völkergemeinschaft statt Klassenkampf« und »Nationalismus für ein Europa freier Völker« beschmiert worden.[39] Parolen, die von der soeben umbenannten SED-PDS als »neofaschistisch« klassifiziert wurden, deren Urheber jedoch unbekannt blieben. Jedenfalls bildeten die Schmiereien den Anlaß für eine »antifaschistische Kampfdemonstration«, an der am 3. Januar 1990 zwischen 100 000 und 250 000 Menschen teilnahmen, darunter der damals amtierende Vorsitzende des Staatsrats, Manfred Gerlach, Außenminister Oskar Fischer, der Ost-Berliner Oberbürgermeister Erhard Krack und der sowjetische Botschafter Kotschemassow.

Es war das erste Beispiel einer großen Mobilisierung der Linken seit der Wende. Die Demonstranten skandierten Parolen wie »Nazis raus – kein Viertes Reich«, »Rotfront gegen rechts« und »Schönhuber mit seiner braunen Pest hat bei uns keine Chance«. Gregor Gysi erklärte: »Unser Land ist in Gefahr, und zwar von rechts. Wir müssen diese Gefahr bannen, sonst brauchen wir über demokratischen Meinungsstreit und anderes gar nicht erst zu diskutieren. Wie wollen wir denn demokratisch wählen, wenn hier die Neonazis alle Freiräume besetzen.«[40] Das *Neue Deutschland* berichtete selbstverständlich auf der ersten Seite, und zwar unter der Losung: »Unser Land braucht eine breite Einheitsfront gegen rechts«.

Freilich wurde auch Kritik an dieser Vorgehensweise laut, und die taktische Absicht wurde gerade von Linken besser erkannt als von manchen konservativen Publizisten. Klaus Hartung analysierte in der *taz* die Strategie der SED-PDS, durch Antifaschismus von der Diskussion über die eigene Vergangenheit abzulenken: »Da die Partei nach wie vor ratlos den Scheiterhaufen ihrer stalinistischen Vergangenheit anstarrt, ist der Weg gewiß verführerisch, sich um einen sicheren Kern einer unveräußerlichen Identität zu scharen. Antifaschismus als Wagenburgmentalität und Wahlkampf als Abwehrkampf, das wäre der bequemste und fatalste Ausweg aus der unbewältigten Vergangenheit der Partei.«[41]

Die »Kampfdemonstration« vom 3. Januar war nur der Probelauf zu großangelegten antifaschistischen Kampagnen der Linken, die etwa zwei Jahre später beginnen sollten. Die zahllosen »Lichterketten«, Initiativen gegen Neonazismus, Konzerte »gegen rechts« usw. hatten ihren Anlaß in zwei Entwicklungen: Erstens in den Wahlerfolgen der Partei *Die Republikaner* und zweitens in den gewaltsamen ausländerfeindlichen Ausschreitungen, die im September 1991 einen ersten traurigen Höhepunkt erreichten. Beide Entwicklungen sollen im folgenden – aus der Perspektive der Linken – knapp dargestellt werden, da sie die Voraussetzung sind, um die antifaschistischen Kampagnen zu verstehen.

Die im November 1983 von ehemaligen CSU-Funktionären gegründete Partei der Republikaner geriet am 29. Januar 1989 in die Schlagzeilen, als sie bei den Wahlen zum Berliner Abgeordnetenhaus überraschend 7,5 Prozent der Stimmen auf sich vereinen konnte. Daß es sich hier nicht um ein Berlin-spezifisches Ereignis handelte, sondern um einen bundesweiten Trend, bestätigte die Europawahl am 18. Juni 1989. Die Republikaner erhielten über zwei Millionen Stimmen – 7,1 Prozent.

Die Reaktion auf diese Wahlerfolge waren Demonstrationen der Linken, die Parolen skandierten wie »Ausländer bleiben – Nazis vertreiben«. Gleichwohl gab es gerade auf der Linken auch kritische Stimmen, die vor einem leeren Antifaschismus warnten. So schrieb Klaus Hartung in der *taz*: »Das antifaschistische Unterschriftenkartell mobilisiert. Tagesbefehl: ›Wehret den Anfängen‹. . . Als kollektive Kassandra für die Gefahr von rechts zeigen wir natürlich, daß wir die Lehren von 1933 begriffen haben. Der eifernde Überschuß hinterläßt jedoch einen Nachgeschmack. Es kommen Zweifel auf, ob der Kampf gegen die rechte Gefahr sich auf ein Begreifen der Geschichte des Nationalsozialismus berufen kann... Unheimlich finde ich die Sucht, mit den ›Republikanern‹ von heute die nationalsozialistische Bewegung von damals zu schlagen, und die Weimarer Republik nachträglich zu retten... Überhaupt, gibt es nicht ein mächtiges Bedürfnis der Linken nach rechter Gefahr?«[42]

Kritisch-selbstkritisch waren auch die Anmerkungen von Claus Leggewie in seinem 1989 erschienenen Buch über die Republikaner, das große Verbreitung fand:»›Seit Berlin‹ wird in Schulen und Bildungsakademien wieder konsequent den Anfängen gewehrt und zur Prophylaxe gegen die Rassisten ›Auschwitz als Unterrichtseinheit‹ angeboten; der rote Verfassungsschutz speichert neue Namen und Querverbindungen, am alternativen Stammtisch werden die ausgeleierten Sprüche aktualisiert, bevor man mit wildentschlossenen Gegenaufmärschen (›Nazis raus!‹, ›Nie wieder!‹) vorm Ausland die verlorene Ehre der Nation rettet. In den einschlägigen Aktionskomitees duldet man bisweilen Leute, die die Barbarei von Peking und Shanghai als berechtigte Antwort auf ›konterrevolutionäre Umtriebe‹ einstufen und die Mauer als ›antifaschistischen Schutzwall‹ rehabilitieren.«[43] Leggewie vermutete im Aufkommen der Republikaner ein Zeichen für die »›Normalisierung‹ der politischen Verhältnisse Westdeutschlands auf ein ›europäisches Maß‹«.[44] Der Rechtsextremismus sei eine bedauerliche Normalität von Gesellschaften in einer langen sozialen, aber auch politischen und kulturellen Krise. »Die Bundesrepublik ist nun, was sie immer sein wollte: ein ganz normales Land, das ›aus dem Schatten Hitlers‹ herausgetreten ist und von den selbstauferlegten Tabus abläßt.«[45]

SPD-Vordenker Peter Glotz führte in der Tageszeitung *Die Welt* Streitgespräche mit Franz Schönhuber und wandte sich gegen die Ansicht, bei dieser Partei handele es sich um »Nazis« oder »Faschisten«.[46] Dies forderte sofort heftigen Widerspruch aus Ost-Berlin heraus. Das *Neue Deutschland* kommentierte:»Diese unglaubliche Verharmlosung und Verniedlichung des Neonazismus geht Glotz ganz glatt über die Lippen: Schönhuber, der SS-Mann aus der Leibstandarte Adolf Hitler – kein Faschist. Jener SS-Mann an der Spitze der ›Republikaner‹, die offen die Nazi-Ideologie propagieren, die dem ›Reich‹ ihres ›Führers‹ nachtrauern und es zumindest in den Grenzen von 1937 wiederherstellen wollen, die von der ›Reinhaltung des deutschen Blutes und der deutschen Volksseele‹ schwafeln und dumpfen Ausländerhaß schüren – dieser Schönhuber: kein Neonazi?«[47] In den folgenden Jahren sollte sich innerhalb der Linken nicht die differenzierte Position von Autoren wie Bernd Ulrich[48], Wolfgang Kowalsky[49], Peter Glotz[50] und Claus Leggewie durchsetzen, sondern der traditionelle »Antifaschismus«, wie er in den Zeilen des *Neuen Deutschland* deutlich wird.

Waren die Wahlerfolge der Republikaner und anderer Parteien – beispielsweise der DVU in Schleswig-Holstein und Bremen oder der NPD in Frankfurt/Main – Grund zur Besorgnis, so waren sie doch alleine nicht Auslöser der antifaschistischen Kampagne. Sie war vielmehr primär motiviert durch ausländerfeindliche Ausschreitungen, die zuerst im September 1991 in der sächsischen Stadt Hoyerswerda eskalierten. Dort gab es massive Angriffe auf Ausländer, die dazu führten, daß 230 Asylbewerber in andere Städte verlegt werden mußten. In der Folge kam es auch an anderen Orten zu Brandanschlägen und gewalttätigen Übergriffen gegen Ausländer durch meist sehr junge Täter. Anfang Oktober 1991 wurden bei einem Brandanschlag auf ein Ausländerwohnheim in Hünxe zwei libanesische Kinder lebensgefährlich verletzt – und diese Anschläge waren nur der Beginn einer Kette von ausländerfeindlichen Gewalttaten bis hin zum Mord, für die heute die Städtenamen von Rostock, Mölln oder Solingen stehen. Die Sorge vor einer grassierenden Ausländerfeindlichkeit einte alle Demokraten, und selbstverständlich verurteilten alle Parteien die Anschläge scharf. Über Ursachen und Konsequenzen gab es freilich unterschiedliche Sichtweisen. Die Union fühlte sich in ihrer Forderung nach einer Änderung des Asylrechtes bestärkt und wies auf den Zusammenhang zwischen der zunehmenden Ausländerfeindlichkeit und dem steilen Anstieg der Zahl von Asylsuchenden hin, die meist nicht wegen politischer Verfolgung, sondern aus wirtschaftlichen Gründen nach Deutschland kamen. Die SPD und die Linke sah hingegen in einer – angeblich von der CDU/CSU grundlos entfesselten – öffentlichen Debatte über das Asylrecht die Ursache für die gewalttätigen Ausschreitungen.

Es begann eine Kampagne gegen »Ausländerfeindlichkeit«, an der sich neben Kirchen, karitativen Organisationen und Gewerkschaften vor allem Sozialdemokraten, Grüne, PDS und andere Gruppen der extremen Linken beteiligten. Auffällig war, daß zum erstenmal nach der Wiedervereinigung jene Kräfte der politischen Linken, die vorübergehend in die Defensive geraten waren, wieder den Verlauf der Debatte bestimmten.

Es ist ein trauriges Kapitel in der Geschichte der Linken, daß die Opfer der ausländerfeindlichen Anschläge im Kampf um die Wiedererringung der kulturellen Hegemonie instrumentalisiert wurden. Bequemer als die Auseinandersetzung mit eigenen Fehlern und Versäumnissen, bequemer auch als eine kritische Aufarbeitung der Verbrechen des

Kommunismus war die Mobilisierung des »Antifaschismus«. Ute Knight und Wolfgang Kowalsky, zwei kritische Linke, merkten denn auch treffend in der *Zeit* an: »Nach dem Zusammenbruch des real existierenden Sozialismus hat die bundesdeutsche Linke ein neues Betätigungsfeld gefunden. Die Rituale aus der Mottenkiste des Antifaschismus können neu durchexerziert werden: Die Teilnahme an ›Mahnwachen‹ vor Ausländerheimen kommt dem Gefühl nahe, als aufrechte Kämpfer rechtzeitig gegen den Faschismus aufzutreten.«[51]

Die Fronten waren nun wieder richtig abgesteckt: auf der einen Seite die moralisch guten »Ausländerfreunde«, die Demokratie und Menschenrechte verteidigen, auf der anderen Seite die »Ausländerfeinde« – von der CDU/CSU bis hin zu Rechtsextremisten und Neonazis. Knight und Kowalsky polemisierten in ihrem Buch *Deutschland nur den Deutschen?*: »Diejenigen, die lautstark gegen ›Ausländerfeindlichkeit‹ ins Feld ziehen, treten auf als moralisch integre, aufrechte Kämpfer für Gerechtigkeit, als Moralapostel, die den anderen, den schlechten Deutschen endlich einmal ihre (als ›unbewältigt‹ betrachteten) ›Sünden‹ der NS-Vergangenheit ins Stammbuch schreiben können... Analog zum ›Antifa‹-Bonus hat sich ein Anti-Ausländerfeindlichkeits-Bonus, ein Pro-Ausländer-Gütesiegel herausgebildet; den Protagonisten leuchtet der Heiligenschein um ihr Haupt.«[52]

Allerdings war nicht bei allen Beteiligten der Anti-Ausländerfeindlichkeits-Kampagne eine moralisch berechtigte »Betroffenheit« über die gewalttätigen Ausschreitungen das Motiv. Dies zeigte sich spätestens bei den Vorfällen in Greifswald Anfang November 1991, als Angehörige der autonomen Szene Angriffe auf Asylbewerber simulierten, um sodann eine bereits vorbereitete »Flucht« zu inszenieren. Ein kritischer Kommentator der *taz* analysierte die Motivlage der »Ausländerfreunde« treffend: »Als Deutscher stets lautstark den eigenen Antirassismus zu intonieren kann offensichtlich zu notorisch gutem Gewissen verführen und gegen Selbstzweifel immunisieren. Der Verdacht liegt nahe, daß es die aus dem eigenen Vorhutbewußtsein gespeiste Inländerfeindlichkeit ist, die manche deutschen Antirassisten in erster Linie treibt. Die Ausländerfreundlichkeit, die so tapfer wirkt, ist bloß abgeleitete Funktion.«[53]

Dieser Inländerhaß kommt am schärfsten in der Zeitschrift *konkret* sowie in dem ehemaligen FDJ-Organ *Junge Welt* zum Ausdruck. Als Reaktion auf die Ausschreitungen in Hoyerswerda veröffentlichte *konkret* einen Artikel aus der Feder von Wolfgang Pohrt, in dem zur Gewalt gegen Deutsche aufgerufen wurde: »Daß es ein Fehler war, im Jahr 1938 die Synagogen niederzubrennen, jüdische Geschäfte zu zerstören, die Juden durch die Straßen zu hetzen und zu erschlagen, be-

griffen die Landsleute erst, als ihre eigenen Städte wie die niederge-
brannten Synagogen aussahen und sie selbst auf der Flucht waren. Es
wäre lehrreich für die Deutschen, die fühlen müssen, da sie nicht hören
mögen, und es wäre ein Triumph der Gerechtigkeit obendrein, würde
das ausländerfreie Hoyerswerda bald den mit Brandsätzen und Stahl-
kugeln attackierten Ausländerwohnheimen dort gleichen, und die Einheimischen müßten fliehen von dort, wie die Ausländer fliehen mußten.« Der Schriftsteller stellte Überlegungen darüber an, »was Gerechtigkeit bedeuten würde«. Gerechtigkeit wäre, so meinte er, wenn
deutsche Urlauber in Italien »mit eingeschlagenem Schädel auf der In-
tensivstation enden, wie es hier Nigerianern passiert«. »Was geschähe
wohl«, so fragte Pohrt, »würde eine Bande rechtsradikaler Totschläger
mal in einen Hinterhalt gelockt, und ein paar von ihnen blieben auf der
Strecke?«[54]

Die Gewaltphantasien sollten nur wenige Monate später in Erfüllung gehen, als die – von der Presse meist totgeschwiegenen – Überfälle
von Links- auf Rechtsextremisten in Berlin einen ersten Höhepunkt
erreichten. Eine türkische Antifa-Gruppe überfiel einige rechte bzw.
rechtsextremistische Männer, die sich nach einer Veranstaltung in der
Nacht zum 4. April 1992 in einem China-Restaurant zum Abendessen
verabredet hatten. Der Schriftführer der rechtsextremen »Deutschen
Liga«, Gerhard Kaindl, wurde bei dem Überfall getötet, Thorsten Tha-
ler – damals ebenfalls Mitglied dieser Vereinigung – durch drei Stich-
verletzungen in den Bauch schwer verwundet.

In der überregionalen Presse – mit Ausnahme der *taz* – fand dieser
Anschlag bei weitem nicht die Aufmerksamkeit, die gegen Ausländer
gerichtete Überfälle stets auf sich ziehen. In linken Zeitungen wie der
Jungen Welt wurde gegen die »Kriminalisierung« der antifaschistischen
Täter Stimmung gemacht und die Tat verharmlost. »Gerhard Kaindl«,
so hieß es dort, »ist an einer folgenschweren Auseinandersetzung zwischen sieben Führungspersönlichkeiten faschistischer Organisationen
und acht bis zehn Antifaschisten wenige Stunden später seinen Verletzungen erlegen.« Kritisch merkte hierzu der (linke) Rechtsextremismus-Experte Eberhard Seidel-Pielen in der *taz* an: »Erstens: es war
keine ›folgenschwere Auseinandersetzung‹, sondern ein hinterhältiger
Überfall. Zweitens: die Überfallenen waren keine ›Faschisten‹, sondern parteilose Rechte, organisierte Rechtsextremisten und Rechtskonservative – durchaus ein Unterschied. Drittens: Gerhard Kaindl
›erlag‹ keineswegs ›wenige Stunden später seinen Verletzungen‹, sondern krepierte, nachdem seine Lunge mit einer 25 Zentimeter langen
Messerklinge zerfleischt wurde, noch in der Kneipe.«[55]

Der Prozeß gegen die Attentäter endete Mitte November 1994 mit einem milden Urteil.[56] Der Mordvorwurf wurde rasch fallengelassen, aber auch wegen Totschlags wurden die Angeklagten nicht zur Verantwortung gezogen. Vier Angeklagten legte die Kammer in ihrer Urteilsbegründung Körperverletzung mit Todesfolge sowie Beteiligung an einer Schlägerei zur Last; einer jungen Frau wurde nur Beihilfe zur Körperverletzung ohne den strafverschärfenden Zusatz »mit Todesfolge« vorgeworfen. Drei Angeklagte wurden zu drei Jahren Haftstrafe verurteilt. Bei zwei jüngeren Beschuldigten, für die Jugendstrafe gilt, setzte das Gericht kürzere Strafen zur Bewährung aus. Ein weiterer Beschuldigter wurde wegen Schizophrenie als schuldunfähig freigesprochen.

Gegenüber den Verurteilten erklärte die Richterin, sie könne ihre Empörung über rechtsextreme Aktivitäten gut verstehen. Die überwiegend türkischen Täter fühlten sich von Neonazis bedroht, das habe man strafmildernd berücksichtigt. Die linke Presse, die milde Urteile gegen *rechts*extreme Gewalttäter stets als Indiz dafür wertet, die Justiz sei »auf dem rechten Auge blind«, kommentierte das Urteil ähnlich wie die Verteidiger der Antifaschisten – man nannte es »akzeptabel«. In rechten Kreisen hingegen wurde die Befürchtung geäußert, das Urteil könne von autonomen Antifa-Gruppen als Ermutigung verstanden werden.

Während bei der Sichtung rechtsextremer Publikationen zu Recht eine hohe Sensibilität im Hinblick auf gewalttätige oder Gewalt billigende Formulierungen herrscht, kann man dies bezüglich der »antifaschistischen« Kampagne nicht behaupten. Ein vergleichsweises harmloses, aber doch charakteristisches Beispiel ist ein Videoband mit dem Thema »Sachsenhausen – Nachdenken in Deutschland«, das von der Potsdamer Landesregierung an alle Kreisbildstellen und Schulen verteilt wurde – insgesamt kamen 1000 Kopien in Umlauf. Zu steinewerfenden Rechtsextremisten singt Udo Lindenberg »Wir hau'n mit den Tatzen den Skins auf die Glatzen«, dann rufen Politiker und Künstler zum »Widerstand« gegen Rassismus auf. In der Presse hieß es zu Lindenbergs Lied: »Sein auf Befriedigung unterschiedlicher Bedürfnisse berechneter Text kann als Appell für Gewaltlosigkeit und auch als Aufforderung zur Gegengewalt verstanden werden.«[57]

Problematisch an den Kampagnen gegen Ausländerfeindlichkeit war auch, daß sie oft mit der Mobilisierung primitivster antideutscher Emotionen einherhingen: Selbsthaß als probates Mittel gegen Fremdenhaß? Beispielhaft hierfür ist eine Ende 1993 von Mitarbeitern von RTL und WDR gegründete Initiative »Medien gegen Rassismus«, die zahlreiche Radio- und Fernsehspots produzierte. In einem Spot heißt es, die Türken, Griechen und andere Völker hätten schon vor zweitausend Jahren Toiletten benutzt, »während hier bei uns die Leute noch in den Busch kackten«. Seit rund hundert Jahren gingen nun auch die Deutschen auf die Toilette. Das Ende vom Spot: »Ich bin stolz darauf, ein Deutscher zu sein.«[58]

Wichtige und berechtigte Anliegen, nämlich der Kampf gegen Ausländerfeindlichkeit und Fremdenhaß, wurden so bei vielen Menschen diskreditiert, weil sie für andere Zwecke mißbraucht wurden. Das an sich gute Motiv, »etwas gegen Ausländerhaß zu tun«, wurde mißbraucht, und viele Bürgerliche, die in den von linken Initiativen veranstalteten Lichterketten und Demonstrationen mitmarschierten, erkannten nicht, daß sie schon Teil einer »antifaschistischen Einheitsfront« waren, die die Linke mit dem Ziel errichtete, ihre gefährdete Hegemonie zurückzugewinnen.

Ein weiterer Meilenstein auf dem Weg zur Wiedererringung der linken Hegemonie war die Medienkampagne gegen den CDU/CSU-Kandidaten für das Amt des Bundespräsidenten, Steffen Heitmann. Es ging einerseits darum, im Vorfeld der Bundestagswahlen Helmut Kohl eine Niederlage zu bereiten. Aber wichtiger war noch, daß die Linke wieder unter Beweis stellen konnte, daß sie nach wie vor in hohem Maße handlungsfähig war und nicht die Konservativen, sondern sie den politischen Diskurs in Deutschland beherrschten. Aufschlußreich ist dabei, daß die an dieser Kampagne beteiligten Kräfte identisch waren mit jenen, die die Aktionen gegen »Ausländerfeindlichkeit« initiiert hatten, einschließlich des linken Flügels der Union um Heiner Geißler, Friedbert Pflüger und Rita Süßmuth.

Die Anti-Heitmann-Kampagne

Ende August 1993 meldete die Presse, Kohls Wunschkandidat für die Nachfolge Richard von Weizsäckers sei der sächsische Justizminister Steffen Heitmann. Wenige Tage später präsentierte die linksliberale Wochenzeitung *Die Woche* den bis dahin weitgehend unbekannten Politiker als rechten Denker. »Immer wieder bedient er mit seinen Äußerungen den rechten Flügel: mal warnt er vor Überfremdung deutscher Kultur, mal empfiehlt er Frauen an Heim und Herd.«[59] Damit waren drei der wichtigsten Stichworte für die folgende Diffamierungskampagne gegeben: Heitmann sei rechts, ausländerfeindlich und frauenfeindlich. Drei Vorwürfe, die in Deutschland besonders schwer wiegen. Am 3. September meldete sich die Bundestagsgruppe von Bündnis 90/Die Grünen zu Wort. Heitmann habe sich »sehr einseitig als Sprecher der extremen Rechten« seiner Partei erwiesen, wird der Abgeordnete Ullmann zitiert.[60]

Am Montag, dem 6. September kommen *Focus* und *Der Spiegel* auf den Markt. Während *Focus* ein eher abgewogenes Porträt bringt, stellt der *Spiegel* Heitmann als »strammen Konservativen« vor. Unter der Überschrift »Rechter Mann, rechte Zeit« heißt es: »Die klassischen konservativen Werte sind es, die der Ostdeutsche Heitmann radikal ins Zentrum der Gesellschaft rücken möchte: Recht und Ordnung, Familie, Nation. Wenn er davon spricht, spielt dem hageren, kurzgeschorenen Christdemokraten manchmal ein fanatischer Zug um den Mund. Ein Greuel ist ihm dagegen, was er die ›Liberalisierung der letzten 20 Jahre‹ nennt.«[61] Man sieht, welche Assoziationen beim Leser erzeugt werden sollen: Heitmann ist rechts und radikal, kurzgeschoren und fanatisch (wie die Skinheads?), ein Mann von law and order, der die Errungenschaften von 1968 in Frage stellt.

In den folgenden Tagen äußern sich *Frankfurter Rundschau*, *Wochenpost*, *Zeit* und *taz* in ähnlicher Weise, während *FAZ* und *Welt am Sonntag* dagegenhalten und Heitmann – wie auch in den folgenden Wochen – verteidigen. Und der *Spiegel* legt in der Ausgabe vom 13. September noch einmal nach: Heitmann sei, so lauten die Vorwürfe, »für den starken Staat«, gegen »Überfremdung«, für die traditionelle Rolle der Frau, für ein schärferes Straf- und Haftrecht sowie für Fleiß, Pünktlichkeit und Ordnung – also, so die Folgerung: »Steffen Heitmann – Kohls Grüßonkel für den deutschen Spießer«.[62] In solcher Kritik wird deutlich, was sich in Deutschland seit der Kulturrevolution von 1968 verändert hat. Es genügt, einen Politiker zu diffamieren, wenn man darauf hinweist, daß er für den starken Staat sei (und nicht für den schwachen Staat), daß er für Fleiß, Pünktlichkeit und Ordnung eintrete (statt für Faulheit, Unpünktlichkeit und Chaos), daß er gegen »Überfremdung« eintritt (statt für die multikulturelle Gesellschaft) usw.

Die schlimmsten Befürchtungen der Linken über Heitmann schienen sich durch ein Interview zu bestätigen, das am 18. September 1993 in der *Süddeutschen Zeitung* veröffentlicht wurde.[63] Dieses Interview gab das Hauptmaterial für die folgende Kampagne. Immer wieder bezogen sich in den nächsten Wochen die Kritiker auf folgende Äußerungen des sächsischen Justizministers:

– Zur multikulturellen Gesellschaft: »Diesen Begriff halte ich als Programm für falsch. Eine multikulturelle Gesellschaft kann man nicht verordnen, sie kann allenfalls wachsen.«

– Zu Maastricht: »Vom europäischen Bundesstaat reden ja nur noch wenige. Vielmehr redet man jetzt vom Europäischen Bund selbständig bleibender Nationen. Europa kann man nicht von oben verordnen. Da müssen die Menschen mitgehen.«

– Zur Nation: »Mich schreckt der Begriff nicht, mich schreckt nur sein Mißbrauch.«

– Zur NS-Vergangenheit und zur Rolle Deutschlands: »Die deutsche Nachkriegssonderrolle war ja in gewisser Weise eine Fortsetzung der angemaßten Sonderrolle der NS-Zeit. Das ist zu Ende...« – »Ich glaube, daß der organisierte Tod von Millionen Juden in Gaskammern tatsächlich einmalig ist – so wie es viele historisch einmalige Vorgänge gibt. Wiederholung gibt es in der Geschichte ohnehin nicht. Ich glaube aber nicht, daß daraus eine Sonderrolle Deutschlands abzuleiten ist bis ans Ende der Geschichte. Es ist der Zeitpunkt gekommen – die Nachkriegszeit ist mit der deutschen Einheit endgültig zu Ende gegangen –, dieses Ereignis einzuordnen.«

All diese Äußerungen wurden als Tabubruch empfunden, doch der stärkste Tabubruch war – wie auch beim Fall Jenninger –, daß Heitmann auf die Existenz von Tabuzonen in der öffentlichen Debatte hinwies: »Das Merkwürdige ist in der Bundesrepublik Deutschland, daß es ein paar Bereiche gibt, die sind tabuisiert. Es gibt eine intellektuelle Debattenlage, die nicht unbedingt dem Empfinden der Mehrheit der Bürger entspricht, die man aber nicht ungestraft verlassen kann. Und dazu gehört das Thema Ausländer, dazu gehört das Thema Vergangenheit Deutschlands; die Nazi-Vergangenheit, dazu gehört das Thema Frauen. Ich glaube, daß man diese Debatten auch aufbrechen muß, selbst auf die Gefahr hin, daß man in bestimmte Ecken gestellt wird, in denen man sich gar nicht wohl fühlt.«

Diese Einsichten hatte ein ostdeutscher wohl eher als ein westdeutscher Politiker formulieren können, denn Menschen, die in einer Diktatur gelebt haben, fallen Sprachregelungen und geistige Unfreiheiten besonders auf. Charakteristisch war, daß Oskar Lafontaine am Tage nach dem Interview offen die Existenz von geistigen Tabus im Hinblick auf unsere Vergangenheit rechtfertigte: »Wer fordert, das Tabu der Vergangenheit zu brechen, gießt Öl in das Feuer der Rechtsextremen.«[64]

Wenige Tage nach Veröffentlichung des Interviews widmete der *Stern* Heitmann die Titel-Story[65]: »Die Zumutung«. Heitmann habe »stramm rechte Ansichten«, er sei »ein Präsident für den Stammtisch, nicht für Deutschland«. Zur Person Heitmanns: »Er wirkt mit seinem kurzgeschnittenen Haar, dem schmalen Körper, dem zu weiten Anzug wie ein ergrauter Abiturient, der zur Feier des Tages die erste Zigarre raucht.« Der damalige Herausgeber und Chefredakteur Rolf Schmidt-Holtz nannte Heitmann »gefährlich«, weil dieser sich eines »Reihenabwurfs verbaler Brandsätze« schuldig gemacht habe. »Brandsätze« – dies erinnerte an die Skinheads und an die Brandanschläge auf türkische Wohnhäuser und Asylbewerberheime. Später sollte dafür der Begriff der »geistigen Brandstifter« geprägt werden, um vor allem Rechtsintellektuelle zu diffamieren und zu stigmatisieren.

Wenige Tage nach Erscheinen des Stern-Beitrags kommentierte Eckhard Fuhr in der *FAZ*: »Man sieht Heitmann gnadenlos mit dem rhetorischen Kampfhubschrauber übers deutsche Land jagen, und wo Wörter wie Mutterschaft oder nationale Identität einschlagen, da brennen dann türkische Häuser oder Flüchtlingsheime.« Bei der Auseinandersetzung um Heitmann gehe es im Kern um einen Kulturkampf: »Seit der Wiedervereinigung bröckelt die linksliberale Hegemonie in der politisch-intellektuellen Öffentlichkeit. Linke und Liberale merken das, auch wenn sie fälschlicherweise die altbekannte ›Rechte‹ auf dem Vormarsch sehen. Ihre Begrifflichkeit ist stumpf für das, was geschieht. Sie sehen nur das, was sie immer schon wußten. In den großen Grundsatzdebatten der letzten Jahre brach der linksliberale Konsens immer mehr auseinander. Die Erbschaft von Achtundsechzig zerfällt. . . Die bedeutenden Intellektuellen des Landes bedienen längst nicht mehr den linksliberalen Mainstream. Sie gehen, wie Hans Magnus Enzensberger, Botho Strauß oder Martin Walser, auf verstörende Weise eigene Wege. Eine Kandidatur Heitmanns, gar seine Wahl zum Bundespräsidenten, wäre ein Zeichen dafür, daß die kulturelle Veränderung in Deutschland nicht nur auch die politische Klasse erreicht hat, sondern im höchsten Staatsamt Ausdruck findet. Das ist der Grund für die Wut und Rücksichtslosigkeit der Kampagne.«[66]

Niemand hat in der Auseinandersetzung um Heitmann das Wesen der Kampagne so klar erfaßt wie Eckhard Fuhr in diesem Kommentar. Der Feldzug gegen Heitmann war – wie auch die Kampagnen gegen »Ausländerfeindlichkeit« und »Faschismus« – ein Kampf der linksliberalen Meinungsträger zur Bewahrung ihrer in den Jahren seit 1968 errungenen geistig-politischen Hegemonie. So kritisierte die Berliner Politikwissenschaftlerin Gesine Schwan, Heitmann falle »in vielen Punkten hinter die mit 1968 verbundene Liberalisierungswelle« zurück. Dies gelte insbesondere für dessen Haltung zur Rolle der Frau in der Gesellschaft und für seine Meinung über die Stellung von Minderheiten.[67]

Die Angst vor dem Verlust der kulturellen Hegemonie war auch deutlich in einem großaufgemachten Beitrag von Friedbert Pflüger zu spüren, der am 8. Oktober in der *Zeit* erschien. Der Artikel fand besondere Beachtung, weil allgemein angenommen wurde, daß Pflüger auch die Haltung seines langjährigen Chefs, des amtierenden Bundespräsidenten Richard von Weizsäcker, zum Ausdruck brachte. Eine Annahme, die durch ein laues Dementi des Präsidialamtes eher bestärkt als widerlegt wurde. »Die Thesen Ernst Noltes im ›Historikerstreit‹«, so die alarmierende Meldung von Pflüger, »drohen die Villa Hammerschmidt zu erobern. . . Bleibt der 8. Mai der ›Tag der Befreiung‹ oder wird er . . . wieder als ›Tag der Katastrophe für das deutsche Volk‹ bezeichnet?« Heitmann, so Pflüger, »bricht mit dem Grundkonsens der alten Bundesrepublik«.[68]

Allerdings standen Heitmanns Kritiker – neben Pflüger vor allem Rita Süßmuth und Heiner Geißler – in der Fraktion ziemlich isoliert da. Kennzeichnend ist folgender Bericht über den ersten Auftritt Heitmanns vor der CDU/CSU-Fraktion in Bonn am 19. Oktober, bei dem der Kandidat »breite Zustimmung unter den mehr als 300 Abgeordneten gefunden« hatte: »Den härtesten Schlagabtausch provozierte Bundestagspräsidentin Rita Süßmuth in der Diskussion mit dem Kandidaten. Sie erklärte Heitmann, es könne zu ihm keine Zustimmung geben, wenn er einseitig die Rolle der Mutter betone. Aus der Fraktion ertönten daraufhin Buh-Rufe. Als dann Frau Süßmuth mahnte, Heitmann dürfe die Nazizeit nicht ›ausblenden‹, wurde sie ausgelacht. Äußerst gereizt rief die Präsidentin: ›Ich habe keine Angst vor Ihrem Lachen. Jetzt wird es ernst!‹ Heitmann solle sich vom Beifall des Republikaner-Chefs Schönhuber distanzieren. In der Fraktion kam es daraufhin zu so tumultartigen Szenen, daß Schäuble eingriff und Frau Süßmuth erklärte: ›Man kann sich nicht gegen den Beifall von der falschen Seite wehren.‹«[69]

Der Fall Heitmann endete mit Heitmanns Fall. Am 25. November erklärte er seinen Rücktritt von der Kandidatur. Triumphierend verkündeten die linksliberalen Meinungsmacher, daß sie in dem »Stellvertreterkrieg«, in dem »Hegemoniestreit« den Sieg errungen hatten. Gunter Hofmann konnte in seiner Nachlese in der *Zeit* vom 3. Dezember sogar Großzügigkeit walten lassen.[70] Wie beim Fall Jenninger waren die Krieger nach errungenem Sieg nachsichtig und räumten freimütig ein, daß die Mittel, mit denen man den Krieg gewonnen hatte, »gelegentlich auch sehr unfair« gewesen seien: »Insofern hat der Ausgang der Kontroverse um Heitmann, die auch ein Stellvertreterkrieg war, die Luft um einiges bereinigt. Der Konflikt, der zum Teil auf dem Rücken des Kandidaten ausgetragen worden ist, gelegentlich auch sehr unfair, endete in der Resignation desjenigen, der zum Präsidenten für die Sieger im Hegemoniestreit auserkoren war. Ohne sein Zutun.« Dies sei zwar kein Grund, um auf der anderen Seite »Sieg!« zu rufen, aber immerhin habe »die Kontroverse gezeigt, daß die liberale, kritische Öffentlichkeit – und nicht die Achtundsechziger mit ihrer angeblichen Meinungsdominanz – im Zweifel doch leidlich funktioniert. Sie wirkt bis in die CDU hinein. Von der Republikgeschichte, zu der (im Westen) eine große kulturelle Veränderung zählt, kann man sich eben nicht einfach per Leitartikel verabschieden.« Und Hofmann ordnete die Anti-Heitmann-Kampagne direkt in den Zusammenhang der Kampagnen gegen »Ausländerfeindlichkeit« und »Neonazismus« ein: »Schon nach Mölln und Solingen hatte die Öffentlichkeit von unten der Politik Beine gemacht. Auch wenn es nur die belächelten Lichterketten waren . . .«

Zum Wesen einer Kampagne gehört, daß ihre Betreiber nach errungenem Sieg behaupten, es habe gar keine gegeben. So auch WDR-Intendant Friedrich Nowottny, der angesichts des sich abzeichnenden Rücktritts von Heitmann in der *Süddeutschen Zeitung* erklärte: »Es mag für ihn [Heitmann] auch nur von begrenztem Nutzen sein, von seiner Person abzulenken und gemeinsam mit anderen von einer ›Kampagne der Medien‹ gegen ihn zu sprechen. Am Anfang stand doch nur die journalistische Neugier!«[71]

Aus dem Munde des WDR-Intendanten wirken diese Worte besonders zynisch, denn wenige Wochen zuvor war in seinem Sender in übelster Agitprop-Manier gegen Heitmann gehetzt worden – mit »Neugier« hatte dies wahrlich nichts zu tun. So belustigte sich der Kabarettist Richard Rogler in einer vom WDR ausgestrahlten Sendung: »Steffen, du wirst Präsident, keine Sorge, wir machen das! Auf deinen Berliner Amtssitz, da kommt die Reichskriegsflagge, Auschwitz wird internationales Tagungszentrum.«[72] Und im Rahmen der vom NDR produzierten ARD-Sendung *Nachschlag* erklärte Hans Scheibner »witzig«, Heitmanns Mutter habe vergessen, Steffen abzutreiben, dann wäre uns dieser Mann »erspart geblieben«. »Bravo – ja schade, Frau Heitmann, diesen Kandidaten hätten Sie rechtzeitig verhindern können.«[73] Eine Kampagne? Nein. »Am Anfang stand die Neugier.« Und am Ende übelste Hetze und Diffamierung – und der Rücktritt Heitmanns von der Kandidatur.

Die Kampagne gegen Heitmann hatte erreicht, daß eine Mehrheit der Deutschen den Kandidaten negativ beurteilte. Bei einer Allensbacher Umfrage im Oktober 1993 standen in Westdeutschland 9 Prozent mit guter Meinung 33 Prozent mit »keiner guten« Meinung gegenüber; fast genauso das Ergebnis im Osten.[74] Selbst Anhänger der Union und der Republikaner schrieben Heitmann eher negative als positive Eigenschaften zu.[75] Lediglich die Wähler der FDP bildeten eine Ausnahme. Immerhin 42 Prozent der FDP-Anhänger charakterisierten Heitmann als »geradlinig und aufrecht, sagt, was er denkt«. Diese Charakterisierung wurde nur von 12 Prozent der Grünen-Anhänger, von 16 Prozent der SPD-Anhänger, von 20 Prozent der Republikaner-Anhänger und von 27 Prozent der Unions-Anhänger für zutreffend empfunden. Auch andere positive Eigenschaften (»spricht aus, was viele Leute wirklich denken«, »unbelastet von DDR-Vergangenheit«, »hat Rückgrat, standhaft«, »vertrauenswürdig«) wurden Heitmann von

FDP-Anhängern in viel höherem Maße zugeschrieben als von den Anhängern aller anderen Parteien, einschließlich CDU und Republikaner.[75]

Den Medien gelang es, nicht zuletzt durch bildliche Darstellungen, Antipathien gegen Heitmann zu schüren. Es gelang ihnen aber nicht, die Inhalte, für die Heitmann stand, zu diskreditieren und die Meinung der Bevölkerung zu verändern. Das Allensbacher Institut legte den Befragten die drei umstrittensten Äußerungen Heitmanns vor, allerdings ohne zu erwähnen, daß sie von *ihm* stammten. Beispiel: »Wenn jemand sagt: ›Die Leistung der Frau als Mutter muß wieder höher bewertet werden.‹ Sehen Sie das auch so oder sind Sie nicht dieser Meinung?« 78 Prozent stimmten zu, nur 11 Prozent widersprachen. Die Äußerung Heitmanns, man müsse »die Überfremdungsängste der Bürger ernst nehmen und auch so nennen dürfen«, fand ebenfalls überwiegend Zustimmung: »Sehe ich auch so«, sagten 64 Prozent, »bin nicht dieser Meinung«, erklärten 25 Prozent. Auch die oben zitierten umstrittenen Äußerungen Heitmanns über die NS-Vergangenheit und die Rolle Deutschlands fanden weite Zustimmung: 71 Prozent erklärten sich einverstanden, nur 12 Prozent widersprachen.[76] Trotz der großen Übereinstimmung, gerade mit den in linken Medien besonders heftig attackierten Aussagen Heitmanns, meinten nur 19 Prozent der Befragten, er »spricht aus, was viele Leute denken«.[77] Der Widerspruch zwischen diesem Ergebnis und der tatsächlich sehr breiten Zustimmung zu Heitmanns Thesen ist nur damit zu erklären, daß die meisten Menschen ein ganz falsches Bild davon hatten, was Heitmann wirklich geäußert hatte.

Der Fall Heitmanns bezeichnete eine Zäsur. Er zeigte, daß die Konservativen zu früh frohlockt hatten, wenn sie meinten, mit dem Zusammenbruch des Sozialismus und der Wiedervereinigung sei die Vorherrschaft der Linken gebrochen. Die Zeit für Heitmann war noch nicht reif. Die Konservativen waren zu schwach – besonders in den Medien. Aber der Sieg der Linken in der Heitmann-Kampagne bedeutete mehr als nur eine gewonnene Abwehrschlacht, er veränderte das politische Klima und bereitete eine weitere Linksverschiebung des geistigen Koordinatensystems vor – auf dem Weg in eine andere Republik.

IX. Auf dem Weg in eine andere Republik

Ist das vereinigte Deutschland eine Fortsetzung der alten Bundesrepublik – oder ist ein neuer Staat mit ganz eigenen, spezifischen Merkmalen entstanden? In den Monaten der Vereinigung war viel von den Möglichkeiten eines »dritten Weges« die Rede. In linken Kreisen hoffte man auf ein System, das die Vorzüge des »Kapitalismus« und des »Sozialismus« miteinander vereinen sollte. Vertreter des bürgerlichen Lagers wandten sich gegen solche Vorstellungen und verwiesen darauf, daß es kaum etwas Vernünftiges gebe, was aus dem sozialistischen System übernommen werden könne. Das politische und wirtschaftliche System der Bundesrepublik habe sich bewährt, und es sei kein Grund zu erkennen, gravierende Veränderungen daran vorzunehmen.

Die These, das vereinte Deutschland sei wesentlich eine Fortsetzung der alten Bundesrepublik, wurde sowohl von links wie auch von rechts kritisiert. Die Linke wandte sich gegen einen »Anschluß« der DDR, auf der Rechten betonten Vordenker wie Karlheinz Weißmann, das vereinte Deutschland könne – besonders mit Blick auf die Außenpolitik – keine bloße Fortsetzung der Bonner Republik sein. Konservative sahen eher die positiven Chancen, die die Vereinigung für Deutschland brachte, insbesondere die, daß die Deutschen wieder ein normales Verhältnis zur Nation zurückgewinnen würden. Übersehen wurden jedoch die Gefahren, die im Zuge der Vereinigung für die politische Kultur und das politische System entstanden. Die Vereinigung bedeutete schließlich auch, daß es auf einmal in unserem Staat Millionen von Menschen gab, die über vier Jahrzehnte im Sinne der kommunistischen Ideologie indoktriniert worden waren: Nur so ist es zu erklären, daß beispielsweise bei einer Umfrage im Frühjahr 1994 drei Viertel der Ostdeutschen (aber »nur« ein Drittel der Westdeutschen) erklärten, der Sozialismus sei »eine gute Idee, die schlecht ausgeführt wurde«.[1] Die Vereinigung bescherte uns viel Gutes, aber sie brachte auch erstmals seit dem KPD-Verbot wieder eine kommunistische Partei in den Bundestag und verstärkte insgesamt das antidemokratische Potential von links ganz erheblich.

Diese Gefahren wurden in der öffentlichen Diskussion weitgehend ignoriert. Dabei ist die Situation nach 1945 und nach 1989 eben *nicht* vergleichbar. Die Westdeutschen wurden nach 1945 einer aufwendigen

»Reeducation« unterzogen, mit der Begründung, nach zwölf Jahren Diktatur müßten sie erst einmal zu Demokraten gemacht werden. Nach 40 Jahren kommunistischer Indoktrination wurde die Prägung eines Großteils der Bevölkerung durch eine antidemokratische Ideologie hingegen nicht einmal als Problem erkannt. Journalisten, die für Goebbels' Propagandaapparat gearbeitet hatten, war es zunächst unmöglich, in entscheidende Medien-Positionen zu gelangen, während die Mehrheit der Agitprop-geschulten Journalisten aus der ehemaligen DDR auch im wiedervereinigten Deutschland ohne jede Karenzzeit aktiv sein darf – und ist.

Was selbst im Hinblick auf die frühe Bundesrepublik nur eine Legende war, nämlich die These von der Verdrängung und Nicht-Aufarbeitung der Vergangenheit, wurde nach der Wiedervereinigung bald zum politischen Programm, dem weite Teile der Linken, aber auch Konservative und selbst dezidiert Rechte zustimmten. Allerdings gab es in allen politischen Lagern auch Stimmen, die vor dieser Verdrängung warnten und die notwendige kritische Auseinandersetzung mit der kommunistischen Diktatur anmahnten. Die Frage, wie die Deutschen bzw. die politische Klasse in Deutschland nach der Wiedervereinigung mit der SED-Vergangenheit umgehen, ist mitentscheidend für das Selbstverständnis und die Zukunft unserer Republik.

Schlußstrich oder Aufarbeitung?

Im Jahre 1 nach der Vereinigung – 1991 – erschienen zwei Bücher, die sich mit dieser Frage auseinandersetzten. Erstaunlicherweise kamen der rechte Publizist Armin Mohler in seinem Buch *Der Nasenring* und der ehemalige DDR-Wissenschaftler Ludwig Elm (er ist heute PDS-Bundestagsabgeordneter) in seiner Streitschrift *Nach Hitler. Nach Honecker* zu einem ähnlichen Ergebnis. Beide lehnen eine intensive und kritische Auseinandersetzung mit der SED-Vergangenheit ab.

Elm wendet sich gegen Tendenzen, die »DDR als Subjekt der deutschen und internationalen Politik möglichst total herabzusetzen und zu kriminalisieren«.[2] Insbesondere spricht er sich gegen eine Neuauflage der Totalitarismustheorie aus, denn: »Der ›reale Sozialismus‹ zwischen 1917 und 1990 kann jedoch trotz allem, was an Verbrecherischem und Tragischem geschah, nicht auf Stalinismus reduziert und mittels eines Gleichheitszeichens neben den Nationalsozialismus gestellt werden. Er kann es nicht hinsichtlich seiner theoretischen und politisch-moralischen Quellen und Antriebe, der Traditionen und sozialen Träger und auch nicht als Gegenentwurf zu kapitalistisch konstituierten Sozialordnungen. Seine ursprüngliche Verwandtschaft zu demokratischen und progressiven Überlieferungen und Bewegungen der Weltgeschichte und Weltpolitik konnte auch durch seine fundamentalen Konstruktionsfehler und massenhaften Verbrechen nicht restlos liquidiert werden; sie ist regenerationsfähig geblieben... Verschiedentlich blieb selbst in der deformierten oder karikierten Gestalt etwas von den ursprünglichen Intentionen eines dauerhaften Weltfriedens und des Antifaschismus, der sozialen Gleichheit und Gerechtigkeit, des aufklärerischen Erkenntnis- und Zukunftsoptimismus erkennbar.«[3]

Die politischen Folgerungen für den Umgang mit der SED-Vergangenheit liegen auf der Hand: Die DDR sei, so betont Elm, »kein verbrecherisches System« gewesen. Selbst die »Charakteristik als Diktatur« sei so nicht zutreffend, allenfalls könne man sagen, daß sich »in der Tat auch diktatorische Neigungen und Züge herausbildeten«.[4] In der Forderung nach einer Bewältigung der DDR-Vergangenheit sieht Elm primär das Bestreben nach »Denunziation und Suspendierung von allem, was allein nach Ansatz, Tendenz oder ideeller Nachwirkung als antifaschistisch, kapitalismuskritisch und radikaldemokratisch anzusehen oder solchen Bestrebungen verwandt ist«.[5]

Diese Positionen decken sich weitgehend mit den von Gregor Gysi vertretenen. Die PDS räumt durchaus »Fehler« der DDR ein, gesteht sogar zu, daß dort Verbrechen begangen wurden. Eine einfache Neuauflage der DDR wird abgelehnt, aber ebenso heftig wendet man sich gegen eine Pauschaldistanzierung von ihr. Charakteristisch ist, daß man nicht von der Notwendigkeit einer kritischen Auseinandersetzung mit dem Sozialismus oder dem Kommunismus spricht, sondern allenfalls von der notwendigen Kritik des Stalinismus. »Stalinismus« ist damit ein apologetischer Begriff geworden, weil er nur bestimmte »Deformationen« eines an sich progressiven Systems meint. Die sozialistische und kommunistische Utopie, so heißt es, seien nicht widerlegt, sondern es gelte, die Lehren aus dem gescheiterten Experiment zu ziehen, um es sodann in einem neuen Anlauf zu wiederholen.

Von einem ganz anderen politischen Ausgangspunkt gelangt Armin Mohler zu der Forderung nach einem Schlußstrich unter die DDR-Vergangenheit. In seinem Buch *Der Nasenring* hatte er sich kritisch mit der Vergangenheitsbewältigung des Nationalsozialismus auseinandergesetzt. Als 1991 eine erweiterte Neuauflage mit dem Untertitel *Die Vergangenheitsbewältigung vor und nach dem Fall der Mauer* erschien, übertrug er seine Kritik der NS-Bewältigung auf die sich abzeichnende Vergangenheitsbewältigung der SED-Diktatur. »Wenn die Westdeutschen sich von der Anti-Stasi-Hysterie treiben lassen«, so warnte Mohler, »wird es zu einer breiten Konfrontation zwischen Wessi-Schulmei-

159

stern (und Postenjägern) auf der einen Seite und den DDR-Deutschen als den globalen Sündern auf der andern Seite kommen. . . In Sachen DDR-Nachlaß hat man bloß die Wahl zwischen der Schlangengrube oder einer entschiedenen, umfassenden Generalamnestie.« Nur so ließe sich verhindern, »daß DDR-Deutschland im vereinten Deutschland zu einem schwärenden Giftherd wird. Ohne einen solchen Schlußstrich unter die Stasi-Vergangenheit würden Ulbricht und Honecker in den kommenden Jahren ihre späte Rache finden, und auch Stalin.«[6] Die Herstellung der deutschen Einheit sei eine so große Aufgabe, daß man sie nicht mit einem »Feldzug gegen das Böse, einem Kreuzzug für die F.D.G.O.« verbinden solle.[7] Mohlers Forderung deshalb: »Der Staat hätte die von ihm gehüteten oder von ihm zu beschlagnahmenden Akten zu vernichten. Wer gleichwohl einem Mitbürger seine politische Vergangenheit vorwirft, sollte harten Bußgeldern unterworfen werden, die proportional zum Einkommen des Verleumders festzulegen wären; im Wiederholungsfall wären zusätzlich Haftstrafen zu verhängen.«[8]

Mohler befürchtete, »daß die Deutschen ein zweites Mal ansetzen, sich in einem Bewältigungsrummel zu zerstreiten. Der ersten, der Hitler-Bewältigung, konnten sich die Deutschen nicht entziehen: sie wurde ihnen durch die Sieger von 1945 befohlen. Zur zweiten, der Stasi-Bewältigung, wurden die Deutschen nicht von außen gedrängt. Sie stürzten sich freiwillig in dieses Unternehmen, das genauso schiefgehen wird wie die erste Vergangenheitsbewältigung, die alle ihre schönen Ziele verfehlte und meist die falschen Leute befriedigte.«[9]

Diese Position, die von rechtsextremen Publizisten wie Hans-Dietrich Sander geteilt wird, aber auch bei demokratischen Rechten wie dem CSU-Politiker Peter Gauweiler Anklang findet, speist sich aus mehreren Motivsträngen: Zunächst einmal ist es die Kritik an der Vergangenheitsbewältigung des Dritten Reiches. Allerdings wird von Mohler das Kind mit dem Bade ausgeschüttet. Richtig und zutreffend kritisiert er viele Absurditäten und volkspädagogische Übertreibungen dieser »Bewältigung«. Aber er verkennt, daß die Auseinandersetzung mit der NS-Zeit grundsätzlich eine Notwendigkeit war. So wie ein Individuum sich seiner eigenen Geschichte stellen muß, wenn es Gegenwart und Zukunft bewältigen will, so muß dies erst recht ein Staat und ein Volk. Natürlich sollten wir bei der Aufarbeitung der DDR-Vergangenheit auch Lehren aus der NS-Vergangenheitsbewältigung ziehen. Diese Lehre kann jedoch nicht lauten, gänzlich auf eine kritische Auseinandersetzung zu verzichten. Im übrigen läßt sich eine selbstkritische Beschäftigung mit der jüngeren Geschichte in einem demokratischen Staat auch gar nicht verhindern, es sei denn, man greift – wie Mohler dies fordert – zu repressiven Mitteln.

Auch unter pragmatischen Gesichtspunkten würde beispielsweise eine Vernichtung der Stasi-Akten nichts Positives bewirken. Denn damit wäre – unterschwellig – erst recht Verdächtigungen und Denunziationen Tür und Tor geöffnet. Die (vielleicht dann nur noch unter vorgehaltener Hand und als Gerücht vorgebrachten) Verdächtigungen könnten nicht mehr widerlegt werden, wenn alle Akten vernichtet sind. Statt einer offenen Debatte, in der be- und entlastende Argumente vorgebracht und dokumentarisch belegt werden können, entstünde eine Atmosphäre, in der Gerüchte und Verdächtigungen das politische Klima vergiften.[10]

Abgesehen davon verbirgt sich hinter Mohlers Position auch eine unpolitische Haltung. Die Linke, dies ist richtig, hat die NS-Vergangenheitsbewältigung über viele Jahre auch als Instrument im Kampf gegen Konservative und demokratische Rechte benutzt. Sicher wäre es falsch, nun umgekehrt die DDR-Vergangenheitsbewältigung im Kampf gegen die Vorherrschaft der Linken zu instrumentalisieren. Andererseits aber ist auch nicht nachvollziehbar, warum jetzt die Konservativen und Rechten großzügig eine Generalabsolution erteilen sollen, damit sich Kommunisten und Sozialisten keine unbequemen Fragen stellen lassen müssen. Es ist nicht verwunderlich, daß die Folgerungen Mohlers fast identisch sind mit denen der DDR-Apologeten und der PDS, wenngleich sich die Begründungen unterscheiden.

Eine ähnliche Position wird auch von Sozialdemokraten wie Egon Bahr eingenommen, der im Oktober 1994 in einem *Spiegel*-Gespräch für einen »juristischen Schlußstrich« plädierte: »Der neue Bundestag sollte als eine seiner ersten Handlungen ein DDR-Schlußgesetz beschließen, das juristisch die DDR-Zeit beendet. Dann würden alle straffrei ausgehen, die keinem Menschen geschadet, kein Kapitalverbrechen begangen und kein Blut an ihren Händen kleben haben.« Das Stasi-Unterlagengesetz sei, so Bahr, »ein bedauerliches Gesetz«, das leider nicht mehr zu korrigieren sei.[11] Scharf wandte sich Bahr gegen die Bürgerrechtler, die am konsequentesten für eine Aufarbeitung der DDR-Vergangenheit eintreten. Es gehe nicht an, »daß einige wenige das von einer übergroßen Mehrheit im Deutschen Bundestag getragene Ziel der Aussöhnung torpedieren oder durch Veto blockieren«. Denn: »Die Vergangenheit darf nicht die Aussöhnung behindern. Wenn es ein allgemein akzeptiertes Ziel dieses Staates ist, Aussöhnung zu schaffen, dann müssen sich Minderheiten daran halten, selbst wenn sie es für falsch halten.«[12]

Allerdings ist eine solche Einstellung in der Linken nicht unumstritten. Vielmehr deutet sich eine Spaltung an, bei der auf der einen Seite Bürgerrechtler und Persönlichkeiten aus dem Bereich der Grünen ste-

hen, die eine konsequente Aufarbeitung der DDR-Vergangenheit an-
mahnen, auf der anderen Seite aber Anti-Antikommunisten wie Günter Gaus, die lieber heute als morgen einen Schlußstrich ziehen würden. Autoren wie Ralph Giordano, der stets die angeblich ausgeblie-
bene Vergangenheitsbewältigung des Nationalsozialismus anmahnte,
setzten sich jetzt konsequenterweise auch für eine kritische Aufarbeitung der SED-Diktatur ein und wandten sich gegen eine »Schlußstrich«-Mentalität. Andererseits wird von vielen Linken, die auch noch
50 Jahre nach dem Ende des Dritten Reiches ständig die »Verdrängung« der NS-Vergangenheit beklagen, nun für ein Ende der SED-
Vergangenheitsbewältigung plädiert, bevor diese überhaupt begonnen
hat. Claus Leggewie und Horst Meier haben auf die Inkonsequenz dieser Haltung hingewiesen:»Die schärfsten Kritiker von damals gehören
heute zu den glühendsten Anwälten eines neuen Schlußstrichs unter
die DDR-Geschichte, deren öffentliche Thematisierung in anklägeri-
scher Absicht sie als ›Hexenjagd‹ denunzieren – verbunden mit der
Forderung einer DDR-Amnestie. Die einstigen Antifa-Staatsanwälte
aus dem ›fortschrittlichen Lager‹, die die DDR stets als leuchtendes
Vorbild priesen, weil dort der ›Faschismus mit Stumpf und Stil ausge-
rottet‹ worden sei, hegen nun die empfindsamsten Bedenken, wenn irgendwo der Rechtsstaat an den einen oder anderen Vertreter des SED-
Regimes zarte Hand anlegt.«[13]

Die Haltung zur DDR-Vergangenheitsbewältigung wurde besonders bei der Bewertung des »Falls Stolpe« deutlich. Obwohl durch Gut-
achten der Gauck-Behörde und zahlreiche Veröffentlichungen die
Stasi-Verstrickung des brandenburgischen Ministerpräsidenten Manfred Stolpe (»IM Sekretär«) eindeutig belegt ist[14], sah dieser nie einen
Grund zum Rücktritt. Er gab scheibchenweise jeweils nur das zu, was
anhand vorgelegter Dokumente zweifelsfrei bewiesen werden konnte.
Aber er wurde gestützt von weiten Teilen der politischen Klasse Westdeutschlands. Natürlich setzten sich sozialdemokratische Politiker wie
Egon Bahr für Stolpe ein, aber auch Bundespräsident Richard von
Weizsäcker stützte ihn nachdrücklich. Armin Mohler verstieg sich sogar zu der These, ein Politiker wie Bismarck hätte Stolpe sofort als
wichtigen Mitarbeiter herangezogen.

Der »Fall Stolpe« zeigte, daß sich im vereinten Deutschland ganz
neue Koalitionen und Frontverläufe in der politischen Auseinander-
setzung abzeichnen. Kritisch gegen den »IM Sekretär« wandten sich
Bürgerrechtler wie Bärbel Bohley, Freya Klier und Wolfgang Templin.
Auch in der *taz* berichtete Wolfgang Gast kritisch über Stolpes Stasi-
Verwicklungen, und Stefan Aust machte es sich in seinem Magazin
Spiegel-TV zu einer zentralen Aufgabe, Stolpes Verstrickungen aufzu-

decken. Im konservativen Spektrum waren es *Welt am Sonntag*-Redakteure wie Michael Inacker, Jochen Kummer, Ulrich Schacht und Heimo Schwilk oder der Berliner *FAZ*-Korrespondent Ralf Georg Reuth, die sich kritisch mit Stolpe beschäftigten, im TV-Bereich Journalisten wie Heinz-Klaus Mertes oder Andreas Bönte.

Allerdings hat sich keineswegs eine Mehrheit der Medien kritisch gegen Stolpe gewandt. Schon innerhalb der konservativen *FAZ* gab es keine eindeutige Haltung, denn die Berichterstattung von Reuth wurde ständig durch seinen Kollegen Peter Jochen Winters konterkariert, der für Stolpe Partei ergriff. Wie große Teile der Medien zur Vertuschung des »Falles Stolpe« beitrugen, hat Reuth in seinem Buch *IM Sekretär* eindrücklich nachgewiesen. Daß Stolpe mit allen Mitteln gehalten und geschützt wurde, von der eigenen Partei und von maßgebenden Kräften der politischen Klasse, hatte vor allem eine Ursache: Man begriff zunehmend, daß sich im »Fall Stolpe« die DDR-Vergangenheitsbewältigung mit der bislang unterdrückten westdeutschen Vergangenheitsbewältigung verband. Denn Stolpe war nun einmal für westdeutsche Politiker über viele Jahre hinweg entscheidender Ansprechpartner. Die Thematisierung seiner Rolle bedeutete zugleich die Gefahr, daß die Geschichte von Kungelei und Kollaboration westdeutscher Politiker mit dem SED-Regime auf die Tagesordnung kam. Cora Stephan hat diesen Zusammenhang klar formuliert: »Seit die Debatte mit Stolpe eine Galionsfigur der von den Sozialdemokraten eingeleiteten und von der CDU fortgeführten Entspannungspolitik erreicht hat, trifft die Infragestellung der Vergangenheit auch unmittelbar westdeutsche Besitzstände.«[15]

Westdeutsche Vergangenheitsbewältigung

Obgleich die Aufarbeitung der DDR-Vergangenheit eine wichtige Aufgabe bleibt, sollte sie dennoch keine Priorität haben. Die politische Klasse in der DDR ist entmachtet – zumindest trifft dies für die Top-Positionen zu. Nach wie vor in Amt und Würden sind aber jene westdeutschen Politiker und Journalisten, die über Jahre und Jahrzehnte hinweg die deutsche Teilung gerechtfertigt und die SED-Diktatur schöngefärbt haben, die mit den kommunistischen Machthabern kollaborierten und zur Stabilisierung der Diktatur entscheidend beigetragen haben. Die Auseinandersetzung mit diesen Kräften, also die westdeutsche Vergangenheitsbewältigung, ist eine vorrangige Aufgabe, die bislang kaum in Angriff genommen wurde. Dadurch bekam auch die DDR-Bewältigung eine Schieflage, weil der Eindruck entstand, im

Osten seien fast alle Menschen mehr oder minder in das Unrechtsregime verstrickt gewesen, während die Bürger Westdeutschlands frei von jeder Schuld seien.

Dieser Eindruck führt nicht nur zu einer Vertiefung der deutschen Teilung, sondern er ist auch historisch falsch und moralisch fragwürdig. Jeder DDR-Bürger kann sich darauf berufen, daß es keine Pflicht zum Heldentum gibt. Helden sind ja nur deshalb Helden, weil sie sich anders verhalten, als Menschen dies üblicherweise tun – und dabei bereit sind, erhebliche persönliche Nachteile und Gefahren in Kauf zu nehmen. Deshalb verehren wir sie, deshalb dürfen wir ihr Verhalten aber auch nicht zum verbindlichen Maßstab für alle machen. Wer sich der SED-Diktatur widersetzte, mußte mit massiven Repressionen rechnen. Anders verhält es sich im Falle der westdeutschen Schönfärber und Helfershelfer der SED-Diktatur. Sie handelten nicht aus Zwang, sondern aus freien Stücken, aus ideologischer Verblendung, Konformismus oder Bequemlichkeit. Trotz aller Anpassungszwänge, die es auch in einer Demokratie gibt, wurde in Westdeutschland niemand dazu genötigt, die Zweistaatlichkeit zu rechtfertigen und die SED-Diktatur zu verharmlosen. Deshalb ist das Verhalten der westdeutschen Kollaborateure sehr viel kritischer zu bewerten als die Anpassung vieler Menschen in der ehemaligen DDR.

Ansätze zu der notwendigen westdeutschen Vergangenheitsbewältigung finden sich in dem von Cora Stephan herausgegebenen Buch *Wir Kollaborateure,* in dem sich vornehmlich linke Autoren mit dem Thema befassen. Die Herausgeberin bemerkt zu Recht: »Die deutsche Vereinigung hat längst auch den Westen in seiner Identität aufgestört – und zwar gerade jene, die für ihre moralische Abgrenzung vom Westen, in ihrem negativen Nationalismus, beim antifaschistischen Osten ein Trostbild finden konnten.«[16] Der Sturz der SED-Elite in Ostdeutschland gefährde »ohne Zweifel auch jene, die das System im Westen verteidigten oder schönredeten«.[17] Stephan wendet sich gegen das bei Linken beliebte Argument, die kritische Auseinandersetzung etwa mit der Entspannungspolitik oder mit der Haltung der westdeutschen Linken zur DDR arbeite den Rechten in die Hände: »Das Ärgerliche an linksliberaler und sozialdemokratischer Intransigenz und Angst vor der Neubewertung vormals für unabdingbar gehaltener Politik (mehr ist nicht verlangt) ist, daß wieder einmal mit dem allerältesten und nicht unbedingt intelligentesten Klischee antikapitalistischer Kritik zum Schulterschluß aufgerufen wird, man dürfe ›den Rechten‹ nicht zuarbeiten – die Wiedererrichtung der DDR im Augenblick ihres Untergangs.«[18]

Diese linke Angst ist jedoch nicht ganz unbegründet, denn in der Tat würde eine kritische Neubewertung der Haltung zur DDR und zum Sowjetsystem manche Argumente entkräften oder relativieren, die die Linke einstmals gegen die »Kalten Krieger« vorgebracht hat – diesen also nachträglich zumindest teilweise recht geben. Es würde sich herausstellen, daß Kritik, die von Journalisten wie Gerhard Löwenthal, Axel Springer oder Enno von Loewenstern an der Entspannungspolitik geübt wurde, keineswegs so unbegründet und abwegig war, wie sie seinerzeit hingestellt wurde. Dieses Eingeständnis hieße aber, entscheidende Grundlagen der seit 1968 errungenen kulturellen Hegemonie der Linken in Frage zu stellen.

Gleichwohl gab und gibt es gerade in der Linken Nonkonformisten, die sich des Themas angenommen haben. Zu nennen seien beispielsweise die in dem Band von Cora Stephan vertretenen Autoren Tilman Fichter, Henryk M. Broder, Klaus Hartung und Chaim Noll. Im konservativen Lager fehlt jedoch weitgehend die kritische Auseinandersetzung mit früher vertretenen Positionen und Fehleinschätzungen. Eine Ausnahme ist Jens Hacker, der in dem wohl wichtigsten Werk zum Thema (*Deutsche Irrtümer)* auch konservative Publizisten zitiert, die vor 1989 den Status quo gerechtfertigt haben oder Leisetreterei gegenüber der DDR betrieben. Allerdings machten es sich die meisten Konservativen und Liberalen nach 1989 eher einfach, indem sie einseitig die Linke kritisierten, über eigene Irrtümer und Versäumnisse aber schwiegen.

Politiker aller Parteien – sowie die dazugehörigen Politikwissenschaftler und Historiker – bemühten sich nach 1989 vielmehr, an neuen Geschichtslegenden zu stricken und die Wiedervereinigung als Erfolg der eigenen Politik zu deuten. CDU-Politiker und Unions-nahe Historiker versuchten, eine direkte und folgerichtige Linie von Konrad Adenauer zu Helmut Kohl zu ziehen und die Vereinigung als späten Erfolg der Adenauerschen Politik zu deuten – eine Sichtweise, gegen die der Verfasser in dem Buch *Demokraten für Deutschland* argumentiert hat.[19] Sozialdemokratische Entspannungspolitiker wie Egon Bahr indes behaupteten, die Einheit sei eine direkte und intendierte Folge der Entspannungspolitik gewesen – berechtigte Einwände gegen diese Geschichtsklitterung wurden von konservativen Autoren geltend gemacht. Klaus Hartung hat den Finger auf den wunden Punkt gelegt, als er angesichts der allseits betriebenen Legendenbildungen fragte: »Wenn dieser Zusammenbruch der realsozialistischen Diktatur das eigentliche Ziel der bundesdeutschen Stabilitätspolitik war, dann muß man sich doch fragen, warum es keine Vereinigungsdebatte gab, als die ersten Symptome der inneren Brüchigkeit der DDR offenkundig wurden. Mehr noch: Warum gab es keine politischen Planungen, Konzepte, warum keine gesellschaftspolitischen Analysen für den Vereinigungsfall? Warum überließ die politische Klasse der Bundesrepublik die Politik der Vereinigung den Ministerialbeamten, den Juristen und Konzernzentralen?«[20]

Nur wenige Intellektuelle haben von einer unabhängigen, nichtapologetischen Position aus argumentiert. Zu ihnen gehört vor allem Tilman Fichter, der weder der Adenauer-Legende noch der Bahr-Legende folgt, sondern sich ebenso kritisch mit den Defiziten und Versäumnissen der sozialdemokratischen Entspannungspolitik wie auch mit der von Konrad Adenauer betriebenen Politik auseinandersetzt.[21]

Man mag einwenden, solche Fragen seien allenfalls von historischem Interesse, nicht jedoch von politischem Belang. Vergangenheitsbewältigung ist jedoch niemals nur eine Angelegenheit der Geschichtswissenschaft, sondern hat auch eine Lernfunktion für Politik und Gesellschaft und ist somit von Bedeutung für die Gegenwarts- und Zukunftsbewältigung. Der Einwand, man solle dies späteren Historikergenerationen überlassen, verkennt, daß beispielsweise eine gerade Linie von der verfehlten Politik der SPD gegenüber DDR und SED bis zur Haltung weiter Teile der heutigen SPD zur PDS gezogen werden kann. Weil keine selbstkritische Auseinandersetzung mit der sozialdemokratischen Stellung zum Kommunismus stattgefunden hat, konnte die SPD mit ihrer Haltung zur PDS nach nur wenigen Jahren Karenzzeit fast nahtlos an die vor 1989 betriebene Politik anknüpfen. Der Zusammenhang zwischen der ausgebliebenen westdeutschen Vergangenheitsbewältigung und der gegenwärtigen Politik wurde in einem Interview deutlich, das Egon Bahr kurz nach der Bundestagswahl 1994 dem *Spiegel* gab. Bahr, der auch nach 1989 ausdrücklich darauf beharrte, er würde noch einmal alles genauso machen, weil die Einheit nur durch die Entspannungspolitik zustande gekommen sei, hofiert in dem Interview die PDS, der er bescheinigt, sie sei keineswegs eine undemokratische Partei. Auf Landesebene könne es durchaus schon jetzt Koalitionen geben, und man müsse auch PDS-Landesminister als normale demokratische Erscheinung akzeptieren. Allerdings könne es »in dieser Legislaturperiode« noch keine Koalition auf Bundesebene geben.[22] Die Affinitäten – zur SED – und die Animositäten – gegen die Bürgerrechtler – sind also identisch geblieben.

SPD und PDS

In der Bewertung der PDS verdichten sich die Fragen nach dem Verhältnis des wiedervereinigten Deutschland zur kommunistischen Vergangenheit. Helmut Kohl warnte vor der Bundestagswahl 1994 vor der Gefahr einer Volksfront aus Sozialdemokraten und PDS, die zu einer »anderen Republik« führen werde. Linke Medien haben diese Warnung als bloße Wahlkampfpropaganda abgetan, aber wohl auch die meisten bürgerlichen Medien sahen darin eine Überspitzung, die man nur aus der Hitze des Wahlkampfes heraus verstehen könne. Es lohnt sich aber, die Frage nach dem Wesen der PDS und den Grundzügen ihrer Strategie und Taktik zu stellen – und zugleich danach zu fragen, ob die Sozialdemokraten in Westdeutschland heute noch ebenso immun gegen kommunistische Umarmungsversuche sind wie zu Zeiten Kurt Schumachers.

Die wohl gründlichste Analyse der PDS legte im Herbst 1994 der französische Politikwissenschaftler Patrick Moreau – zusammen mit Jürgen Lang – vor.[23] Entgegen der von zahlreichen Sozialdemokraten geäußerten Wunschvorstellung sei die PDS keineswegs eine demokratische, sondern eine extremistische Partei. Moreau spricht von einer »postkommunistischen« Partei, womit jedoch keineswegs gemeint ist, sie habe sich von kommunistischer Ideologie und Praxis verabschiedet. »Im Gegenteil: Sie ist sich in zentralen Punkten treu geblieben. ›Postkommunistisch‹ meint die Rolle in einer veränderten politischen Umgebung, in der nicht mehr der ›reale Sozialismus‹ herrscht und die Partei ihre omnipotente Stellung eingebüßt hat. ›Neokommunistisch‹ kann man die PDS nennen, weil sie sich angepaßt hat und eine modernisierte kommunistische Partei westlicher Prägung geworden ist, ohne ihren extremistischen Charakter einzubüßen.«[24]

95 Prozent der etwa 130 000 PDS-Mitglieder waren schon Mitglieder der SED. Es handelt sich hierbei keineswegs überwiegend um die lernwilligen und -fähigen Genossen. Die Opportunisten und Karrieristen, die der Staatspartei SED nur aus Gründen des persönlichen Vorteils angehörten, haben die Partei verlassen. Dadurch ist sie eher gestärkt als geschwächt worden. Denn übrig blieben überzeugte und ideologisch gefestigte Kader, die sich in ihrer überwiegenden Mehrheit weiterhin »an erster Stelle als Kommunisten« verstehen. »Sie zeigen nur wenig Sympathie für die ›Bürgerbewegungen‹ und bringen noch weniger Verständnis für die Sozialdemokratie auf. Als Partner im Westen können sie sich lediglich die DKP vorstellen. 53 Prozent der befragten PDS-Mitglieder betrachten die DKP als eine Bruderpartei oder zumindest als eine sehr nahestehende Bewegung.«[25]

In der Stellungnahme zu seinem Rücktritt als Parteivorsitzender im Januar 1993 beschrieb Gregor Gysi die kommunistisch orientierten Teile seiner Anhängerschaft in der Partei – die die absolute Mehrheit stellen – wie folgt: »Es gibt eine Gruppe von Genossinnen und Genossen in der PDS, die großen Wert darauf legen, durch ihre Mitgliedschaft und ihre politischen Aktivitäten eine Bestätigung ihres bisherigen Lebens, ihrer Biographien zu erfahren... Indem sie ihr Leben verteidigen, verteidigen sie gewollt oder ungewollt häufig zugleich eine Geschichte, die in diesem Umfang Verteidigung nicht verdient. Ihr programmatischer Ansatz ist meist ein nicht nur marxistischer, sondern auch ein marxistisch-leninistischer (einschließlich der höchst zweifelhaften Momente), weil auch dies zur Bestätigung ihrer Biographien erforderlich ist.«[26]

Die antidemokratische Haltung nicht nur der Mitglieder, sondern auch der meisten Wähler der PDS wird in einer Allensbacher Umfrage vom März 1994 deutlich. Auf die Frage: »Glauben Sie, die Demokratie, die wir in der Bundesrepublik haben, ist die beste Staatsform, oder gibt es eine andere Staatsform, die besser ist?«, antworteten 76 Prozent der Westdeutschen mit »die beste«, aber nur 31 Prozent der Ostdeutschen sahen das ebenso. Von den PDS-Anhängern waren jedoch nur 6 Prozent dieser Meinung, während sich 57 Prozent nach einer nicht-demokratischen Staatsform sehnten.[27] Eine andere Frage lautete: »Wenn Sie jetzt einmal an das Leben in Deutschland denken: Ist unsere Gesellschaftsordnung, so wie sie jetzt in der Bundesrepublik ist, wert, verteidigt zu werden, oder haben Sie da Zweifel?« Nur 13 Prozent der PDS-Anhänger waren der Meinung, unsere Gesellschaftsordnung sei es wert, verteidigt zu werden, aber drei Viertel der PDS-Anhänger bekundeten Zweifel daran.[28] Absurderweise meinten sogar 52 Prozent der PDS-Anhänger, in der DDR habe es mehr Rechtssicherheit im Sinne von fairer Rechtsprechung gegeben – nur fünf Prozent waren der Ansicht, dies sei heute in der Bundesrepublik besser.[29] Diese Einstellungen zeigen, daß es ein erhebliches antidemokratisches Potential in den neuen Bundesländern gibt, das sich in der Wählerschaft der PDS konzentriert. Es wäre also zu einfach, die PDS-Wahl lediglich als Protesthaltung gegen die ökonomischen Schwierigkeiten des Transformationsprozesses von der Plan- zur Marktwirtschaft zu deuten.

Nach außen gibt sich die PDS einen modernen Anstrich, indem sie Inhalte und sprachliche Elemente von den Grünen und den neuen sozialen Bewegungen übernimmt. Relativ rasch hat es die PDS gelernt, die hölzerne Verlautbarungssprache des *Neuen Deutschland* durch eine lockere und moderne Sprache zu ersetzen. Gregor Gysi verkörpert diese Mutation geradezu idealtypisch; der Unterschied zwischen ihm und Erich Honecker könnte nicht krasser ausfallen.

So hat die PDS erkannt, daß sich der Klassenfeind heute mit Hilfe ökologischer Themen wirksamer angreifen läßt als mit den klassischen kommunistischen Propagandastereotypen. Aber das Feindbild, die kapitalistische Gesellschaft, ist ebenso geblieben wie das Ziel, die Errichtung einer sozialistischen Ordnung. In dem beim 3. Parteitag der PDS Ende Januar 1993 verabschiedeten Grundsatzprogramm wird nach wie vor die »kapitalistische Produktions-, Verteilungs- und Konsumweise« für alle Probleme verantwortlich gemacht und die Beseitigung der »Herrschaft des Kapitals« proklamiert. Ausdrücklich bekennt sich die PDS zu dem Erbe von Marx und Engels und den »vielfältigen Strömungen der deutschen Arbeiterbewegung sowie anderen revolutionären und demokratischen Bewegungen«. »In der PDS haben sowohl Menschen einen Platz, die der kapitalistischen Gesellschaft Widerstand entgegensetzen wollen und die gegebenen Verhältnisse fundamental ablehnen, als auch jene, die ihren Widerstand damit verbinden, die gegebenen Verhältnisse positiv zu verändern und schrittweise zu überwinden... Die PDS hält den außerparlamentarischen Kampf um gesellschaftliche Veränderungen für entscheidend.«

Die Westausdehnung der PDS, also der Parteiaufbau in den alten Bundesländern, steckt noch in den Anfängen. Ein Wandel der PDS zu einer demokratischen Partei, wie ihn viele linksliberale Kommentatoren herbeireden, ist dadurch keineswegs zu erwarten. Die demokratische Linke ist in den alten Bundesländern längst in der SPD organisiert – oder bei den Grünen. Die PDS wird hingegen zum Sammelbecken für ehemalige DKP-Genossen und zahlreiche linksextreme Gruppen. Genannt seien hier beispielsweise der Kommunistische Bund, der Arbeiterbund für den Wiederaufbau der KPD, der Bund Westdeutscher Kommunisten und die Vereinigte Sozialistische Partei. Durch die »AG Junge GenossInnen in und bei der PDS« unterhält sie Kontakte auch zur gewaltbereiten autonomen Szene und zum Umfeld der RAF. Insbesondere diese AG, aber auch die Kommunistische Plattform, die der Parteivorsitzende Lothar Bisky immer wieder ausdrücklich verteidigte und als »ungeheuer wichtig« für die gesamte Partei bezeichnete[30], repräsentieren den äußersten linken Flügel.

Von zentraler Bedeutung für Strategie und Taktik der PDS sind die klassischen kommunistischen Methoden der Bündnispolitik. Die PDS weiß, daß sie aus ihrer Isolation nur mit den Methoden der Bündnispolitik herauskommen kann. Dem dienten beispielsweise die »Offenen Listen« bei den Bundestagswahlen 1994, auf denen prominente Nicht-PDS-Mitglieder wie der Schriftsteller Stefan Heym kandidierten. Die

PDS versprach sich davon einen Gewinn an Akzeptanz, insbesondere auch bei linken Intellektuellen.

Geblieben sind auch die alten kommunistischen Unterwanderungsstrategien, und die PDS kann sich beispielsweise hinsichtlich der Gewerkschaftsarbeit auf die Kenntnisse ihrer DKP-Genossen verlassen, die hierbei langjährige Erfahrungen gesammelt haben. Die PDS versucht, alle Themen, die sich für eine Opposition gegen »das System« ausnutzen lassen, zu instrumentalisieren, so die ökologische, die feministische und antifaschistische Thematik. Sie hat zahlreiche Vorfeldorganisationen, die diese Felder besetzen und deren Aufgabe es ist, bislang außerhalb der Partei stehende Gruppen aus dem linken und linksextremen Milieu an die Partei heranzuführen.

Die Stärke der PDS ist durch mehrere Faktoren bedingt: Zunächst kann sie auf ein teilweise hochqualifiziertes Personal aus der ehemaligen DDR zurückgreifen. Frustrierte Akademiker, die zu den Wendeverlierern gehören, spielen für die Partei eine wichtige Rolle. Zudem verfügt sie über bemerkenswerte finanzielle Mittel und in den neuen Bundesländern über eine wahrhaft erdrückende Übermacht an Parteiaktivisten gegenüber den demokratischen Parteien. Schließlich kann sie auf die Sympathie weiter Teile der Medien rechnen. Da die Mehrheit der Journalisten in den neuen Bundesländern ohnehin schon zu SED-Zeiten tätig war, ist ihr hier ein Sympathiepotential sicher. Aber auch die Medien in der Bundesrepublik behandeln die PDS so, daß sie sich nicht beklagen muß. Gregor Gysi, Lothar Bisky und andere PDS-Funktionäre sind gerngesehene Talkshow-Gäste. Vergleicht man die Reaktionen der Journalisten am Wahlabend nach PDS-Erfolgen mit den Reaktionen bei Erfolgen der Republikaner, dann wird deutlich, wieviel Wohlwollen dieser Partei selbst im Westen entgegenschlägt.

Die Kampagne der CDU gegen die »roten Socken« hat eher zur Verharmlosung und Popularisierung der PDS als zu deren Bekämpfung beigetragen. Vergleicht man den Umgang der Union mit den Republikanern und den Umgang der beiden Volksparteien mit der PDS, dann braucht man nicht lange nach Gründen dafür zu suchen, warum es gelungen ist, die Republikaner entscheidend zu schwächen, während die PDS zur gleichen Zeit an Stärke gewonnen hat.

Erstaunlich ist, daß die Bundesregierung sich seit Jahren vor einer eindeutigen Einschätzung der PDS als extremistischer Partei drückt. Dabei sprechen sämtliche seriösen Studien von Politikwissenschaftlern und sogar der Inhalt der – viel zu knapp gehaltenen! – Passagen in den Jahresberichten des Verfassungsschutzes dafür, die PDS als extremistische Partei zu klassifizieren. Wiederholte Anfragen von CDU-Bundestagsabgeordneten nach der Einschätzung des Charakters der

PDS beantwortete die Bundesregierung vage und ausweichend. Zwar nannte das Bundesinnenministerium zahlreiche Fakten, die eine Einschätzung der PDS als extremistische Partei zwingend erscheinen lassen, aber dennoch scheute man sich – aus welchen Gründen auch immer –, die Folgerung aus diesen Erkenntnissen zu ziehen.

Täuschung und Selbsttäuschung über die Gefährlichkeit der PDS sind verbreitet, was mit einer Unkenntnis kommunistischer Unterwanderungs- und Bündnisstrategien zusammenhängt. Der Hinweis darauf, daß die PDS bei den Bundestagswahlen 1994 bundesweit »nur« 4,4 Prozent der Stimmen erzielen konnte, verkennt die Wirksamkeit kommunistischer Methoden. Selbst der kleinen DKP, die nie mehr als 42000 Mitglieder hatte (dies war der Höchststand 1977/78 und dann nochmals 1986) und bei Wahlen meist nur 0,3 Prozent der Stimmen erzielen konnte, ist es gelungen, einen zentralen Einfluß auf die Friedensbewegung und andere Protestkampagnen zu gewinnen. Kommunisten sind kaum je durch Mehrheitsentscheidungen und freie Wahlen an die Macht gelangt, sondern haben entscheidende Positionen zumeist durch Methoden der Unterwanderung – und vor allem durch eine langfristig angelegte Bündnisstrategie gewinnen können.

Zentraler Adressat der Bündnispolitik war immer die Sozialdemokratie – und ist es auch heute für die PDS. Es hängt von der inneren Verfassung und der »Immunität« der SPD ab, ob diese Bündnisstrategie erfolgreich sein kann oder nicht. Bei einer antikommunistisch ausgerichteten Partei, wie es die SPD in Westdeutschland zu Zeiten Kurt Schumachers war, konnten die Kommunisten nicht reüssieren. Wir haben jedoch gesehen (Kapitel III), daß in den siebziger und achtziger Jahren eine Erosion der Abgrenzung zwischen Kommunisten und Sozialdemokraten stattgefunden hat. Alte Grenzpfähle wurden eingerissen, Unvereinbarkeitsbeschlüsse begraben oder faktisch außer Kraft gesetzt. Deshalb war zu befürchten, daß eine rasche Annäherung zwischen PDS und SPD stattfinden würde. Wie rasch diese Annäherung erfolgte, hat nur denjenigen überraschen können, der die Entwicklung der siebziger und achtziger Jahre ignoriert hat.

Ein erstes deutliches Signal für die Kooperation zwischen PDS und SPD erfolgte Anfang Juli 1994 nach den Landtagswahlen in Sachsen-Anhalt, als sich die SPD entschloß, statt einer Großen Koalition das Experiment einer rot-grünen Minderheitsregierung unter Duldung der PDS zu wagen. *Der Spiegel* stellte in seiner Ausgabe nach den Wahlen fest, es sei jetzt »ein Tabu gebrochen«: »Die Partei Gregor Gysis . . . ist zum Machtfaktor in Deutschland geworden.«[31] Und Rudolf Augstein prophezeite: »Sie [die PDS] wird vielleicht nicht in der nächsten Bundesregierung sitzen, aber vielleicht doch schon in der übernächsten.«[32]

Durch das Wahlergebnis in Sachsen-Anhalt wurde die – bereits vorher begonnene – Diskussion in der SPD über das Verhältnis zur PDS vorangetrieben. Aus der Vielzahl der Erklärungen und Debattenbeiträge sollen nachfolgend einige Stimmen pro und contra zusammengetragen werden, die Affinitäten zwischen SPD und PDS verdeutlichen, aber auch den Widerstand zeigen, den es innerhalb der Sozialdemokratie gegen die Kooperation gab und gibt.

Bereits zwei Tage nach den Wahlen in Sachsen-Anhalt erklärte der niedersächsische Ministerpräsident Gerhard Schröder, »vor allem im sozialen Bereich« sei die SPD der PDS in manchem näher als der CDU.[33] Die SPD müsse die PDS dazu zwingen, »Verantwortung zu übernehmen, damit sie auch vor den Wählern zu stellen ist«. Schröder plädierte für ein offenes Zusammengehen mit der PDS und stellte bereits Überlegungen dazu an, welches Ministerium man der Partei anbieten solle. Begründung: »Die Volksfrontdiskussion kriegen wir so oder so. Dann macht doch Nägel mit Köpfen und bindet die Leute ein.«[34]

Eine absurde Diskussion begann in der SPD darüber, ob es erlaubt sei, die PDS als undemokratische Partei zu bezeichnen. Kanzlerkandidat Rudolf Scharping, der die PDS so charakterisierte, sah sich einem Sturm der Empörung ausgesetzt. Manfred Stolpe erwiderte, es sei »töricht, die PDS als undemokratische Partei abzutun«, und selbst der PDS-Kritiker Richard Schröder beschwor den Parteivorsitzenden energisch: »Rudolf, nenn die PDS nicht mehr undemokratisch, nenn sie meinetwegen unsolide.«[35] Gegen die Charakterisierung der PDS als undemokratische Partei sprachen sich auch der SPD-Vize Wolfgang Thierse[36] und weitere führende Sozialdemokraten aus, insbesondere die Genossen aus Brandenburg wie die Sozialministerin Regine Hildebrandt und Steffen Reiche. Übrigens gaben diese Sozialdemokraten damit die Ansicht der Hälfte (46 Prozent) der Ostdeutschen wieder, die bei einer Umfrage im Juni 1994 erklärten, die PDS sei für sie »eine normale demokratische Partei«.[37]

Auch einige offizielle Berater Scharpings meldeten sich zu Wort, so der ehemalige Ford-Vorstandsvorsitzende Daniel Goeudevert, der sich »für eine verständnisvolle Annäherung oder ... eine punktuelle Zusammenarbeit mit der PDS« aussprach, denn man dürfe Menschen nicht nur wegen ihrer Farbe aussperren.[38] Ähnlich äußerte sich ein anderer Berater Scharpings, der soeben gescheiterte unabhängige Kandidat für das Amt des Bundespräsidenten, Jens Reich. In der *Zeit* erklärte Reich, er könne die »Aufgeregtheit über die Erfolge der PDS« nicht verstehen, die Sorge vor Einflußmöglichkeiten oder gar einer Machterschleichung der PDS sei ein »fortdauernder Reflex des Kalten Krieges«.[39]

Freilich gab es Genossen, die es mit ihrer Begeisterung für die PDS überzogen, so der Vorsitzende des SPD-Ortsvereins Leipzig-Mitte, der sich in einem offenen Brief an die Mitglieder von SPD und PDS für ein »Zusammengehen« beider Parteien aussprach: »Wir brauchen uns gegenseitig, sonst werden wir nicht mehr gebraucht! . . . Ideologische Unterschiede oder gar Streitereien haben noch keinen Menschen satt werden lassen.« Zwar sei die »anstehende Vereinigung« beider Parteien bis zu den Bundestagswahlen leider nicht mehr zu erreichen. »Feststehen sollte allerdings, daß die Einheit der Linken nun auf der Tagesordnung steht.«[40] Mit dem Vorschlag einer Neuauflage der Vereinigung von Sozialdemokraten und Kommunisten hatte er es allerdings zu weit getrieben, und die Partei entzog ihm die Kandidatur für die Bundestagswahl.

Angesichts der zahlreichen PDS-freundlichen Erklärungen meldeten sich besorgt Sozialdemokraten zu Wort, die vor einer Aufweichung der Position der SPD warnten. Stephan Hilsberg, SPD-Bundestagsabgeordneter und 1989 Mitbegründer der Sozialdemokratischen Partei (SDP) in der DDR, erklärte, die PDS sei ein politischer Gegner, »der knallhart bekämpft werden muß«, und: »So wie sich die PDS als postkommunistisch gibt, ist sie kein Bestandteil des demokratischen Spektrums.«[41] Die Situation in der SPD beschrieb Hilsberg erschrocken: »In der SPD ist ein Rausch entstanden, der Landesverband Sachsen-Anhalt befindet sich in Ekstase. . . Die SPD beginnt sich mit der PDS zu arrangieren. Dies erinnert fatal an die DDR. . . Die SPD setzt sich einer Zerreißprobe aus. Der Weg der Anerkennung der PDS muß beendet werden.«[42] Der Vizepräsident des Berliner Abgeordnetenhauses und ehemalige Oberbürgermeister Ost-Berlins, Tino Schwierzina, erklärte, falls die SPD in Bonn oder Berlin eine Regierung unter wie auch immer gearteter Teilhabe der PDS bilden werde, trete er aus der SPD aus.[43] Und der ehemalige SPD-Verteidigungsminister Hans Apel fragte besorgt, warum sich die SPD »ohne Not ins Zwielicht einer möglichen Kumpanei mit dieser Partei begeben« habe.[44]

»Für ein klares Nein zur PDS« sprachen sich in einer gemeinsamen Erklärung u.a. Annemarie Renger, Richard Schröder, Hans-Jürgen Wischnewski, Anke Fuchs, Hermann Rappe, Markus Meckel, Stephan Hilsberg, Martin Gutzeit und der sozialdemokratische Historiker Heinrich August Winkler aus. In ihrer Erklärung hieß es, die PDS könne nicht dem demokratischen Spektrum zugeordnet werden. Die Beschwörungen einer »Einheit der Linken« seien lediglich Versuche der PDS, sich die Hegemonie innerhalb einer von ihr definierten »Linken« zu sichern. »Von der Tolerierung über die Koalition zur Fusion: das ist die langfristige Strategie, an der die PDS ihre Politik gegenüber der SPD und dem Bündnis 90/Die Grünen ausrichtet.«[45] Solche Erkenntnisse waren jedoch innerhalb der SPD bereits die Ausnahme. Die Erklärung fand in der Parteizentrale ein »zwiespältiges Echo«, und Manfred Stolpe warnte sogleich vor »Pauschalurteilen« über die PDS.[46] Unterdessen bekämpfte die PDS in jenen Ost-Berliner Bezirken, in denen sie die Chance sah, Direktkandidaten durchzubringen und auf diesem Wege die 5-Prozent-Hürde zu umgehen, die Sozialdemokraten mit allen Mitteln. Schlägertrupps der PDS bedrohten SPD-Wahlkämpfer, »Handgreiflichkeiten gehören mittlerweile zum Alltag im Ost-Wahlkampf«, meldete der *Spiegel*.[47]

Zeitgleich mit den Bundestagswahlen, die eine deutliche Linksverschiebung des politischen Spektrums brachten, fanden Landtagswahlen in drei Bundesländern statt, so in Mecklenburg-Vorpommern. Schon am Wahlabend erklärte der Partei- und Fraktionsvorsitzende der SPD, Harald Ringstorff, er werde außer mit der CDU auch mit der PDS Gespräche aufnehmen, und zwar über eine mögliche Duldung einer SPD-Minderheitsregierung. Nach den ersten Sondierungsgesprächen erklärten Ringstorff und der PDS-Vorsitzende Helmut Holter, beide Delegationen seien sich darin einig gewesen, daß im Lande »eine neue politische Kultur einziehen« müsse. Ein Teilnehmer der Verhandlungsgruppe, der Rostocker Oberbürgermeister Dieter Schröder, meinte voll Zukunftsoptimismus: »Wir in Mecklenburg laufen der Zeit eben nicht hinterher, sondern sind ihr voraus.« Man müsse sich auch in Bonn »von überkommenen Klischees verabschieden und erkennen, daß die ganze Bundesrepublik, auch deren Westen, eine Revolution erlebt«. Gregor Gysi wertete die Gespräche der mecklenburg-vorpommerschen SPD als einen »Durchbruch« in den Beziehungen beider Parteien.[48] Erst als SPD-Chef Scharping massiv intervenierte und öffentlich mit einem großen Krach drohte, nahm Ringstorff zähneknirschend Verhandlungen mit der CDU auf, die im Dezember 1994 zur Bildung einer großen Koalition führten.

Doch besonders die SPD-Politiker in den neuen Bundesländern denken weiterhin über eine verstärkte Kooperation mit der PDS nach. So erklärte Sachsen-Anhalts Ministerpräsident Höppner Mitte November 1994: »Es geht langfristig nur über eine Koalition mit der PDS.« Wenn die SPD ihre Ostkompetenz nicht verlieren wolle, müsse sie eng mit der PDS zusammenarbeiten. Den Wählern sei ohnehin nicht zu vermitteln, daß es eine Kooperation langfristig nur auf kommunaler Ebene geben könne. Die Abgrenzungsstrategie des SPD-Vorsitzenden kritisierte er mit den Worten: »Scharpings Satz ›Keine Zusammenarbeit mit der PDS‹ reicht nicht aus, um das Verhältnis zur PDS zu beschreiben.«[49]

Die Haltung weiter Teile der SPD zur PDS ist Symptom einer Entwicklung, die Frank Schirrmacher mit dem Begriff der »Restauration« umschrieben hat: »Die deutsche Linke hat die Adenauer-Zeit abwertend und etwas unlogisch eine Epoche der ›Restauration‹ genannt. Mit mehr Recht wird man jetzt von dem Geburtsjahrzehnt der neuen, vereinigten Bundesrepublik als einer Zeit der umfassenden geistigen Wiederherstellung des alten Zustandes sprechen können. Nach einer kurzen Phase der Lähmung haben sich die alten Protagonisten des kommunistischen Regimes und des ewig linken Diskurses wieder etabliert, wirtschaftliche und gesellschaftliche Positionen besetzt, um schließlich nun im Bundestag die Interessen jener Menschen zu vertreten, die sie ins Unglück geführt haben.«[50]

Kampf gegen »rechts«

Die Linksverschiebung des politischen Spektrums, die in der Einbeziehung der PDS in den politischen Entscheidungsprozeß sichtbar wird, konnte nur gelingen, weil sie von ständigen Warnungen vor einem vermeintlichen Rechtsruck begleitet wurde. Ansätze zu einer kritischen Auseinandersetzung mit der kommunistischen Vergangenheit waren von aufgeregten Warnrufen begleitet, darüber nicht die nationalsozialistische Vergangenheit zu vergessen. Dabei erreichte die Auseinandersetzung mit der NS-Geschichte gerade im Frühjahr 1994 einen neuen Höhepunkt, insbesondere im Zusammenhang mit dem Film »Schindlers Liste«. Fünf Jahre nach dem Zusammenbruch des Kommunismus und fünfzig Jahre nach dem Ende der nationalsozialistischen Diktatur stand die NS-Vergangenheitsbewältigung im Mittelpunkt des Medieninteresses, wobei die Begründung lautete, man habe die NS-Zeit bislang verdrängt oder nur unzureichend aufgearbeitet.

Angesichts dieser paradoxen Situation mutet es absurd an, wenn Friedbert Pflüger im Frühjahr 1994 eindringlich warnte: »In der Tat besteht die Gefahr, daß die zweite Vergangenheitsbewältigung, nämlich die Aufarbeitung des SED-Unrechts, zur weiteren Relativierung der einzigartigen Schrecken des NS-Terrors beiträgt oder gar die lebendige Erinnerung an das ›Dritte Reich‹ gänzlich verdrängt... Wird jetzt die rechte Tyrannei abgelegt, eingeordnet und bagatellisiert, die linke dagegen dämonisiert – so werden rechtsradikale und *Konservative Revolutionäre* salonfähig. Dann beanspruchen sie ihren Platz im demokratischen Verfassungsspektrum, dann verschiebt sich die Mitte nach rechts. Die Maßstäbe verschwimmen und Deutschland driftet.«[51]

Dies ist geradezu eine Umkehrung der Wirklichkeit. In Wahrheit dominiert in Deutschland nach wie vor die Auseinandersetzung mit dem Nationalsozialismus diejenige mit dem Kommunismus. Ein Wissen der Bevölkerung über die Verbrechen Stalins ist kaum vorhanden, während die Verbrechen der Nationalsozialisten allgegenwärtig sind. Nicht die rechte Tyrannei wird bagatellisiert, sondern die linke. Und den Platz im Verfassungsspektrum gewährt man keineswegs Rechtsextremisten, sondern den Linksextremisten der PDS. Deutschland driftet – aber nicht nach rechts, sondern nach links.

Die Medien zeichneten Horrorszenarien über eine zunehmende »Faschisierung«, vor allem der Ostdeutschen. Während aber die PDS in den neuen Bundesländern etwa ein Fünftel der Stimmen erzielt, kommen die Republikaner bei allen Umfragen und Wahlen gerade einmal auf ein bis zwei Prozent. Während sich linke Intellektuelle aus Ost und West in Scharen öffentlich für die PDS erklären und namhafte Schriftsteller auf den offenen Listen dieser Partei kandidieren, sieht Friedbert Pflüger die parlamentarische Demokratie durch die Thesen von Ernst Nolte gefährdet und ruft mit Entsetzen aus: »Sollten wir schon damit beginnen, zukünftige Denkmäler für den Führer zu konzipieren? Wann erscheint die erste Telefonkarte mit dem Kopf des ›Retters‹?«[52]

Zur Begründung für die Warnungen vor einem »Rechtsruck« müssen die ausländerfeindlichen Ausschreitungen jugendlicher Neonazis oder die revisionistischen Thesen einiger – gesellschaftlich vollkommen isolierter – rechtsextremer Randgruppen herhalten. In Wahrheit geht es jedoch nicht um diese Randgruppen, sondern um den gegen die Institutionen dieses Staates – Polizei, Justiz, Verfassungsschutz – gerichteten Vorwurf, sie seien »auf dem rechten Auge blind«. Die ständige, propagandamäßige Wiederholung dieser These, die durch immer neue »Beispiele« scheinbar belegt wird, soll nach der bei Medien, Parteien, Universitäten und Bildungseinrichtungen erfolgten Linksverschiebung auch bei den staatlichen Institutionen eine Linksverschiebung bewirken.

Die Kampagnen haben oft schon kurzfristigen Erfolg. Bereits vier Wochen nach dem Brandanschlag von Mölln, bei dem zwei türkische Frauen und ein Kind ums Leben kamen, verkündete der Bundesinnenminister neben drei Verboten rechtsextremer Vereine einen Stopp des 1990 beschlossenen Stellenabbaus beim Verfassungsschutz und die Verdoppelung der Zahl der Mitarbeiter in der Abteilung II (Rechtsextremismus). Damit hatte diese Abteilung erstmals in der Geschichte der Bundesrepublik mehr Mitarbeiter als die Abteilung Linksextremismus, deren Personalbestand unverantwortlicherweise halbiert wurde – und dies trotz einer höchst aktiven autonomen Szene und einer in Wahlen erstmals seit dem KPD-Verbot wieder erfolgreichen kommunistischen Partei.[53] Alwin Ziel, Innenminister von Brandenburg und seinerzeit Vorsitzender der Innenministerkonferenz, forderte in einem *Spiegel*-Gespräch massive Einschränkungen demokratischer Grundrechte wie der Meinungs- und Versammlungsfreiheit, die seiner Ansicht nach für Rechtsextremisten künftig nicht mehr gelten sollten. Dabei verkündete er ganz offen, die Bundesrepublik sei nach der Wiedervereinigung eine andere Republik: »Wir sind deshalb verpflichtet, noch ernster als bisher den braunen Ungeist zu bekämpfen – und zwar an seinen Wurzeln. Die Vereinigung ist nicht ohne Einfluß auf den *ordre public* geblieben. Von daher sind auch Eingriffe in Meinungs- und Versammlungsfreiheit, die vor der Wende als kritisch galten, heute gerechtfertigt. Deutschland und sein Grundgesetz sind heute etwas anderes, als sie es vor der Vereinigung waren.«[54]

Seriöse Untersuchungen entziehen der These, Polizei, Justiz und Verfassungsschutz seien »auf dem rechten Auge blind«, jede Grundlage. Hans-Gerd Jaschke, ein linker Politikwissenschaftler und Rechtsextremismus-Experte, wandte sich schon 1989 gegen die verbreitete »Legende. . ., der Staat sei auf dem rechten Auge blind. Das ist er keineswegs, im Gegenteil.«[55] Im Unterschied zum Linksextremismus, wo Gesinnungs- und Propagandadelikte kaum geahndet werden, sei, so Jaschkes Befund, die Justiz im Hinblick auf die Strafverfolgung rechter Gesinnungen höchst aktiv. »Politische Justiz gegen rechts erscheint vielmehr als *Gesinnungsjustiz*, bei der es vor allem um die rechtliche Sanktionierung individueller inkriminierter Meinungen, letztlich aber auch um die staatliche Regulierung gesellschaftlicher Kommunikation geht. Mit den Mitteln der Strafjustiz greift der Staat in repressiver Weise ein in gewachsene (wie auch immer beschaffene) Kommunikationsstrukturen der Gesellschaft.«[56]

Die Ansicht, daß die Justiz gegen linksextreme Bestrebungen schärfer vorgehe als gegen rechtsextreme, ist eine Legende, die durch ständige Wiederholung nicht wahrer wird. Tatsächlich weist Jaschke nach: »Politische Justiz gegen rechts, geprägt von historischen Hypotheken und strukturellen Defiziten, richtet sich daher vornehmlich auf die Ebene der öffentlich geäußerten Meinungen und Gesinnungen. Die Schwelle des Strafrechts setzt gegen rechts viel früher ein als gegen links. . . Daß Gesinnungen nicht unter Strafe gestellt werden dürfen, daß auch Meinungen, die der historischen Wahrheit zuwiderlaufen, als individuelle Äußerungen legitim sind, daß die Allgemeinheit des Gesetzes verbietet, bestimmte Meinungen zu kriminalisieren, daß der Staatsanwalt nicht Sanitäter sein kann, um die Gesellschaft vor der Ansteckung durch Ideologien zu bewahren, all diese hehren Grundsätze des liberalen Rechtsstaates gelten oft wenig, wenn es gegen rechts geht. . . . Indem sie neonazistische Kommunikationsformen und -inhalte früh unter Strafe stellt, unterbindet sie Fragen nach der Legitimität von vornherein und betrachtet sie von Anfang an nur unter dem Aspekt politisch-moralischer Verwerflichkeit. Am Ende steht das Gebot ›geistig-politischer Auseinandersetzung‹ auf tönernen Füßen: Sie soll unter der (systembedingt) zynischen Voraussetzung stattfinden, sich gar nicht erst auf den Gegenstand selbst inhaltlich einzulassen.«[57]

Die Maßstäbe im Vorgehen gegen Links- und Rechtsextreme verschieben sich zunehmend. Während Demonstrationen von Linksextremisten, insofern sie friedlich verlaufen, zu Recht als legitim betrachtet werden, weil der demokratische Verfassungsstaat auch Extremisten Artikulationsmöglichkeiten gewährt und sie nicht prinzipiell von den Grundrechten der Versammlungs- und Demonstrationsfreiheit ausschließt, wird heute bereits die Tatsache, daß eine Demonstration rechtsextremistischer Kräfte stattfindet, als politischer Skandal empfunden, der ein internationales Presseecho hervorruft.

Michael Wolffsohn hat zu Recht darauf hingewiesen, daß die »Äquidistanz« zum rechten und zum linken Extremismus von konstitutiver Bedeutung für unser Staatswesen ist. »Warum«, fragt Wolffsohn, »wird zur alt-neu kommunistischen Linken nicht die gleiche Distanz gewahrt wie zu den alt-neuen Rechtsextremisten? . . .Diese politische Symmetrie ist nicht nur eine Sache der politischen Geometrie oder gar des Geschmacks. Sie ist das unerläßliche Fundament unseres demokratischen Staates.«[58] Durch die ständige Wiederholung der Behauptung, die staatlichen Institutionen der Bundesrepublik seien »auf dem rechten Auge blind«, soll eine weitere Verschiebung der »politischen Geometrie« nach links erreicht werden. Zugleich zerbricht das Fundament unserer Republik, nämlich der antitotalitäre Konsens.

Verunsicherung der Polizei

Auch die verbreiteten Pauschalbehauptungen über die Polizei sind, wie Jaschke gezeigt hat, unzutreffend. »Die Polizei als Institution ist nach außen hin keineswegs, wie die repressiven Maßnahmen und Aufrüstungen nach ›Rostock‹ und ›Hoyerswerda‹ zeigen, auf dem rechten Auge blind. Gemessen an den aktuellen Polizeistrategien ist eher das Gegenteil der Fall.«[59] Jaschke überschreibt seinen Mitte 1994 erschienenen Beitrag über die Polizei: »Eine verunsicherte Institution«. Diese Verunsicherung ist aber primär das Ergebnis ständiger Attacken der Medien. Wenn Polizeiaktionen gegen rechts jedoch dazu dienen, »dem

Vorwurf entgegen(zu)treten, die Polizei sei auf dem rechten Auge blind«[60], dann heißt dies letztlich, daß polizeiliche Handlungen nicht mehr nach sachgerechten Maßstäben, sondern nach den Erfordernissen des Einwirkens auf den Prozeß der Bildung öffentlicher Meinung erfolgen. Man kann diesen Aktion-Reaktions-Prozeß zwischen linken Medien und staatlichen Institutionen auch als Lernprozeß beschreiben: Polizei und Justiz machen die Erfahrung, daß sie von den Medien gescholten werden, wenn sie gegen linke Gewalttäter vorgehen, aber gelobt werden, wenn sie mit massiven Methoden »gegen rechts« durchgreifen. Da sich auch staatliche Institutionen langfristig nicht der Wirklichkeit einer Mediengesellschaft entziehen können, bleibt ihr Handeln von den Kampagnen nicht unbeeinflußt. Die Versuchung liegt nahe, das Verhalten nicht mehr nach sachgerechten Maßstäben, sondern nach der erwarteten Reaktion der Medien auszurichten.

Während der Polizei ständig unterstellt wird, sie sehe dem Treiben von Neonazis tatenlos zu und foltere Ausländer, ist man andererseits bereit, ihr zu unterstellen, daß sie linke Terroristen »hinrichtet«. Eine bislang beispiellose Kampagne fand im Juli 1993 nach einem Anti-Terroreinsatz der Spezialeinheit GSG 9 in Bad Kleinen statt. Holger Lösch hat die Geschichte dieses Skandals, der keineswegs ein Polizei-, sondern ein Medienskandal war, minutiös nachgezeichnet. Das Ergebnis seiner Analyse: Das Fernsehmagazin Monitor und das Nachrichtenmagazin *Der Spiegel* hatten unseriös gearbeitet, sich auf offenkundig unglaubwürdige Zeugenaussagen eingelassen oder diese sogar absichtlich manipuliert, um die absurde These einer gezielten »Hinrichtung« des RAF-Terroristen Wolfgang Grams zu »beweisen«. Obwohl sich rasch herausstellte, daß die Hinrichtungs-These unhaltbar war, traten der Generalbundesanwalt Alexander von Stahl, der Vizepräsident des BKA Gerhard Köhler, Bundesinnenminister Rudolf Seiters, dessen Pressesprecher Roland Bachmeier und der Leiter der Polizeiabteilung Wolfgang Schreiber zurück.

Aufschlußreich für die aggressive Einstellung weiter Teile der Medien gegen staatliche Institutionen, vor allem gegen die Polizei, war die Kampagne, die nach den Veröffentlichungen von *Spiegel* und Monitor einsetzte:[61] Der Chefredakteur des *Stern,* Rolf Schmidt-Holtz, überschrieb am 15. Juli 1993 seine Kolumne zum Tod von Wolfgang Grams mit »Fahrlässig, wenn nicht vorsätzlich«. *Spiegel*-TV-Chef Stefan Aust tadelte am 11. Juli 1993 das BKA: »Das Bundeskriminalamt verhält sich zur Zeit wie die Propagandaabteilung der Roten-Armee-Fraktion – eine kriminelle Vereinigung zur Demontage der eigenen Glaubwürdigkeit.« Der bekannte linke Journalist Eckart Spoo stützte sich in der *Frankfurter Rundschau* vom 21. Juli 1993 auf Ausführungen des linken

GSG-9-Kritikers Rolf Gössner und überschrieb seinen Artikel mit »Gewalt ist Alltag für die ›Superhelden‹«. Bildlich wird die GSG-9-Schelte durch das Foto eines Beamten garniert, der mit der Waffe im Anschlag gezeigt wird. Ebenfalls in der *Frankfurter Rundschau* (23. Juli 1993) wurde unterstellt, der Besuch von Bundeskanzler Kohl bei der GSG 9 solle die Aufklärung der Affäre verhindern und beenden: »Niemand wird von Kohl verlangen, daß er öffentlich harsche Kritik an der legendären Spezialeinheit übt. Aber ihr so unverhohlen einen Persilschein auszustellen, ist schon dreist. Der Differenzierung zieht er grobgeschnitztes Stammtischdenken vor. Nach diesem allerhöchsten Freispruch für die GSG 9 . . . können Hoffnungen auf wirkliche Aufklärung begraben werden.«

In der ARD-Satiresendung *Sowieso* durfte eine Laienspielgruppe in schwarzer Vermummung über die Bühne hopsen und immer wieder singen: »Wir sind die GSG 9. Bum, bum, bum, manchmal fällt einer um.« Der linke Kabarettist Dieter Hildebrandt nahm sich in der Sendung *Dienstag* des Hessischen Rundfunks (13. Juli 1993) ebenfalls in aggressiver Weise der GSG 9 an: »Nebenwaffe ist toll. . . Da kann man doch mitkriminell werden. Da erschießt er schnell den Täter, der sonst so viel Umstände machen würde. Irgendwie liegt plötzlich einer da, den man nicht mehr fragen kann. Das ist genau das, was sie wollen. Keinen, der Antwort geben kann. Nicht am Leben lassen. Weil der sagt dann etwas, und dann sieht der Polizist schlecht aus.«

Die Liste solcher oder ähnlicher Veröffentlichungen ließe sich fortsetzen. Sie zeigt, daß weite Teile der Medien von einem abgrundtiefen Mißtrauen gegen die Institutionen dieses Staates geprägt sind. Während sich jedoch früher die Standardforderungen vieler linker Publizisten und Politiker auf eine Abschaffung des Verfassungsschutzes und Einschränkung polizeilicher Kompetenzen richteten, hat sich die Strategie in den letzten Jahren gewandelt. Man ist nicht mehr für die Abschaffung des Verfassungsschutzes, sondern dafür, daß dieser primär (am besten: ausschließlich) gegen »rechts« eingesetzt wird. Wirksames »Zugreifen« der Polizei ist selbstverständlich weiterhin kritikwürdig, wenn es sich etwa gegen linke Terroristen richtet. Umgekehrt wird jeder Fall, in dem es doch irgendwo in Deutschland zu rechtsextremen Demonstrationen oder zu ausländerfeindlichen Schlägereien kommt, als weiterer Beleg für das Versagen der Polizei und ihre angebliche politische Einäugigkeit gewertet.

Fälle von ausländerfeindlich motivierten Übergriffen der Polizei sollen weder geleugnet noch verharmlost werden, aber man sollte auch den Befund eines linken Politikwissenschaftlers anhören, der sich eingehend mit dieser Thematik befaßt hat: Es »findet sich ein überwiegender Anteil von Polizeibeamten, der trotz des problematischen multikulturellen Arbeitsfeldes eindeutig demokratische Orientierungsmuster aufweist. Bei unserer Frage nach der wichtigsten Aufgabe des Staates rangierte die – bei Polizeibeamten zu erwartende – Ordnungsfunktion erst an dritter Stelle. Noch davor liegt die Auffassung, der Staat müsse für eine funktionierende Wirtschaft sorgen, und an der Spitze steht die Demokratiefunktion: Der Staat müsse vor allem dafür sorgen, daß die sozialen Ungleichheiten beseitigt würden, damit wir eine richtige Demokratie bekämen. Demokratische Orientierungen gelten insbesondere für die mittleren Altersgruppen. Sie finden Rückhalt in einer Gewerkschaft (GdP), welche die Probleme der multikulturellen Gesellschaft aufgreift. . . Die aktive Teilnahme Frankfurter Polizeibeamter in Uniform an der Lichterkette gegen Fremdenhaß am 22. Dezember 1992 illustriert auch nach außen hin das Problembewußtsein wie das engagierte Potential demokratischer Orientierung in dieser Berufsgruppe.«[62]

Die von Jaschke positiv gewerteten Veränderungen sind teilweise durchaus fragwürdig. Wenn eine Mehrheit der Polizisten die primäre Funktion des Staates nicht mehr in der Gewährleistung von innerer und äußerer Sicherheit sieht, sondern in der Regulierung der Wirtschaft und der Sorge um soziale Gleichheit, dann reflektiert auch dies die geistig-politische Linksverschiebung in unserer Republik seit Ende der 60er Jahre. Diese Linksverschiebung erfaßte zuerst die Universitäten, später Medien und Parteien, und am Schluß die staatlichen Institutionen.

Dabei handelt es sich keineswegs einfach um eine politische Umorientierung, die durchaus legitim wäre, sondern um eine Infragestellung unserer pluralistischen Ordnung. Weil zunehmend alle Grenzen nach linksaußen geschleift und gleichzeitig neue Grenzpfähle gegen »rechts« gezogen werden, und zwar schon im demokratischen Spektrum, droht die freiheitlich-demokratische Ordnung zu einer einseitig antifaschistisch-demokratischen Ordnung zu degenerieren. Eine Gesellschaft, die gegen linke Extremisten nicht mehr abwehrbereit ist, sondern sie in die politische Entscheidungsbildung einbezieht, die aber gleichzeitig alles, was »rechts« ist, undifferenziert unter Faschismusverdacht stellt, kommt einer amputierten Demokratie gleich.

X. Chancen einer demokratischen Rechten

Es genügt nicht, die Auflösung des antitotalitären Konsenses und die zunehmende Linksverschiebung des politischen Spektrums zu beklagen. Man muß die Ursachen und die Mechanismen verstehen – und Folgerungen daraus ziehen. Wir haben den Prozeß der Linksverschiebung in verschiedenen gesellschaftlichen Bereichen gezeigt. Die These: Die Veränderungen, an deren Ende eine andere Republik stehen könnte, wurden zunächst einmal geistig vorbereitet. Um es anschaulich zu machen: Es ist, wie wenn man einen Stein in einen Teich wirft. Die ersten Kreise, die sich im Wasser abzeichnen, entsprechen den Bewegungen im Feld der intellektuellen Debatte. Die weiteren Kreise bezeichnen die Auswirkungen der geistigen Veränderungen im Medienbereich. Journalisten transportieren die neuen Begriffe und Inhalte. Schließlich beginnt sich das Bewußtsein der Medienkonsumenten zu verändern, vor allem aber das Verhalten der Parteien, die ebenfalls von der Bewußtseinsänderung erfaßt werden und die gezwungen sind, in hohem Maße auf die Medien Rücksicht zu nehmen. Die letzten konzentrischen Kreise, die durch den Steinwurf ausgelöst werden, erreichen schließlich bislang stabile Institutionen wie Justiz und Polizei.

Der Medienforscher Hans Mathias Kepplinger hat diese Prozesse empirisch am Beispiel der Technikdarstellung analysiert. Er hat gezeigt, wie in den Medien, besonders bei den linksliberalen Meinungsführern wie der *Zeit*, zwischen Mitte der siebziger und Mitte der achtziger Jahre eine negative Umwertung der Technik stattgefunden hat. Mit einem zeitlichen Verzögerungseffekt führte dies zu einem Einstellungswandel der Bevölkerung, der demoskopisch meßbar ist. Sein Befund: »Die zunehmende Schadensberichterstattung muß man ... eher als eine Folge der veränderten Realitätswahrnehmung von Journalisten denn als eine Folge veränderter Realität betrachten.« Allerdings: »Damit ist die Frage nach den Ursachen der zunehmenden Schadensberichterstattung bei generell eher abnehmender Schadensintensität aber nicht beantwortet, sondern nur verschoben, weil nun zu klären ist, was die veränderte Realitätswahrnehmung von Journalisten verursacht.«[1] Auch Kepplinger sieht den Ursprung in intellektuellen Prozessen. Er nennt Herbert Marcuse und Jürgen Habermas mit einschlägigen Arbeiten, die Mitte der sechziger Jahre entstanden.

Kepplinger entwickelt ein Modell, das nicht nur für die besondere Frage der Technikdarstellung Anwendung finden kann, sondern generell beschreibt, wie es zu Veränderungen von Zeitgeist und gesellschaftlichem Bewußtsein kommt: »Faßt man die vorliegenden Daten zusammen, kann man ein mehrstufiges Modell der Veränderungen entwickeln. Danach entstand zunächst in Teilen des gebildeten Bürgertums eine kritische Haltung gegenüber der kapitalistischen Industriegesellschaft, die gelegentlich mit einer romantisch getönten Hinwendung zur Natur verbunden war. In ihrem Gefolge kam es zu einer ersten Welle von gesetzgeberischen Maßnahmen durch die sozial-liberale Koalition, die die Emissionen verminderten und zugleich die Voraussetzungen für immer genauere Messungen schufen. Parallel dazu entwickelten sich in Teilen des Journalismus zunehmend kritische Haltungen gegenüber der kapitalistischen Industriegesellschaft und eine gesteigerte Sensibilität für ökologische Probleme. Die Folge war eine zunehmende Zahl von Berichten über ökologische Schäden und eine wachsende Beachtung von Protestgruppen. Dies wiederum förderte ein weiteres Anwachsen der Berichterstattung über die Nebenfolgen von Technik. Die Ausbreitung der Minderheitenmeinung zur Mehrheitsmeinung dauerte nahezu zwanzig Jahre, wobei dieser Prozeß langsam anlief und sich nach etwa 13 Jahren erkennbar beschleunigte. Dieser Verlauf entspricht in seiner Grundstruktur der Entwicklung der Technikkritik in den USA sowie anderen sozialen Veränderungen, die sich scheinbar plötzlich vollzogen, jedoch tatsächlich lange Vorlaufzeiten hatten.«[2]

Gravierende politische Veränderungen werden immer durch geistige Prozesse vorbereitet. Dies gilt für die Französische Revolution, die ohne die Aufklärung undenkbar ist. Dies gilt auch für die bolschewistische Revolution, die ohne die Theorien von Marx und Lenin undenkbar ist. Und es gilt für die Revolution von 1968, die durch Neomarxismus und Kritische Theorie vorbereitet wurde. Wir haben gezeigt, wie die Auswirkungen der 68er Revolution in allen gesellschaftlichen Bereichen zu beobachten sind, wie sich etwa das Medienwesen verändert hat, wie sich eine neue Partei (Die Grünen) herausbildete, wie sich schließlich die Sozialdemokratie wandelte und selbst die CDU nicht unberührt blieb.

Heute sind die 68er auf dem Höhepunkt ihrer Macht, aber sie haben das Wesentliche verloren, nämlich die geistige Substanz, auf der ihre Macht beruht. Sie können nicht mehr begeistern, ihre einstigen Ideale sind verblaßt. Die Ausweitung der Machtstellung in allen gesellschaftlichen Bereichen erfolgte parallel zu einem Prozeß der Entlegitimierung dieser Macht. Ohne die Blutzufuhr durch die kommunistischen

Kader aus Ostdeutschland wäre der Machtzerfall der 68er schon weiter vorangeschritten. Aber ihre totale Widerlegung durch die europäischen Revolutionen am Ende der achtziger Jahre hat ihnen geistige Substanz geraubt. Niemand glaubt mehr an die Überlegenheit der staatlichen Planwirtschaft, und die Utopie einer klassenlosen Gesellschaft ist zumindest in weite Ferne gerückt.

Die klügsten Wortführer und Weggefährten der 68er sind inzwischen in das sich neu herausbildende Lager der demokratischen Rechten übergegangen oder zeigen doch zumindest eine gewisse Affinität zu dieser neuen Strömung. Klaus Rainer Röhl, einstmals Herausgeber der Zeitschrift *Konkret* und eine der einflußreichsten Figuren der 68er-Szene, bekennt sich heute unumwunden zur demokratischen Rechten und hat in seinem Buch *Linke Lebenslügen* eine radikale Abrechnung mit der politischen Linken vorgenommen. Seit Jahren schon gehört Martin Walser, einstmals Sympathisant der DKP, zu den schärfsten Kritikern der linksintellektuellen Nationalmasochisten. Selbst Hans Magnus Enzensberger ist inzwischen auf deutliche Distanz zur Linken gegangen, und Botho Strauß bezeichnet sich in seinem vielbeachteten Essay *Anschwellender Bocksgesang* ausdrücklich als »Rechter«. In einem von Heimo Schwilk und Ulrich Schacht herausgegebenen Sammelband mit dem Titel *Die selbstbewußte Nation* (1994) versammeln sich Autoren wie Strauß, der ehemalige Bundestagsabgeordnete der Grünen, Alfred Mechtersheimer, Brigitte Seebacher-Brandt, Klaus Rainer Röhl und andere Persönlichkeiten, die früher der SPD oder auch der extremen Linken nahestanden. Selbst Ernst Nolte wurde – dies wird heute oft vergessen – Anfang der sechziger Jahre, als sein Buch *Der Faschismus in seiner Epoche* erschien, eher zur Linken als zur Rechten gerechnet.

Die Motive für die Abkehr von der Linken sind verschieden. Aber man spürt immer wieder, daß der Protest gegen die zahlreichen linken Tabus, Diskussionsverbote und gegen die Gebote einer »political correctness« zur Abwendung von der Linken führen. Intellektuelle, für die geistige Freiheit ein elementares Grundbedürfnis ist, spüren, daß über zahlreiche Probleme in Deutschland nicht mehr frei gesprochen werden kann, daß eine stickige und miefige Atmosphäre entstanden ist. Mancher fühlt sich an die Endzeit der Adenauer-Ära erinnert, die ebenfalls – ob zu Recht oder zu Unrecht, sei hier dahingestellt – von vielen Intellektuellen so empfunden wurde. Die 68er-Bewegung verstand sich ja auch als Protestbewegung gegen geistige Enge und Tabuisierungen. Heute sind die Tabus weitgehend von jenen Linken errichtet, die damals dagegen anfochten.

Die etablierte Linke reagiert irritiert auf das sich formierende »erste

Meinungslager des wiedervereinigten Deutschland« (Karlheinz Weißmann)[3], aber auch das politische Lager der Union und der traditionelle Konservatismus beobachten die neuen Entwicklungen im intellektuellen Bereich nicht ohne Skepsis. Der Kampf gegen die neue, intellektuelle Rechte erfolgt vor allem unter den Parolen des »Antifaschismus« und der Verteidigung der »Westbindung«. Auf den erwähnten Band *Die selbstbewußte Nation* reagierte *Der Spiegel* mit dem Vorwurf, es handele sich um eine »ganze Flut bräunlicher Prosa«[4]. Aber die Wirkungen sind unbestritten, auch wenn es vielleicht übertrieben ist, was das Magazin *Focus* Anfang November 1994 in einem großaufgemachten Beitrag meldete: »Der Sammelband ›Die selbstbewußte Nation‹ erschüttert die deutsche Kulturlandschaft.«[5]

Die »Faschismuskeule«, die gegen alles eingesetzt wird, was sich außerhalb des linksliberalen *mainstream* entwickelt, kann für die Betroffenen verheerende und zerstörende Wirkungen haben, aber der inflationäre Einsatz des Faschismus-Vorwurfs führt zugleich auch dazu, daß er immer weniger ernst genommen wird. Man denke nur daran, wer und was alles als »faschistisch«, »nazistisch«, »rechtsradikal« oder Nazi-nah bezeichnet wurde: die Historiker Ernst Nolte, Andreas Hillgruber und Michael Wolffsohn, der Politikwissenschaftler Hans-Helmuth Knütter, die Journalisten Gerhard Löwenthal und Enno von Loewenstern, Manfred Brunners »Bund Freier Bürger« und die bürgerlichen Ökologen der ÖDP, die Wochenzeitung *Junge Freiheit* und die Zeitschriften *Mut* und *Criticon,* Unionspolitiker wie Wolfgang Schäuble, Claus Jäger, Steffen Heitmann, Peter Gauweiler und Heinrich Lummer, das Studienzentrum Weikersheim und Kurt Ziesels Deutschlandstiftung, die Burschenschaften usw. Die Inflation des Faschismusvorwurfs ist so alt wie dieser Kampfbegriff: in der Weimarer Republik kämpfte die KPD gegen den »Brüning-Faschismus« ebenso wie gegen den »Sozialfaschismus« der SPD. Und für die 68er war schon derjenige »faschistoid«, der »Sekundärtugenden« wie Pünktlichkeit, Ordnung und Sauberkeit wichtig nahm oder vom »deutschen Vaterland« sprach.

Rechtsintellektuelle gegen Westbindung?

Wirksamer als die »Faschismuskeule« scheint die Parole zu sein, der intellektuellen Rechten gehe es um einen Kampf gegen die »Westbindung«. Zum Beleg wird ein Sammelband herangezogen, den Karlheinz Weißmann, Michael Großheim und ich 1993 herausgegeben haben: *Westbindung. Chancen und Risiken für Deutschland.* Inhaltlich ist die

186

Kritik absurd. In dem Band vertretene Autoren wie Christian Hacke, Eckhard Jesse, Elisabeth Noelle-Neumann, Bernd Faulenbach, Karl Feldmeyer, Jochen Thies usw. sind ohnehin als dezidierte Anhänger der Westbindung bekannt. Und der Historiker Hans-Christof Kraus hat in seinem Beitrag betont: »Wollte man nun ›westlichen‹ antideutschen Stereotypen mit einer Neuauflage deutscher antiwestlicher Vorurteile begegnen, so wäre dies sicherlich der falscheste Weg, den man gehen könnte. Das wiedervereinigte Deutschland gehört heute wirtschaftlich, politisch und kulturell unverrückbar zum Westen – und eine wie auch immer geartete ›Abkehr vom Westen‹ wäre ökonomisch ruinös und politisch gefährlich zugleich. Aber derselbe gesunde politische Realismus, der uns diese Einsicht vermittelt, sollte uns veranlassen, endlich Abstand zu nehmen von einer – im Kern zutiefst unpolitischen – Haltung, die den ›Westen‹ und die deutsche ›Westbindung‹ zum Fetisch erhebt und für sakrosankt erklärt. Etwas mehr Selbstbewußtsein und eine entschiedenere Besinnung auf unsere eigenen langfristigen Interessen als Großmacht in der Mitte Europas dürfte zu einem zwar sachlicheren, dafür aber auch letzten Ende festeren – weil auf vernünftiger Interessenabklärung beruhenden – Bündnis Deutschlands mit seinen westlichen Nachbarn führen.«[6]

Ansgar Graw schreibt ebenso unmißverständlich: »Ein solches Deutschland wird . . . trotz aller Probleme und Zerreißproben der Gegenwart demokratisch-parlamentarisch verfaßt bleiben und ein verläßlicher Partner des Westens sein. Eine Vorbedingung dafür ist die Aussöhnung mit der Geschichte, deren dunkle Seiten nicht vergessen werden, aber auch nicht die Tagespolitik determinieren dürfen. Zugleich wird dieses Deutschland seine Mittellage akzeptieren und sich als Scharnier zwischen Ost und West, als Brücke verstehen müssen. Die eigene geographische Lage wie die existentiellen Bedürfnisse der Staaten in Mittel- und Osteuropa legen diese Entscheidung nahe.«[7]

Eine ähnliche Position vertreten auch Autoren wie Karlheinz Weißmann oder der Geopolitik-Experte Heinz Brill, ebenfalls Autor des Bandes *Westbindung*. In seinem 1994 erschienenen Buch *Geopolitik heute* plädiert Brill ausdrücklich für das deutsch-amerikanische Bündnis und dafür, daß die Deutschen das amerikanische Angebot annehmen, »partners in leadership« zu werden.[8]

Richtig ist, daß viele Autoren der demokratischen Rechten vor 1989 zu den Kritikern der Adenauerschen Politik bedingungsloser Westintegration gehörten. Dies war nicht Ausfluß antiwestlicher Ressentiments, sondern Ergebnis von Überlegungen, auf welchem Wege eine deutsche Wiedervereinigung zu erreichen sei. Und hier war die bezeichnete Strömung bereit, auch über Modelle einer gesamtdeutschen

Neutralität nachzudenken, wobei zwar die NATO-Mitgliedschaft zur Disposition gestellt werden sollte, nicht aber die ökonomisch-politische Zugehörigkeit zum Westen. Insofern standen die sogenannten Neutralisten in der Tradition von Politikern wie Gustav Heinemann oder Thomas Dehler.

Mit der im Rahmen des westlichen Bündnisses erfolgten Wiedervereinigung sind diese Fragen und Optionen obsolet geworden. Nach dem Ende des Ost-West-Konfliktes – dies hatte ich in meinem Beitrag zu dem Band *Westbindung* unterstrichen – gewinnt die Einbindung unseres Landes in das westliche Bündnis erneut an Wichtigkeit, weil sich durch die Rückkehr in die alte Mittellage neue Unsicherheiten für Deutschland ergeben.[9] Nur die Partnerschaft mit den Vereinigten Staaten kann uns davor bewahren, daß aus dieser neu-alten Lage wieder eine Isolation Deutschlands resultiert.

Helmut Kohl scheint der Ansicht zu sein, daß vor allem durch die – mit dem Maastrichter Vertrag eingeleitete – Einbindung Deutschlands in die Europäische Union die Gefahr einer neuen Isolation Deutschlands gebannt werden kann. Auch gegen europäische Kooperation und Integration haben die der demokratischen Rechten zuzuordnenden Autoren nichts einzuwenden, aber sie wenden sich überwiegend ganz entschieden gegen das Ziel, den deutschen Nationalstaat noch in diesem Jahrhundert aufzulösen und in einem europäischen Bundesstaat aufgehen zu lassen. Hier sind sich die jüngeren Rechten und früheren »Nationalneutralisten« mit den älteren Liberalkonservativen und entschiedenen »Westlern« einig: Auch Hans-Peter Schwarz, Arnulf Baring, Gerhard Löwenthal, Hermann Lübbe, Ralf Dahrendorf, Günter Rohrmoser, Klaus Hornung und Rupert Scholz stehen der Utopie eines europäischen Bundesstaates skeptisch gegenüber.

Positionen, die tatsächlich die »Westbindung« Deutschlands ablehnen und für einen »deutschen Sonderweg« votieren – zu nennen ist hier Alfred Mechtersheimer[10] –, sind heute randständig. Allerdings sollten auch solche Standpunkte einer sachlichen Kritik unterzogen werden, denn die außenpolitische Orientierung und die Bündnispolitik Deutschlands sollten rational diskutiert und nicht als Frage von Glaubensbekenntnissen behandelt werden.[11] Moralisierender Eifer und Aufgeregtheit sind in solchen Diskussionen fehl am Platz.

Kritisiert wird von der Mehrheit der rechten Intellektuellen jedoch keineswegs die Westbindung, sondern jene Ideologie, die der *FAZ*-Redakteur Eckhard Fuhr[12] treffend als Surrogat für die verlorengegangenen linken Utopien kritisiert hat. Fuhr schreibt, daß die Definitionsmacht über den Begriff »Westen« heute zur »strategischen Schlüsselposition im Kampf um die kulturelle Hegemonie geworden ist. . . Wer als ›Feind des Westens‹ gebrandmarkt werden kann, ist in die Defensive gedrängt und von Ausgrenzung bedroht.« Der Begriff der »Westlichkeit«, so Fuhr, sammelt »die unterschiedlichsten Affekte gegen den Wandel in Deutschland und Europa seit 1989/90«. Verschiedene Komponenten werden »zu einer spezifischen Mixtur mit dem Etikett ›Westen‹ verrührt, wie sie nur in Deutschland gebraut werden kann. Paradoxerweise soll dieses deutsche Sonderbewußtsein, auch Verfassungspatriotismus genannt, deutsche Sonderwege beenden.«

Der Kampf gegen die rechten Gegner der Westbindung ist ein Kampf gegen Windmühlen, denn, so betont Fuhr, es gibt keine ernstzunehmende Kraft, die einer Herauslösung Deutschlands aus dem Verbund westlicher Demokratien das Wort redet. Der Streit um die Westbindung gleiche einer »Gespensterbeschwörung, die von den wirklich heraufziehenden Konflikten ablenkt«. Man mag hinzufügen: Nicht von der demokratischen Rechten, sondern von den Grünen wird die Westbindung in Frage gestellt, die den Austritt Deutschlands aus der Nato in ihr Programm geschrieben haben. Wie groß wäre die Aufregung, wenn eine solche Forderung von Rechtsintellektuellen erhoben würde?

Das Anliegen der demokratischen Rechten, nämlich aus der »Westbindung« keine »neue Religion« zu machen, sondern sie realpolitisch aus der Interessenlage des vereinigten Deutschland heraus zu begründen, teilt Fuhr: »Der aus der fast libidinösen Beziehung zur Schuldgeschichte Deutschlands, aus dem schrecklichen Faszinosum der nationalsozialistischen Verbrechen gespeiste negative Nationalismus, das antideutsche Deutschtum, wendet sich aggressiv gegen jeden, der die ›Westbindung‹ nur für eine schlichte und vernünftige Tatsache hält, nicht aber für einen neuen therapeutischen Nationalkult. . . Es gibt keinen Grund, ›den Westen‹ wie eine Monstranz vor sich herzutragen. Und es ist töricht, alle Fragen als ›antiwestlich‹ zu tabuisieren, die über den Status quo westlichen Selbstverständnisses hinausweisen.«

Es muß darum gehen, daß in Deutschland Außen- und Bündnispolitik überhaupt wieder in rationalen Kategorien diskutiert werden. Dies hat die politische Klasse in den Jahren des Ost-West-Konfliktes weitgehend verlernt. Weil der Kalte Krieg auch ein Konflikt zwischen Freiheit und Diktatur war, haben die Deutschen vergessen, daß Außenpolitik sich nicht auf Wertefragen reduzieren läßt, sondern vor allem auch Ergebnis nüchterner Interessenbestimmung sein muß. Die Hypermoralisierung der Außenpolitik, wie sie in den vergangenen Jahrzehnten in der Bundesrepublik betrieben wurde, erschwert nicht zuletzt auch eine rationale Debatte über Sicherheitspolitik. Dies hat Michael Inacker in seinem Beitrag für den Band *Die selbstbewußte Nation* betont. Er fordert den »Bruch mit einem weiteren Tabu: der Behauptung, nationale Interessen zu haben, sei etwas für Staaten in der moralischen 2. Klasse. Vor allem in der deutschen Linken wird der Eindruck erweckt, daß der Einsatz militärischer Macht nur noch dann legitim sei, wenn er nicht mehr auf nationalem Ratschluß, sondern auf kollektiver Grundlage erfolge.«[13]

Inacker hat darauf aufmerksam gemacht, daß weder die Führungsstrukturen unserer Streitkräfte noch die Denkstrukturen unserer politischen Klasse der veränderten politischen Lage entsprechen. Er wendet sich gegen den – insbesondere von Hans-Dietrich Genscher immer wieder hervorgehobenen – Gegensatz zwischen schlechter »Machtpolitik« und guter »Verantwortungspolitik«. »Dieser Gegensatz wurde von einer machtvergessenen politischen Klasse bis zum äußersten kultiviert. Dabei ist der Wille zur Selbstbehauptung, zur Wahrung nationaler Interessen und einer souverän ausgestalteten Sicherheitspolitik eng an ein aufgeklärtes und wieder normales Verständnis von *verantwortungsbewußter Machtpolitik* gebunden.«[14] Die zentrale Aufgabe bei der Vermittlung deutscher Sicherheits- und Militärpolitik sei eine »Normalität im Umgang mit den eigenen Interessen«.[15]

Auch Arnulf Baring wandte sich dezidiert gegen eine Außenpolitik, »die allen Menschen überall alles nur denkbar Gute wünscht«.[16] »Wir müssen«, so Barings Forderung, »etwas so Elementares wie Macht, Machtpolitik wieder für uns entdecken. . . Wer beim Begriff der Macht ängstlich zusammenzuckt, hat von Politik noch nicht viel verstanden.«[17] Es gelte künftig »sehr viel deutlicher als bisher [zu] unterscheiden zwischen moralisch wünschbaren Entwicklungen – und unseren wirklichen, zwingenden Interessen«.[18]

Die konservativen Intellektuellen wollen gerade keinen »deutschen Sonderweg«, sondern sie plädieren für eine Abkehr von jenem Sonderweg, den die Bundesrepublik nach 1949 eingeschlagen hat. Nicht zufällig wird immer wieder eine »Normalisierung« eingefordert, also eine Rückkehr zu einer rational bestimmten Interessenpolitik, wie sie auch andere demokratische Nationalstaaten betreiben. Paradoxerweise sind die vermeintlichen Gegner der Westbindung insofern westlicher als jene, die unter der Parole des »Westens« für eine Fortsetzung des nach 1949 beschrittenen deutschen Sonderweges eintreten.

Notwendige Kurskorrekturen in der Innenpolitik

Nicht nur in der Außen-, sondern auch in der Innenpolitik ist die Negativfixierung auf den Nationalsozialismus zu überwinden. Die rationale Diskussion außen- wie innenpolitischer Probleme wird verhindert, wenn sie ausschließlich oder vorwiegend vor der Folie der Erfahrungen des Nationalsozialismus erörtert werden. Es ist charakteristisch, daß beispielsweise in der heftigen Debatte über die »Volkszählung« von den Kritikern immer wieder auf die Hitler-Zeit Bezug genommen wurde. Absurde Analogien und historische Parallelen verhinderten eine sachgerechte Erörterung. Dies ist bei vielen anderen Kontroversen gleichfalls zu beobachten, so bei Fragen der Ausländerpolitik, der Gentechnologie, der Asylgesetzgebung oder der inneren Sicherheit.

Neue Problemlagen werden nicht mehr adäquat erkannt, wenn alte Ängste die Debatte dominieren. So ist etwa die – historisch verständliche – Sorge vor einem omnipotenten Überwachungsstaat heute unbegründet. Die Freiheit des Bürgers wird gegenwärtig ja nicht primär durch einen allmächtigen Staat bedroht, sondern durch die stetig ansteigende Kriminalität, insbesondere durch das internationale organisierte Verbrechen. Rudolf Wassermann weist in diesem Zusammenhang auf die Folgen der Kulturrevolution von 1968 hin, nämlich auf die Erosion des Rechtsbewußtseins, die sich in dem Plädoyer für ein »tolerantes, repressionsfreies Klima« manifestiert, in der Vorstellung, »in der freiheitlichen Demokratie könne jeder machen, was er wollte . . . und Gesetze brauchten nur befolgt zu werden, wenn man sie persönlich für richtig hält«.[19]

Die in der politischen Debatte allgegenwärtigen Entstellungen des Rechtsstaatsbegriffes sind sowohl Ausdruck einer Negativfixierung auf die Hitler-Zeit als auch der Wandlungen gesellschaftlichen Bewußtseins in der Folge der 68er Kulturrevolution. »Präponderant wurde ein verkürzter Rechtsstaatsbegriff, der den Rechtsstaat auf die Fesselung der Staatsgewalt reduziert und die Funktionsfähigkeit der Rechtsordnung ebenso ignoriert wie das elementare Bedürfnis nach Gerechtigkeit, das im Volk lebendig ist.«[20] Wassermann plädiert für die »Wiedergewinnung eines unverkürzten Rechtsstaatsbegriffs, der auch die gesamtgesellschaftlichen Funktionen des Rechts in den Blick nimmt und sich nicht, wie heute so oft, als Keule gegen Vorschläge zur effektiveren Verbrechensbekämpfung wie gegen die Kritik wegen ungerechter Justizentscheidungen mißbrauchen läßt«. Gefordert sei bei der Bekämpfung der Kriminalität ein »Paradigmenwechsel, der den Schwerpunkt vom Täterschutz auf die soziale Verteidigung verschiebt«.[21]

In diesem wie in vielen anderen Bereichen sind neue Gesetze zwar notwendig, aber nicht entscheidend. Denn die Gesetze bewirken wenig, wenn die Juristen, die sie zur Anwendung bringen sollen, von einer wirklichkeitsfremden Ideologie geprägt sind. Nur eine Veränderung des gesamtgesellschaftlichen Bewußtseins ist die Voraussetzung zur rationalen Lösung der Probleme.

Die Überwindung von 1968

Was die mentalen Blockaden anlangt, die Problembewältigungen heute verhindern, so ist nicht in erster Linie auf die Hypotheken der NS-Zeit hinzuweisen, sondern auf die ideologischen Deformationen, die sich als Folge der Kulturrevolution von 1968 ergeben haben. Das oft zitierte und kritisierte Diktum von Ludolf Herrmann hat heute mehr denn je Gültigkeit und Relevanz: »Hitler haben wir, wenn auch vielleicht nicht endgültig, bewältigt. Nicht bewältigt aber haben wir die Bewältigung Hitlers, wie sie zur Studentenrebellion von 1968 und zu den fundamentalen Umwertungen der Folgezeit geführt hat. 50 Jahre nach der Machtergreifung ist Hitler für uns ein Gegenstand der Geschichte, unser Problem aber ist die Antwort auf ihn, wie sie in den sechziger Jahren gegeben worden ist. Die Wende, die wir benötigen, besteht nicht darin, daß wir ein weiteres Mal 1933 oder 1945 verdauen, sondern daß wir den nachträglichen Ungehorsam gegen Hitler überwinden. Wir haben uns geschichtlich von uns selbst entfremdet und müssen nun versuchen, diese Entfremdung aufzuheben.«[22]

Ludolf Herrmann hat diese Zeilen bereits 1983 geschrieben. Der ernstzunehmende Beginn einer Gegenbewegung zu 1968 ist jedoch auf das Jahr 1989 zu datieren. 1989 ist zum entscheidenden Datum einer neuen Generation geworden, deren politisches Denken vom Untergang des Sozialismus und der Renaissance des Nationalen geprägt ist. »Das Jahr 1989«, so Heimo Schwilk, »bezeichnet einen Epocheneinschnitt, mit dem die großen Illusionen der Linken zerbrochen und die konservativen Mahner eindrucksvoll vor der Geschichte bestätigt wurden. 89er sind in diesem Sinne all jene, die damals gehandelt oder aus der Wiedervereinigung intellektuelle Schlüsse gezogen haben – also vor allem rechtsintellektuelle und nonkonforme Geister aller politischen Lager. Das ist es ja gerade, was die Hüter des alten Denkens auf die Palme treibt: daß die 89er eben nicht einer gemeinsamen Ideologie folgen, sondern die Freiheit des Denkens zurückgewonnen haben. Man könnte bei den 89ern von einer ›Solidargemeinschaft der Erkennenden‹ sprechen, die bestrebt sind, den Verblendungszusammenhang der alten Republik zu durchbrechen.«[23]

Suchbewegungen zu einer Neubelebung konservativen Denkens gab es sicherlich schon vor 1989. So veröffentlichte der linke Politikwissenschaftler Claus Leggewie 1987 ein Buch mit dem Titel *Der Geist steht rechts. Ausflüge in die Denkfabriken der Wende.* Charakteristischerweise wird dort jedoch kaum einer jener Namen genannt, die heute die Debatte um die neue intellektuelle Rechte bestimmen. Gleiches gilt für das 1989 erschienene Buch von Peter Glotz über *Die deutsche Rechte,* in dem überwiegend Theoretiker vorgestellt werden, die heute keine Rolle mehr in der intellektuellen Rechten spielen.

Leggewie, der vorwiegend etablierte gesellschaftliche Institutionen wie die Adenauer-Stiftung und die Hanns-Martin-Schleyer-Stiftung darstellt, hat jedoch schon in diesem Buch erkannt, daß die deutschen Konservativen als Hauptgegner die 68er ausgemacht haben. »Jede Revolution ruft ihr *à la Bastille!* Die Festung, die die Gegenrevolution der Neuen Konservativen schleifen will, heißt: 1968.«[24]

Erst allmählich gelang und gelingt es der demokratischen Rechten jedoch, sich vom Geruch des »Rückwärtsgewandten« zu befreien. Viele konservative Kritiker der 68er erweckten den Eindruck, es gehe ihnen einfach um eine Rückkehr zur guten, alten Zeit der 50er Jahre. Damit konnte es naturgemäß niemals gelingen, jüngere Intellektuelle anzusprechen, denn junge Menschen wollen nicht zurück in vergangene Zeiten. Erst in dem Maße, wie »Überläufer« aus dem Lager der Linken bzw. ehemalige 68er die Reihen der demokratischen Rechten verstärken, gewinnt sie an Attraktivität und Wirksamkeit.

Es geht selbstverständlich nicht darum, die Methoden der 68er schematisch zu kopieren, zumal manche dieser Methoden eben auch Ausdruck antidemokratischer Zielsetzungen waren. Dennoch sollte die Wirkungsgeschichte der Kulturrevolution von 1968 als Lehrbeispiel für die Mechanismen politischer Veränderungen dienen. Ein Vierteljahrhundert nach 1968 kann man Bilanz ziehen und mit Fug und Recht behaupten: Alles in allem haben sich die Methoden der Linken als richtig erwiesen, die der Konservativen als falsch. Die Richtigkeit einer politischen Methode ist nicht zuletzt am Ergebnis zu erkennen, und das Ergebnis, nämlich die geistig-politische Hegemonie der Linken, spricht für sich.

Handelte es sich bei den traditionellen Konservativen noch um Kräfte, die einfach nicht verstehen konnten, warum sie der ihnen »legitimerweise« zustehenden politischen Macht verlustig gegangen waren, so ist die Generation der 89er von Anfang an in dem Bewußtsein politisch sozialisiert worden, daß die entscheidenden Machtpositionen in Universitäten, Medien und Kultureinrichtungen von der Linken besetzt sind. Die Rebellion der 89er gegen die 68er hat daher auch ein antiautoritäres Element, weil sie auf die Brechung von Machtstrukturen und geistig-politischen Herrschaftsverhältnissen zielt. Im Grunde klagt sie ein, was Habermas verkündet, was sich jedoch bei der Linken als pure Verschleierungsideologie entpuppt hat, nämlich den *herrschaftsfreien Diskurs.*

Von den Nischenkonservativen, die als politische Verhaltensmaxime gegenüber der Linken die Parole des »Appeasement« ausgaben, unterscheidet sich die neue, demokratische Rechte durch Selbstbewußtsein und durch eine offensive Mentalität. Insofern hat die Politikwissenschaftlerin Gesine Schwan, eine der aufgeregtesten Gegnerinnen der intellektuellen Rechten, nicht ganz unrecht, wenn sie – bezogen auf den Band *Die selbstbewußte Nation* – schreibt: »Im Habitus wiederholen sie jene aggressiven 68er, die sie attackieren.«[25]

Die entscheidende Lehre aber, die aus der Kulturrevolution von 1968 gezogen werden sollte, ist die, daß Veränderungen des politischen Klimas und der politischen Wirklichkeit mit geistigen Umwälzungen beginnen. Insofern befinden sich die Rechtsintellektuellen heute in einer Phase, die mit der Vorphase von 1968 vergleichbar ist. Neue Vordenker treten auf den Plan, rezipieren dabei selbstverständlich auch wichtige ältere Vordenker und erobern sich ihren Platz in der geistigen Auseinandersetzung. Da der Einfluß auf die Medien noch sehr bescheiden ist, dienen die linken Medien dazu, die neuen Botschaften zu transportieren. Geschieht dies oft auch nur in sehr entstellter Form (was ebenso an Unfähigkeit liegt wie an schlechten Absichten), so wird doch immerhin ein hohes Maß an Aufmerksamkeit erregt. Die Bekämpfung durch das linksliberale Establishment ist sogar erwünscht, weil nur auf diesem Wege notwendige Debatten angeregt werden können. Von Schopenhauer stammt der Satz, jedes Problem durchlaufe bis zu seiner Anerkennung drei Stufen: in der ersten erscheint es lächerlich, in der zweiten wird es bekämpft, in der dritten gilt es als selbstverständlich. Richtiger wäre es wohl, von vier Stufen sprechen, denn noch vor dem Lächerlichmachen kommt das Totschweigen. Die intellektuelle Rechte befindet sich im Moment in der dritten Stufe, in der sie bekämpft wird.

Denkbare Änderungen der politischen Landschaft

Oft wird gefragt, welche konkreten politischen, also auch parteipolitischen Auswirkungen die von der demokratischen Rechten beabsichtigte Klimaänderung haben könnte. In der Diskussion sind dabei sowohl die Chancen von Partei-Neugründungen als auch das Verhältnis zu den beiden bürgerlichen Parteien, also zur CDU/CSU und zur FDP. Vielleicht ist es zu früh, diese Fragen heute zu klären, weil jetzt primär die intellektuelle Auseinandersetzung auf der Tagesordnung steht. Man denke daran, daß ja auch von der 68er Revolution bis zur Gründung der Grünen mehr als ein Jahrzehnt verging. Die Situation der demokratischen Rechten ist noch viel schwieriger, weil sie quantitativ und qualitativ heute über zu schwache Kräfte verfügt, die politisch wirksam werden könnten. Vermutlich werden sich gravierende Auswirkungen auf das Parteienspektrum erst zu einem späteren Zeitpunkt ergeben, wenn die intellektuelle Formierung über eine gewisse Zeit wirksam war und damit auch ein größeres personelles Reservoir entstanden ist, aus dem sich schließlich auch Medienmacher oder Parteipolitiker rekrutieren werden.

Trotz dieser Hinweise wäre es wirklichkeitsfremd, wenn man von einer sauberen Scheidung der verschiedenen Phasen im Sinne einer strikten Abfolge ausgehen würde. Zu jedem Zeitpunkt gibt es auch Kräfte, die es jenseits der intellektuellen Debatte zur praktischen politischen Tätigkeit drängt. Wo aber liegen hier die Chancen?

Was die Möglichkeit von *Neugründungen* politischer Parteien anlangt, so ist große Skepsis angebracht. Frühere Versuche – zuletzt die Deutsch-Soziale Union (DSU), die STATT-Partei und Manfred Brunners Bund Freier Bürger (BFB) – blieben erfolglos. Ohnehin ist es bislang in der Geschichte der Bundesrepublik trotz zahlreicher Anläufe[26] nur ein einziges Mal gelungen, eine Partei neu zu gründen, die dann auch bei Bundestagswahlen erfolgreich war – die Grünen. Die Geschichte der Grünen zeigt, was wohl für alle Parteigründungen zutrifft: am Anfang ziehen solche neuen Projekte Weltverbesserer, Spinner und gescheiterte Existenzen an, die vorher schon als Querulanten in anderen Parteien gegolten hatten. Dies führt rasch zu Streitereien, zu Spaltungstendenzen und zu einem verheerenden Bild in der Öffentlichkeit. Den Grünen hat dies nicht so sehr geschadet, weil die linken Medien das innerparteiliche Chaos eher sympathisch fanden und es die spezifische Klientel dieser Partei nicht abschreckte. Die Geschichte der Grünen zeigt auch – wir haben dies in Kapitel IV ausgeführt –, daß in der Anfangsphase Extremisten versuchen, die Partei in ihrem Sinne zu beeinflussen. Zwar werden diese in der Regel nach einigen Jahren zurückgedrängt und durch gemäßigtere, demokratische Kräfte ersetzt, aber hierfür braucht es Zeit. Die Medien haben den Grünen diese Zeit gegeben, zumal man rasch bereit war, die linksextreme Vergangenheit zahlreicher Grüner unter der Rubrik »Jugendsünden« zu verbuchen.

Die Situation bei einer Partei, die sich rechts von der Mitte etabliert, ist eine ganz andere. Auch hier würde es sich leider wohl kaum vermeiden lassen, daß eine gewisse Anzahl Extremisten in die Partei eintritt. Eher als von der Parteiführung werden diese von den linken Medien erkannt, die Informanten im Bereich der Antifa-Szene haben, wo detaillierte Personendateien über rechtsstehende Personen und deren politische Vergangenheit existieren. Im Hinblick auf die Rechte ist man jedoch nicht bereit, eine extremistische Vergangenheit als »Jugendsünde« zu entschuldigen – im Gegenteil. So entsteht bald nach außen das Bild einer extremistischen Partei, was einerseits demokratische Kräfte abschreckt, andererseits jedoch Extremisten anzieht. Der Rechtsextremismus-Vorwurf wird zur *self-fulfilling prophecy*.

Bei Neugründungen im rechten Spektrum wäre eine solche Entwicklung zu erwarten, die aber dazu führt, daß demokratische Führungspersönlichkeiten nicht zu gewinnen sind. Diese werden meist außerhalb einer solchen Partei bleiben, sich zumindest abwartend verhalten. Die Zeit – das heißt konkret: die Medien – arbeitet in diesem Fall nicht für, sondern gegen eine solche Partei. Zudem entsteht rasch ein Zweckbündnis aus antifaschistischer Linker und der CDU, denn auch die Union hat kein Interesse daran, daß sich rechts von ihr eine neue Partei bildet. Deshalb wurde das Projekt einer bundesweiten CSU auch nie realisiert. Politiker wie Edmund Stoiber und Peter Gauweiler, die nach der Wiedervereinigung die DSU zu einer solchen Partei machen wollten, konnten sich nicht durchsetzen, zumal die Angst der meisten CSU-Politiker vor einem »Einmarsch« der CDU nach Bayern größer ist als die Hoffnung auf eine erfolgreiche bundesweite Ausdehnung. Diese Argumente sprechen gegen die Neugründung einer demokratischen Rechtspartei.

Was die CDU anlangt, so gibt es insofern hoffnungsvolle Ansätze, als der linke Flügel um Geißler und Süßmuth in den letzten Jahren seine Position nicht auszubauen vermochte. Andererseits ist zu befürchten, daß in den nächsten Jahren die linken »Erneuerer« wie beispielsweise Peter Müller (Saarland), Roland Koch (Hessen), Christoph Böhr (Mainz) und Hermann Gröhe (Bonn) an Einfluß gewinnen. Die Möglichkeiten der CDU-Linken könnten sich auch deshalb wieder verbessern, weil in der Union überzeugende Führungspersönlichkeiten fehlen, die zum Attraktionskern der CDU-Rechten werden könnten. Viele CDU-Rechte sind auch zu alt, um breitere Wählerschichten der jüngeren Generation anzusprechen. Ob Talente wie der sächsische Umweltminister Arnold Vaatz oder der – sicherlich nur vorübergehend ins Abseits gestellte – ehemalige bayerische Umweltminister Peter Gauweiler eine solche Rolle spielen können, ist noch offen. Jedenfalls gelang es dem von Politikern wie Claus Jäger und Heinrich Lummer gegründeten konservativen Deutschland-Forum nicht, ein programmatisches und personelles Angebot zu entwickeln, das auch außerhalb der Union Überzeugungskraft entwickelt hätte.

Ein generelles Problem der CDU ist ihr weithin gestörtes Verhältnis zur konservativen Intelligenz. Wenn es der Union gelang, Intellektuelle an die Partei zu binden, dann war dies das Verdienst von Politikern des linken Flügels wie Heiner Geißler. Allenfalls Geißlers Vorgänger als CDU-Generalsekretär, Kurt Biedenkopf, gelang es noch in den siebziger Jahren, Intellektuelle an die Partei heranzuführen. Aber vor den Rechtsintellektuellen hatte und hat die CDU immer Angst gehabt. 1987 erklärte Günter Rohrmoser in einem Gespräch mit Claus Leggewie:»Aber es gibt in der Tat eine gewisse Neigung der CDU, Wissenschaftler einzuladen, die rechte Sozialdemokraten oder Liberale sind, aber alle auszugrenzen, die zu Recht oder Unrecht im Geruch des Konservativen stehen – die vermeiden sie wie der Teufel das Weihwasser.«[27]

Diese Berührungsängste reflektieren die generelle Befindlichkeit und Ängstlichkeit der Konservativen, die sich seit spätestens 1968 in der Defensive befinden und oft genug die Erfahrung gemacht haben, wie vernichtend die von linken Medien geschwungene »Faschismuskeule« sein kann, wenn man mit den falschen Leuten spricht und damit die von links diktierten Spielregeln mißachtet.

Die Linke weiß um die Wichtigkeit der Verbindung zwischen Politik und Intelligenz, und sie fürchtet, daß es der CDU gelingen könnte, eine solche Verbindung herzustellen. Dem entgegen steht aber auch ein tiefes Mißtrauen, das wohl die meisten Parteipolitiker gegen Intellektuelle hegen. Intellektuelle gelten als unberechenbar, sie stören mit ihrem Hang zur Kritik, und als disziplinierte »Parteisoldaten« sind sie denkbar ungeeignet. Auch die SPD hat eine gewisse Zeit gebraucht, bis sie diese Ängste abgebaut und sich mit Intellektuellen eingelassen hat. Aber auch Günter Grass, Walter Jens oder Heinrich Böll waren für die Sozialdemokraten keineswegs immer bequem und pflegeleicht. Dennoch haben sie – bei aller Kritik und Widerrede – mehr genutzt als geschadet. Ohne die kulturelle Hegemonie im vorpolitischen Raum zu erringen, kann eine Partei auf Dauer nicht erfolgreich sein. Solange die CDU aber trotz der linksliberalen Medien gute Wahlergebnisse erzielt hat, konnte sie den Standpunkt vertreten, sie könne die konservativen Intellektuellen ungestraft »rechts liegen lassen«. Dies wird sich erst ändern, wenn die CDU Niederlagen erlebt oder befürchten muß, daß sich die Entwicklungen im rechtsintellektuellen Spektrum auch gegen sie richten könnten.

Die Union wird sich entscheiden müssen, ob sie darauf mit der Bekämpfung oder dem Versuch zur Einbindung dieser Strömungen reagiert. Entscheidet sie sich für Einbindung, dann wird dies langfristig von erheblichem Nutzen für die Union sein – und ebenso für die konservativen Intellektuellen. Bereits 1987 hat Claus Leggewie über das Verhältnis zwischen Union und rechten Intellektuellen geschrieben: »Dabei ist Kritik *von rechts* möglich und bis zu einer bestimmten Grenze auch erwünscht. So brodelt hier und da sogar ›revolutionäre Ungeduld‹ an den rechten Rändern der Partei auf. . . Mißt die Christdemokratie dem Kampf um die ›kulturelle Hegemonie‹ die nötige Bedeutung bei, dann werden ›Rechtsintellektuelle‹ erst zu solchen, indem sie den Anspruch auf ›geistig-moralische Führung‹ ernst nehmen und einklagen. Sie stehen in einem Zweifrontenkrieg: gegen die Linke, wie gehabt, aber auch, mehr und mehr, gegen die herrschende Rechte.«[28]

Innerhalb der Union wird die demokratische Rechte jedoch nur Erfolg haben, wenn sich die verschiedenen Strömungen, die bislang unabhängig voneinander und oft gegeneinander agieren, zu einem strategischen Bündnis zusammenschließen. Zu nennen sind hier vor allem vier Gruppen: die Christen, die den Verlust christlicher Politik – z.B. in der Abtreibungsfrage – kritisieren; die überzeugten Marktwirtschaftler, die sich gegen die Sozialdemokratisierung der CDU wenden; die Nationalen, die die multikulturelle Gesellschaft und den europäischen Bundesstaat ablehnen; die Antikommunisten, die für einen sehr viel offensiveren Kampf gegen die PDS und die Volksfrontbestrebungen der SPD eintreten. Diese Gruppen sind zum Teil zerstritten und uneins, aber sie haben innerparteilich nur eine Chance, wenn sie sich gemeinsam gegen den linken Flügel verbünden. Dies könnte gelingen, da es zumindest gemeinsame Gegner gibt, gegen die sich die genannten vier Gruppen zusammenschließen könnten, nämlich die durch Geißler, Süßmuth und Pflüger repräsentierte Richtung.

Was die FDP betrifft, so gibt es seit den verheerenden Niederlagen bei neun Landtagswahlen und dem primär CDU-Leihstimmen geschuldeten knappen Einzug in den Bundestag eine Debatte um die programmatische Neuorientierung.[29] Linksliberale wie Gerhart Baum und Burkhard Hirsch haben in den letzten Jahren an Einfluß verloren. Die linksbürgerlichen Wähler wurden in hohem Maße von Bündnis90/Grünen absorbiert, denen es gelang, ihr einstmaliges Image als Revoluzzerpartei abzubauen – diese Rolle hat inzwischen die PDS übernommen. Daher sind viele Mitglieder in der FDP zu der Erkenntnis gelangt, daß die Partei mit einer linksliberalen Programmatik keine Zukunft mehr hat. Für eine vierte linke Kraft neben SPD, Grünen und PDS scheint kein Platz in der bundesdeutschen Parteienlandschaft mehr zu sein.

Andererseits muß sich die FDP von der CDU unterscheiden und eigenes Profil gewinnen. Der sozialdemokratische Politikwissenschaftler Franz Walter gelangte daher 1994 in einem Beitrag für die linken *Blätter für deutsche und internationale Politik*[30] zu dem Befund: »Eine Partei wie die FDP kann sich, wir sahen es, personell, habituell und auch programmatisch rasch ändern. Schon einige wenige energische Persönlichkeiten, unverbraucht, kreativ, entschlossen und machtbewußt, können hier viel bewirken, die Partei in eine neue Richtung bewegen. Aber wohin sollte es gehen? Sympathisch mögen die Empfehlungen einiger linksliberaler Kommentatoren sein, die der FDP anraten, wieder mehr an die freisinnigen Traditionen anzuknüpfen, den Baum-Hirsch-Flügel stärker zu unterstützen, um nicht einfach Wirtschaftspartei zu sein. Erfolg allerdings hätten die Freien Demokraten damit nicht. Der radikaldemokratische Zug ist für die FDP abgefahren. Einen ernst zu nehmenden Baum-Hirsch-Flügel gibt es nicht mehr; im übrigen war er stets eher defensiv, politisch ziemlich steril und vorgestrig. Für die Wähler der FDP ist er gänzlich unattraktiv. Entscheidend aber ist, daß die Rolle der radikaldemokratischen Bürgerrechtspartei inzwischen von den Grünen fest besetzt ist. Die Fischer-Partei wird sich in Zukunft gar noch mehr zur Mitte hin bewegen und klassische Felder des freisinnigen Liberalismus belegen... Eine linksliberale Chance hatte die FDP 1969/70. Damals hat sie sie nicht wahrgenommen; heute existiert diese Chance für sie nicht mehr. Ob es einem gefällt oder nicht, aber Aussichten hat die FDP wohl nur, wenn sie noch weiter nach rechts steuert.«

Eine Analyse des Allensbacher Instituts vom November 1994 zeigt, daß Wähler und Sympathisanten der FDP viel weiter rechts stehen als die Parteiführung. Die Versuche, als Bedenkenträger-Partei im Bereich der inneren Sicherheit Profil zu gewinnen, führen eher zu einer negativen Profilierung und schrecken potentielle Wähler ab. Als Ergebnis der Allensbacher Umfragen konstatierte Renate Köcher: »Viele Themen, die die FDP in den letzten Jahren in den Mittelpunkt ihrer Arbeit und Selbstdarstellung gerückt hat, haben dagegen erkennbar nur eine geringe Bindekraft, sind kein spezifisches Anliegen ihrer potentiellen Wähler. Dazu gehören unter anderem die Verhinderung des großen Lauschangriffs, der Einsatz für eine Liberalisierung des Paragraphen 218, das Plädoyer für eine doppelte Staatsbürgerschaft oder die von der FDP verfochtene Position in der Drogenpolitik.

Insbesondere dem Mißtrauen gegen einen in der Kriminalitätsbekämpfung harten Staat steht die Basis der Freien Demokraten verständnislos gegenüber. Einen Ausbau der polizeilichen Befugnisse zu verhindern ist FDP-Wählern noch weniger ein Anliegen als der Bevölkerung insgesamt: 16 Prozent der gesamten Bevölkerung, 14 Prozent der traditionellen FDP-Wähler ist es besonders wichtig, einen Ausbau polizeilicher Befugnisse zu verhindern. Je ausgeprägter die liberalen Neigungen sind, desto breiter wird der große Lauschangriff unterstützt: 53 Prozent der Bevölkerung, 57 Prozent des weiteren und 60 Prozent des engeren FDP-Potentials sprechen sich für die großer Lauschangriff genannte elektronische Überwachung aus.«[31]

Ein Abschied von jenen linksliberalen Themen, die heute ohnehin von den Grünen glaubwürdiger vertreten werden, wäre Voraussetzung für eine neue positive Profilierung, die zugleich aber mit einem Anknüpfen an traditionelle FDP-Positionen einhergehen sollte. Fast vergessen ist, daß die FDP eine nationalliberale Tradition in den fünfziger und sechziger Jahren hatte, für die Namen wie Thomas Dehler oder Erich Mende stehen. Auf die Frage, ob man die FDP als Rechtspartei, als Partei der Mitte oder als Linkspartei einstufe, antworteten bei einer Umfrage im Juli 1953: als »Rechtspartei« 33 Prozent, als »Partei der Mitte« 28 Prozent, als »Linkspartei« nur 4 Prozent (der Rest war unentschieden).[32] Die FDP erzielte mit rechten Positionen Spitzenergebnisse bei Landtagswahlen von über 30 Prozent (so 1950 in Hessen) und erlangte bundesweit unter Erich Mende 1961 mit 12,8 Prozent ihr bestes Wahlergebnis überhaupt.

Es gibt heute immerhin eine starke Minderheit in der FDP, die diese Tradition wiederaufnimmt. Diese Minderheit könnte zu einer Mehrheit werden, wenn sich die jetzt noch unorganisierten nationalliberalen Kräfte sowie jene, die sich beispielsweise im Bund Freier Bürger oder der DSU engagieren, der FDP zuwenden würden. Andererseits wird auch vielen FDP-Mitgliedern, die bislang einer programmatischen Neuorientierung skeptisch gegenüberstanden, die Notwendigkeit einer Kurskorrektur zunehmend deutlich werden. Letztlich gibt es für die FDP nur die Alternative, daß sie überflüssig wird und aus dem deutschen Parteienspektrum verschwindet – dies ist die Hoffnung der Linken – oder daß sie sich auf ihre Traditionen zurückbesinnt und jene Lücke in der Parteienlandschaft füllt, die heute unbesetzt ist.

Damit sollte es der FDP auch gelingen, jenes Wählerpotential zu binden, das andernfalls von extremistischen Parteien mobilisiert werden könnte. Die FDP würde dann in der rechten Mitte eine ähnliche Rolle spielen wie einstmals die Grünen, denen es gelang, ein Linksaußen-Potential einzubinden, das die SPD nicht mehr zu integrieren vermochte. Unabhängig davon, ob man die programmatischen Ziele der

Grünen teilt oder nicht, sollte man einräumen, daß sie damit für die parlamentarische Demokratie eine positive Funktion erfüllt haben. Daß es ein rechtes Wählerpotential gibt, das von den Parteien des Nachkriegskonservatismus bzw. den Christdemokraten nicht mehr vollständig absorbiert werden kann, zeigen nicht nur die Wahlerfolge der Republikaner und anderer Parteien in der Bundesrepublik, sondern auch parallele Entwicklungen in Frankreich, Belgien, Italien, Österreich und anderen westeuropäischen Ländern. Es spricht wenig dafür, daß die Bundesrepublik in dieser Beziehung auf Dauer eine Sonderrolle in Europa spielen wird. Entscheidend wird allerdings sein, ob das Vakuum im rechten Bereich von demokratischen Kräften, also der CDU und der FDP, oder von Extremisten gefüllt wird.

Jedenfalls wird man sich eine kraftvolle Union und eine stabile FDP wünschen müssen, denn anders wird die Machtübernahme der Linksunion aus SPD, Grünen und PDS spätestens im Jahre 1998 nicht zu verhindern sein. Von den objektiven politischen Verhältnissen her ist eine Stärkung dieser Parteien also dringend erforderlich, und zwar sowohl in programmatischer wie auch in personeller Hinsicht. Ob dies gelingt, wird auch davon abhängen, wie sich das Verhältnis zwischen den demokratischen Rechtsintellektuellen und diesen beiden Parteien gestaltet. Wird auf beiden Seiten die Notwendigkeit einer Kooperation erkannt – oder bleiben die gravierenden wechselseitigen Vorbehalte bestimmend?

Das zentrale Problem ist, daß sich Union und FDP einerseits und rechte Intellektuelle andererseits kaum unmittelbar begegnen, wodurch gegenseitige Vorbehalte abgebaut werden könnten. Die wechselseitige Wahrnehmung erfolgt vielmehr primär vermittelst der Medien. Dies hat aber zur Folge, daß die rechten Intellektuellen ein verzerrtes Bild über die beiden bürgerlichen Parteien haben, diese machen sich wiederum ein unzutreffendes Bild über die sogenannte neue Rechte. Während für die »neue Rechte« Politiker wie Friedbert Pflüger oder Rita Süßmuth abschreckend wirken, deren innerparteilichen Einfluß sie meist nicht abzuschätzen vermögen, sind der Union die angeblich »antiwestlichen« Rechtsintellektuellen suspekt. So bleibt nur zu wünschen, daß ein Dialog zwischen beiden Kräften entsteht, der zum Abbau von Vorurteilen und zur Korrektur von Fehlwahrnehmungen führt. Ohne diesen Dialog ist auf die notwendige programmatische Erneuerung der beiden bürgerlichen Parteien nicht zu hoffen.

Und ohne diese programmatische Erneuerung werden sie den Kampf gegen die überlegene Linksunion verlieren. Ein Wahlsieg der vereinten Linken würde aber nicht einfach nur zu einer anderen Regierung führen, sondern zu einer anderen Republik. Es wäre dies nicht mehr die pluralistische, freiheitlich-demokratische Grundordnung, sondern eine antifaschistisch-demokratische Ordnung – eine »DDR light«, die jedoch für die kommunistischen Kader der PDS nur ein Übergangsstadium auf dem Weg zum Sozialismus darstellen würde. So wie die KPD im Jahre 1945 die antifaschistisch-demokratische Ordnung als Zwischenschritt auf dem Weg zum Sozialismus propagierte, so zielt auch heute die PDS auf die Etablierung einer »antifaschistischen Demokratie«, weil sie weiß, daß der Sozialismus noch nicht auf der Tagesordnung steht. Man sollte sich keinen Illusionen darüber hingeben, wie das Kräfteverhältnis in einer Linksregierung aus SPD, Grünen und PDS gewichtet wäre. Es wird weder durch den Stimmanteil bestimmt, den die PDS bei Wahlen erzielen würde, noch durch die Anzahl der Minister und Staatssekretäre, die sie in der Regierung stellen würde. Kommunisten haben es immer verstanden, aus einer Minderheitsposition heraus Mehrheiten zu dominieren.

Die Stärke der Extremisten liegt jedoch vor allem in der Schwäche der Demokraten. Die Väter der Bundesrepublik wollten eine wehrhafte Demokratie, weil sie aus den Weimarer Erfahrungen gelernt hatten. Sind diese Lehren in Vergessenheit geraten? Die Schwäche der Demokraten speist sich aus vielen Motiven: falsch verstandener Toleranz, Unkenntnis der Strategie und Taktik von Extremisten – auch bloße Feigheit und Bequemlichkeit spielen eine Rolle. Denn Widerstand kostet immer mehr Kraft als passives Geschehenlassen.

Neben der Hoffnung auf eine Regeneration der beiden bürgerlichen Parteien sollten auch nicht die Chancen von neuen Entwicklungen beim Bündnis 90/Die Grünen oder in der Sozialdemokratie übersehen werden. Besonders bei den ostdeutschen Bündnisgrünen aus der Bürgerrechtsbewegung gibt es Widerstände gegen die Gemeinschaft mit der PDS und gegen die Verdrängung der kommunistischen Vergangenheit. Jedenfalls stehen unabhängige Linke wie Wolfgang Templin oder Freya Klier der demokratischen Rechten näher als beispielsweise der linke Flügel der CDU. Und auch in der SPD gibt es immer noch Kräfte, die die antitotalitäre und nationale Tradition Kurt Schumachers nicht ganz vergessen haben. Diese Kräfte werden sich der Linksunion, die gemeinsam von linken Ideologen und machthungrigen, skrupellosen Opportunisten in der SPD vorbereitet wird, entschieden widersetzen. Den antitotalitären Kräften in der Sozialdemokratie kommt für das Schicksal unseres Landes eine wichtige Bedeutung zu. Die linken Patrioten und Antikommunisten sind aber auch für die demokratische Rechte wichtig, denn ohne den Dialog mit ihnen würde sie Gefahr laufen, sich auf sektiererische oder rückwärtsgewandte Positionen zurückzuziehen.

Ziel kann aber nicht eine Wiederherstellung der Zustände vor 1968 sein. Zwar gilt es, zum antitotalitären Konsens zurückzukehren, der einmal das Fundament unserer Republik bildete, aber dies darf nicht mit einer Restauration vergangener gesellschaftlicher Verhältnisse der Adenauerzeit verwechselt werden. In der Debatte über die Zukunft Deutschlands werden sich Nonkonformisten aus allen politischen Lagern begegnen müssen, die sich einig in dem Ziel sind, nach den leidvollen Erfahrungen mit zwei totalitären Diktaturen Frieden, Freiheit und Demokratie für unser Volk kämpferisch zu verteidigen.

XI. Gefahren für die geistige Freiheit

Wenn danach gefragt wird, was – jenseits der Kritik – eigentlich die »positiven Ziele« der demokratischen Rechten seien, dann kann die Antwort nur lauten: Das wichtigste aktuelle Ziel ist die Verteidigung und Wiederherstellung der geistigen Freiheit in Deutschland. Hier wird der Unterschied, ja der Gegensatz zwischen einer demokratischen Rechten und jenen rechten Kräften deutlich, die im »Liberalismus« den Hauptfeind sehen. In den Vereinigten Staaten, wo die Rechte im intellektuellen, aber auch im politischen Bereich zunehmend in die Offensive gelangt, war es gerade die Frontstellung zwischen der freiheitsfeindlichen »political correctness« und dem Eintreten für die geistige Freiheit, die das politische Klima entscheidend zuungunsten der Linken verändert hat.

Daß die Linke sich durch die »political correctness« selbst den Boden entzieht, hat Klaus Harpprecht in der *Zeit* am Beispiel der Vereinigten Staaten unter der Überschrift *Die Torheit der Gesinnungswächter* analysiert: »Das Ziel war ein ›politisch korrektes‹ Amerika. Eine selbsternannte Tugendpolizei wollte kein falsches Wort zwischen den Rassen und den Geschlechtern mehr dulden. Nun hat in den Vereinigten Staaten eine rüde Gegenoffensive von rechts begonnen . . . Hilflos nahmen es die Liberalen hin, daß sich die Konservativen ihres ureigenen Themas bemächtigten: der individuellen Freiheit. Sie mußten sich vorhalten lassen, die Meinungsfreiheit sei nun durch einen ›linken McCarthyismus‹ bedroht.«[1]

Wo Angst ist, kann keine Freiheit sein. Die Angst davor, durch linke Kampagnen als vermeintlich Rechtsradikaler »geoutet« zu werden, führt zu Leisetreterei, Duckmäusertum und Anpassung. Aber unterschätzt werden sollte auch nicht die Angst vor dem nackten Terror, mit dem die autonome »Antifa« in Deutschland Grundrechte wie die Presse-, Meinungs- und Versammlungsfreiheit bedroht.

Antifa-Terror gegen Pressefreiheit

Ziel der antifaschistischen »autonomen« Gruppen ist es erklärtermaßen, demokratische Grundrechte für die politische Rechte in Deutschland zu beseitigen. So heißt es in einem Bekennerschreiben von »Revolutionären Lesbenfrauengruppen und anderen revolutionären Gruppen«, das die *taz* am 21. Dezember 1994 veröffentlichte:

»Am 4. 12. 94 haben wir verschiedene Objekte in Berlin und Weimar angegriffen. Sie alle sind an der Herstellung und dem Vertrieb der faschistischen Wochenzeitung ›Junge Freiheit‹ beteiligt. Wir wollen mit unseren Brandsätzen gegen die Druckerei, einen Kiosk und gegen Fahrzeuge von Vertriebsfirmen das Ende dieses Machwerks beschleunigen ... Die Zeitung JF ist der Versuch der sogenannten Neuen Rechten, mit journalistischen Mitteln in politisch und kulturell bedeutsame Bereiche der BRD-Gesellschaft einzubrechen und sich dort zu konsolidieren. Die sogenannte Neue Rechte versteht sich als Mittler zwischen allen Schattierungen des braunen Randes, von Konservativen bis zu bekennenden Nationalsozialisten ... Kein Rederecht für, keinen Dialog mit Faschisten und FaschistInnen! Freilassung aller inhaftierten AntifaschistInnen! Schau nicht weg – greif ein! Schau hin – greif an! Organisiert den antifaschistischen Kampf!«[2]

Mit dem Brandanschlag vom 5. Dezember gegen die Union-Druckerei in Weimar, bei dem ein Sachschaden von etwa 2,5 Millionen Mark entstand, haben die autonomen Gruppen erreicht, daß diese – der *FAZ* gehörende – Druckerei den Vertrag mit der *Jungen Freiheit* fristlos kündigte. Der Brandanschlag, der, hätte er sich etwa gegen die linke *taz* gerichtet und wären die Täter nicht linksextreme Autonome, sondern rechtsextreme Gewalttäter gewesen, mit Sicherheit für einen empörten Aufschrei der »liberalen Öffentlichkeit« gesorgt hätte, war den meisten Zeitungen nur wenige Zeilen wert. Eine Ausnahme machte lediglich die *FAZ*, wo Eckhard Fuhr in mehreren Berichten und Kommentaren das Notwendige zum Thema sagte. Immerhin fanden sich einige Persönlichkeiten, die einen Appell für die Erhaltung der Pressefreiheit unterschrieben:

»Wir verurteilen diese Anschläge ›autonomer‹ Täter, die sich – historisch ignorant und moralisch anmaßend – gern als ›Antifaschisten‹ bezeichnen. Das Recht auf freie Meinungsäußerung gilt selbstverständlich für Zeitungen und Autoren des gesamten politischen Spektrums. Die JUNGE FREIHEIT muß ungehindert erscheinen können – ungeachtet der Tatsache, daß vielen (auch Unterzeichnern dieses Aufrufs) die politischen Positionen der Zeitung mehr als bedenklich erscheinen.«[3]

Erstunterzeichner des Aufrufes waren Herbert Ammon, Daniel Cohn-Bendit, Ullrich Eidenmüller (stellv. Landesvorsitzender der FDP Baden-Württemberg), Gernot Facius, Peter Gauweiler, Richard Herzinger, Hellmut Matthies (*Chefredakteur idea*), Alfred Mechtersheimer, Ulrike Poppe, Thomas Schmid (*Wochenpost),* Rolf Stolz und Prof. Günter Zehm. Charakteristisch war, daß sich weder die Verleger- und Journalistenverbände noch die zahlreichen »kritischen« und »engagierten« Persönlichkeiten zu Wort meldeten, die sonst stets sofort zur Stelle sind, wenn es gilt, gegen rechtsextremistisch motivierte Gewalt »mutig« die Stimme zu erheben und ihrer »Betroffenheit« Ausdruck zu verleihen.

Der Anschlag war nur der Höhepunkt einer systematischen, von bundesweit etwa 160 Antifa-Gruppen organisierten Kampagne gegen »Nazizeitungen«. Ziel dieser Gruppen, die in den Medien nicht selten als engagierte Jugendliche, »die was gegen rechts tun wollen«, verharmlost werden, ist es, den Vertrieb der Zeitung zu verhindern. Ein erster Schritt in dem Maßnahmenkatalog der »Antifas« sind Briefe wie der folgende, der an Kioskbesitzer in Berlin geschickt wurde: »Bei einem Besuch Ihrer Verkaufsstelle hat man festgestellt, daß Sie dort Zeitungen mit faschistischem, rassistischem bzw. antisemitischem Inhalt anbieten.« Genannt werden Zeitungen wie z.B. die *Nationalzeitung,* aber auch konservative Zeitschriften wie *Criticon* oder eben die Wochenzeitung *Junge Freiheit.* Den Zeitungshändlern wird in dem Schreiben der Antifaschisten vorgehalten: »Mit der Beteiligung am Verkauf solcher Zeitungen . . . machen Sie sich schuldig an der Verbreitung faschistischer Ideen.« Der Brief schließt mit der Warnung: »Zum Schluß noch ein Hinweis, den Sie hoffentlich nicht falsch verstehen: Uns wurde Ihre Adresse von einer Person oder Gruppe übergeben mit der Bitte, daß wir uns an Sie wenden. Wir haben nun nicht in der Hand, ob bzw. was diejenigen unternehmen werden, falls Sie z.B. diese Zeitungen auch weiterhin anbieten. Möglicherweise setzen sich auch noch andere mit Ihnen in Verbindung oder ziehen weitergehende Schritte in Betracht. Aber unabhängig davon hoffen wir, daß Sie die betreffenden Zeitungen aus dem Sortiment nehmen und es mit diesem Brief erledigt ist.«[4]

In Lübeck zeichnete ein »Bündnis gegen Rassismus« für ein ähnlich lautendes Schreiben verantwortlich. »Wir würden uns freuen, wenn Sie den Verkauf der Zeitungen einstellen und wir nicht noch einmal auf Sie zukommen müssen«, heißt es in einem im August 1993 verschickten Brief, dem zu entnehmen ist, daß die »Initiative« auch vom Kreisverband der Grünen sowie den Grünen in der Lübecker Bürgerschaft unterstützt wird. Ende September hakte das »Lübecker Bündnis gegen

Rassismus« nach: »Wir hatten Sie bereits vor einigen Wochen ange-schrieben und gebeten, den Verkauf von Nazi-Zeitungen einzustellen. Leider mußten wir feststellen, daß Sie dieser Bitte nicht gefolgt sind und sich noch immer braune Propaganda in Ihren Regalen befindet ... Wir weisen ausdrücklich darauf hin, daß wir weiterhin sorgfältig beob-achten werden, wo und von wem faschistische Propaganda verkauft wird – sei es offen oder unter dem Ladentisch. Wir werden unserer Ab-lehnung durch öffentliche Aktionen Nachdruck verleihen.«[5]

Es blieb nicht bei solchen Drohungen, sondern antifaschistische Gruppen schritten in vielen deutschen Städten zur Aktion. So wurden Kioske gestürmt, die ausliegenden Exemplare der *Jungen Freiheit* wur-den zerrissen (ebenso noch andere Druckerzeugnisse, um den Sach-schaden zu erhöhen). In verschiedenen deutschen Großstädten sahen sich die Kioskbesitzer frühmorgens vor verschlossenen Türen: Die Schlösser ihrer Stände waren mit einer Tonmasse verstopft, so daß sie ihre Verkaufsräume nicht mehr betreten konnten.[6] Im Oktober 1994 wurden mit Waffengewalt in Weimar die Adressen der Abonnenten aus der Druckerei geraubt, die Anschriften wurden in linksextremen Publikationen veröffentlicht, und manche Bezieher sahen sich danach Pressionen ausgesetzt.

Zielobjekt solcher »Maßnahmen« sind nicht nur Zeitungen wie die *Junge Freiheit*, sondern auch Persönlichkeiten des konservativen Spek-trums. So wurden etwa im Umkreis der Privatwohnungen von Persön-lichkeiten wie dem konservativen Publizisten Professor Klaus Motsch-mann »Steckbriefe« ausgehängt, in denen der Betreffende vor den Nachbarn als »Faschist« »enttarnt« wurde. Als der Philosoph und Theoretiker der französischen »Neuen Rechten«, Alain de Benoist, Anfang Februar 1993 in Berlin einen Vortrag halten wollte, wurde er vom Vortragspult weg »von Autonomen regelrecht abgeführt ... Draußen, nahe des Veranstaltungsortes, schlugen die Jugendlichen den 49jährigen mit Fäusten ins Gesicht, warfen ihn zu Boden und tra-ten ihn mit Füßen.«[7]

Der Berliner Historiker Ernst Nolte wurde im Februar 1994 an einem Vortrag über Nietzsche, zu dem ihn die Katholische Studenten-gemeinde eingeladen hatte, von »Antifaschisten« dadurch gehindert, daß sie ihm Tränengas ins Gesicht sprühten. Fast schon an der Tages-ordnung ist es, Autos von »Rechten« anzustecken: Betroffen waren da-von nicht nur zahlreiche Funktionäre der Republikaner, sondern auch der Chefredakteur der *Jungen Freiheit*, Dieter Stein, Ernst Nolte und der Verfasser dieses Buches. Im Bekennerschreiben zu dem am 9. Fe-bruar 1988 verübten Brandanschlag auf Ernst Noltes Auto heißt es: »Sich auf wissenschaftlicher Ebene mit diesem Typen auseinanderzusetzen bringt nichts, festigt nur seine Position als Pseudowissenschaftler, reduziert so jede Auseinandersetzung auf einen ›akademischen Konflikt‹ und verschleiert seine Funktion als Gehilfe imperialistischer Herrschaftsabsicherung im Betrieb Universität und darüber hinaus.«[8]

Der eigentliche Skandal ist nicht die Existenz von linksextremistischen Gruppen, die auch vor Gewalt nicht zurückschrecken, sondern die Gleichgültigkeit, mit der die Öffentlichkeit darauf reagiert. In manchen Kreisen wird man von einer »klammheimlichen Freude« oder doch zumindest von einem wohlwollenden »Verständnis« ausgehen können, denn im Kampf gegen die »rechte Gefahr« ist vieles erlaubt, was sonst nicht akzeptiert wird. Und bei Konservativen tritt die Angst hinzu, selbst zum Zielobjekt von linken Kampagnen oder gar von Terror zu werden, wenn man sich dem entgegenstellt.

Eckhard Fuhr hat denn auch in einem bemerkenswerten Kommentar in der *Frankfurter Allgemeinen* Ende Dezember 1994 treffend die geistig-politische Situation charakterisiert: »Die Politik der Steckbriefe, des Prangers, der gesinnungspolizeilichen Fahndung ist ... nicht der Fimmel einiger unzeitgemäßer Sonderlinge. Sie prägt in zunehmendem Maße das, was man gerne ›politische Kultur‹ nennt. Der Rufmord ist ein alltägliches und weithin toleriertes Mittel im ›Kampf gegen rechts‹, und in diesem Kampf tanzt auch die politische Mitte ungeniert nach den linken Pfeifen.«[9] Dabei begreifen die Vertreter der »politischen Mitte« nicht, daß schon morgen sie Opfer des »antifaschistischen Kampfes« sein können. Ideologisch ist dies jedenfalls schon vorbereitet, und zwar einmal durch die Rede vom »Extremismus der Mitte«, zum anderen durch die Inflationierung des »Faschismus«-Begriffs, wobei etwa weite Teile der Union oder der konservative Flügel der FDP als »Faschisten« bezeichnet werden.

Kampagnen: Höhn, Claudia Nolte, Schultze-Rhonhof, Botho Strauß

Es vergeht kaum eine Woche, in der nicht irgendwo eine Kampagne gegen »Rechte« und Konservative inszeniert wird. Allein in den zwei Monaten zwischen der Fertigstellung der ersten Auflage dieses Buches und der Vorbereitung dieses Kapitels für die zweite Auflage sind die Kampagnen gegen die Bevölkerungswissenschaftlerin Charlotte Höhn, gegen die Familienministerin Claudia Nolte, gegen den Bundeswehrgeneral Gerd Schultze-Rhonhof und gegen den Dramatiker Botho Strauß zu nennen. Der Verlauf dieser Kampagnen belegt, wie irrational und hysterisch deutsche Debatten werden, sobald der Vorwurf laut wird, jemand habe möglicherweise Thesen geäußert, die in einem Kontinuitätszusammenhang zur NS-Zeit stehen könnten (»Fall Höhn«), habe Sympathien mit Rechtsextremen gezeigt (»Fall Nolte«), habe fragwürdige Analogien zur NS-Zeit bemüht (»Fall Schultze-Rhonhof«) oder habe gemeinsame Sache mit Rechten gemacht (»Fall Strauß«).

Der »Fall Höhn« begann bereits am 3. September 1994, und zwar mit einem Artikel in der *taz*. Dort wurde ein »Interview« mit der Direktorin des renommierten Bundesinstitutes für Bevölkerungsforschung in Wiesbaden veröffentlicht. Es handelte sich um – nicht autorisierte – Ausschnitte aus einem »wissenschaftlichen Gespräch«, das die Historikerin Susanne Heim und Ulrike Schatz mit Frau Höhn geführt hatten. Aus dem zwei Stunden langen Interview wurden einige Sätze herausgenommen, die beweisen sollten, daß Frau Höhn rassistisches Gedankengut vertrete.

Unter der Überschrift »Reinrassige Ansichten« wurde die Bevölkerungswissenschaftlerin wie folgt zitiert: Es gebe heute Sachverhalte, die man »nicht mehr sagen darf«, so beispielsweise die Ergebnisse von Untersuchungen über Intelligenzverteilung. Der Befund etwa, »daß die durchschnittliche Intelligenz der Afrikaner niedriger ist als die anderer«, gehöre zu jenen Bereichen, die mit Denkverboten belegt seien. »Was ich mit einer gewissen Bekümmernis nicht nur hierzulande, sondern noch viel stärker in den USA beobachte, ist die Art von Denkverboten, die überall verteilt werden. Das ist unwissenschaftlich, entschuldigen Sie!«[10]

Die Gesprächsausschnitte wurden gezielt zu einem Zeitpunkt veröffentlicht, als die Wissenschaftlerin als Mitglied der deutschen Delegation an der UN-Weltbevölkerungskonferenz in Kairo teilnahm. Nach der Veröffentlichung lief, so Jochen Kummer in der *Welt am Sonntag*, die »offenbar bezweckte Prozedur der Empörung« an.[11] Der SPD-Bundestagsabgeordnete Freimut Duve bezeichnete die renommierte Bevölkerungswissenschaftlerin als »Erbin Hitlers«, und Rudolf Scharping verlangte vom zuständigen CDU-Bundesinnenminister Manfred Kanther Schritte gegen Frau Höhn. Sollten die wiedergegebenen Äußerungen von Frau Höhn zutreffen, so Scharping, wäre dies »die Wiederbelebung eines Gedankengutes, das die Verachtung gegenüber Schwächeren zeigt und dessen Wurzeln in einer unseligen Vergangenheit zu suchen sind«.[12] Für die Fraktion Bündnis 90/Die Grünen forderte deren Pressesprecher Heinz Suhr sogar den Rücktritt von Kanther. »Die politische Verantwortung für die skandalöse Zusammensetzung der Kairorer Delegation«, so Suhr, »trägt Innenminister

Kanther.« Dieser sei damit »untragbar geworden«. Auch Michael Friedmann vom Zentralrat der Juden in Deutschland protestierte gegen die Wissenschaftlerin: »Diese Über- und Unterordnungsphilosophie, pseudowissenschaftlich verpackt, ist unerträglich«, so Friedmann. Der Vorsitzende des Zentralrats der Juden, Ignatz Bubis, sah die Äußerungen von Frau Höhn im Zusammenhang mit einem »neuen Extremismus« bei deutschen Intellektuellen. Und der SPD-Europaabgeordnete Jannis Sakellariou forderte gar »eine umgehende, offizielle und überzeugende Entschuldigung der Bundesregierung«.[13]

Die Reaktionen der Betroffenen selbst, aber vor allem des CDU-Bundesinnenministers, waren charakteristisch auch für den Ablauf ähnlicher Kampagnen. Selbstverständlich wurde über die Inhalte des Interviews, also über die Existenz von Denkverboten und Tabuzonen in Wissenschaft und öffentlicher Diskussion, nicht gesprochen. Frau Höhn zog sich vielmehr darauf zurück, sie sei von den beiden Interviewerinnen arglistig getäuscht worden und habe das Interview auch nie autorisiert. Kanther suspendierte die Direktorin vom Dienst und ordnete eine disziplinarische Vorprüfung an, die klären sollte, ob ein förmliches Disziplinarverfahren eingeleitet werden solle. Ein Jurist wurde beauftragt, das Wiesbadener Institut und die Effizienz seiner Arbeit unter die Lupe zu nehmen; ein ausländischer Bevölkerungswissenschaftler erhielt den Auftrag, sämtliche Schriften von Frau Höhn zu überprüfen, ob darin Anstößiges zu finden sei. Natürlich fehlte nicht die entsprechende Begleitmusik von der linken Basis. So rief der Gießener AStA alle Studierenden, die jemals an einer Lehrveranstaltung von Frau Höhn teilgenommen hatten, dazu auf, sich zu melden, falls sie über rassistische Äußerungen der Professorin berichten könnten.

Beim Gießener AStA meldete sich freilich kein einziger Student, und auch der von Kanther angeforderte Bericht ergab nichts, was die Eröffnung eines Disziplinarverfahrens hätte rechtfertigen können. Im Gegenteil, die Sachverständigengutachten rehabilitierten die zu Unrecht Angeklagte vollständig. Trotz dieser eindeutigen Befunde entschloß sich Kanther, Charlotte Höhn nicht wieder in ihre alte Stellung als Leiterin eines eigenständigen Bundesinstituts einzusetzen, sondern sie und ihr Institut dem Statistischen Bundesamt ein- oder anzugliedern. Begründung: Frau Höhn habe »mangelndes Gespür« gezeigt »für das politische Umfeld, in dem – insbesondere mit Blick auf die Kairoer Konferenz – ihr Gespräch stattgefunden hat«.

Klaus Natrop kommentierte dieses Verhalten Kanthers in der *Frankfurter Allgemeinen*: »Trotz Aufhebung ihrer Suspendierung läuft das letztlich auf eine Mißtrauensbekundung hinaus. Diese aber trifft nicht nur die Direktorin Charlotte Höhn, sondern auch die ihr unterstellten Beschäftigten des Instituts, deren Arbeit von Leuten, die etwas von Bevölkerungswissenschaft verstehen, durchaus geschätzt wird. Mit einigem Recht kann sich Frau Höhn darüber beklagen, daß der Innenminister seine Fürsorgepflicht nicht ausreichend erfüllt hat. Eine Rehabilitierung ohne Wiederherstellung des ursprünglichen Zustandes ist keine völlige Rehabilitierung, sondern, wenn man es positiv betrachtet, eine Teilrehabilitierung oder, negativ gesehen, eine Teilverurteilung. Etwas bleibt hängen an Frau Höhn, ihr Ruf ist beschädigt. Der Innenminister hat daran mitgewirkt.« Man könnte daher durchaus zu dem Ergebnis kommen, daß gerade Kanther »mangelndes Gespür« gezeigt habe, »indem er durch den Eindruck einer nicht vollständigen Rehabilitierung von Frau Höhn fragwürdigen Recherchemethoden, die man Gesinnungsschnüffelei nennen könnte, zu einem Teilerfolg verholfen habe«.[14]

Kaum war dieser »Teilerfolg« gegen Charlotte Höhn erzielt, brach eine Kampagne gegen eine andere konservative Frau los, nämlich gegen die im November 1994 zur Ministerin für Familie, Frauen, Jugend und Senioren berufene 28jährige CDU-Politikerin Claudia Nolte.[15] Wiederum gab die *taz* das Signal, als sie Frau Nolte mit dem ja bereits hinlänglich diffamierten Steffen Heitmann gleichsetzte. Da Claudia Nolte jedoch weitgehend ein unbeschriebenes Blatt war, fehlte zunächst noch der Stoff für einen »richtigen« Skandal. Allein die Tatsache, daß sie eine entschiedene Gegnerin der Abtreibung und bekennende Katholikin ist, reichte zwar für manche hämische Bemerkung, aber noch nicht für eine regelrechte Medien-Hetzjagd.

Hier kam der Südwestfunk-Redakteur Thomas Leif zu Hilfe, einstmals Vorsitzender der laut Verfassungsschutzbericht kommunistisch infiltrierten »Deutschen Jugendpresse« (djp). Leif hatte bereits im April 1994 in einem Beitrag für »Report Baden-Baden« den katholischen *Komm mit*-Kalender als »rechtsextremes« Pamphlet entlarven wollen. Begründung: In dem Kalender werden die Zeitschriften *Junge Freiheit* und *Nation und Europa* empfohlen, es findet sich eine Karte mit der Abbildung der deutschen Grenzen von 1937 und ein Abdruck des Deutschlandliedes in allen drei Strophen.

Anlaß, das Thema *Komm mit* erneut aufzugreifen, war ein in dem Kalender abgedrucktes Zitat aus einem Brief, den die ehemalige CDU-Abgeordnete und jetzige Ministerin an die Herausgeber des Kalenders geschrieben hatte: »Mir imponiert die Art und Weise, wie Sie jungen Menschen christlich-katholisches Gedankengut nahebringen.« Mit diesem Zitat war scheinbar ein Beleg dafür gefunden, daß die Ministerin mit »braunem« Gedankengut sympathisiere. Kaum hatte Thomas Leif seine neuerliche »Enthüllung« im ARD-Morgenmagazin verbreitet, lief die Kampagne gegen Claudia Nolte an. Die »Delikte«, deren man die Ministerin für schuldig befand, klangen von Meldung zu Meldung dramatischer. Oder war es nur Ausdruck mangelnder historischer Bildung, daß beispielsweise die Nachrichtenagenturen Reuters und Associated Press die Meldung verbreiteten, der von Frau Nolte gelobte Kalender fordere die »alten Grenzen des Dritten Reiches«?

Wie stets, wenn der Vorwurf des »Rechtsextremismus« laut wird, bestimmte Panik die Reaktionen, auch der Betroffenen. So beeilte sich die Sprecherin des Bundesfamilienministeriums mitzuteilen, Frau Nolte habe ihren Satz über den Kalender ja als einfache Bundestagsabgeordnete geschrieben, aber »als Ministerin würde sie das ganz anders hinterfragt haben«. Die Ministerin selbst bezeichnete in einer Stellungnahme die Tatsache, daß Jugendliche in einem Kalender mit christlichem Hintergrund mit einseitigen und extremen politischen Auffassungen konfrontiert würden, als »sehr bedenklich und kritikwürdig«. Wer die polnische Westgrenze in Frage stelle und für verfassungsfeindliche Publikationen werbe, müsse mit ihrem »Widerstand« rechnen, erklärte Frau Nolte. Sie bat gar das Innenministerium, den Kalender auf »verfassungsfeindliche Inhalte« zu prüfen, so als ob sie als Ministerin selbst zu einem Urteil darüber nicht in der Lage sei.

Wie man auch angesichts massiver Kampagnen durchaus ruhig und angemessen reagieren kann, zeigte ziemlich genau einen Monat später Generalmajor Gerd Schultze-Rhonhof, Befehlshaber der 1. Panzerdivision. Nach einer Rede des Generals hatte die *Bild am Sonntag* in einer großen Schlagzeile von einem »Bundeswehr-Skandal« gesprochen – »General beschimpft Verfassungsgericht«: »So hat sich noch kein Bundeswehr-General im Wort vergriffen!« Der General habe das Bundesverfassungsgericht mit dem »grausamen Volksgerichtshof der Nazi-Diktatur« verglichen. Zugleich berichtete *Bild am Sonntag*, der Wehrbeauftragte des Deutschen Bundestages, Alfred Biehle (CSU), habe erklärt, wenn eine Überprüfung des Vorgangs die Äußerungen bestätige, dann sei der General nicht länger tragbar. »Er muß von seinem Posten abgelöst werden. Ein Disziplinarverfahren muß für Aufklärung sorgen. Ich habe bereits veranlaßt, daß das Ministerium diese Vorgänge genau untersucht und mir einen Bericht zuleitet.« Auch Minister Rühe sei schon auf Distanz zu dem General gegangen.[16]

Die *Bild am Sonntag*-Version geisterte rasch durch viele Zeitungen, Rundfunk- und Fernsehsendungen: General setzt das Bundesverfassungsgericht mit dem Volksgerichtshof gleich, CSU-Wehrbeauftragter fordert Ablösung. Für Aufklärung über die tatsächlichen Äußerungen des Generals sorgte die *FAZ*, die am 17. Januar Auszüge aus der Rede abdruckte. Der General hatte unter anderem Kritik an dem »Soldatenbeschluß« des Bundesverfassungsgerichtes vom 25. August 1994 geübt. Das höchste deutsche Gericht hatte vorangegangene Urteile von Instanzgerichten aufgehoben, nach denen ein Sozialpädagoge wegen Mitführens eines Aufklebers »Soldaten sind Mörder« verurteilt worden war. »Mit diesem Beschluß«, so Schultze-Rhonhof, »hat das Bundesverfassungsgericht nach meiner Meinung ein Stück Glaubwürdigkeit verloren. Ich bin der Auffassung, daß sich die 3. Kammer des 1. Senats des Bundesverfassungsgerichts mit diesem Beschluß ein Fehlurteil geleistet hat. Der Vergleich von Soldaten mit Mördern ist so absurd und zutiefst ehrabschneidend, wie es ein Vergleich des Bundesverfassungsgerichtes mit dem Volksgerichtshof der NS-Zeit sein würde. Damit wäre ein Vergleich eines Soldaten mit einem Mörder auch so richtig wie ein Vergleich von Bundesverfassungsgericht und Volksgerichtshof.«[17]

Es ist eindeutig, daß mit diesen Sätzen keinerlei »Vergleich« oder »Gleichsetzung« von Bundesverfassungsgericht und Volksgerichtshof vorgenommen worden war. Immerhin korrigierte der Wehrbeauftragte Biehle nach nochmaliger Lektüre des Wortlautes der Rede seine voreilig geäußerte Kritik und nahm den Vorwurf zurück, der General habe eine »Gleichsetzung« beabsichtigt.[18] Unbeeindruckt von den Tatsachen forderten die Grünen, denen sonst jede »kritische« Äußerung von Bundeswehr-Angehörigen hochwillkommen ist, die Entlassung des Generals.[19]

Der General bewies Rückgrat, weil er keinen Anlaß sah, etwas zurückzunehmen oder sich zu entschuldigen. Und *Focus*-Herausgeber Helmut Markwort kam auf den Punkt, wenn er verdeutlichte, daß nicht die Äußerungen des Generals, sondern die Reaktionen darauf ein Skandal waren: »Die Opposition empört sich reflexhaft, der Wehrbeauftragte, ein CSU-Mann, poltert erst mal mit, und der Sprecher des Ministers Rühe gibt defensiv faktisch schon einmal bekannt, was jeder weiß, daß auch ein General aus politischen Gründen pensioniert werden kann. Zum Glück nicht wegen deutlicher Aussprache. Der General hat nämlich seine Meinung über das ›Soldaten sind Mörder‹-Urteil so klug, genau und geschickt formuliert, daß die Entrüstung sich in heiße Luft auflöst. Dieser Bürger in Uniform ist ein Pluspunkt für die Bundeswehr.«[20]

Nicht nur die politische Diskussion, auch die intellektuelle Debatte wird zunehmend vergiftet, weil nicht mehr über Inhalte diskutiert wird, sondern linke PC-Kommissare alle Register der psychologischen Kriegführung bemühen, um rechte Intellektuelle als Sympathisanten von Auschwitz-Leugnern oder als Verharmloser des Nationalsozialismus zu entlarven. Da diese Vorwürfe, insofern sie sich gegen demokratische Rechte richten, absurd und durch nichts zu belegen sind, werden die »Beweismittel« gefälscht, wobei man nicht davor zurückschreckt, ungeprüft Behauptungen links- und auch rechtsextremer Propagandapostillen zu übernehmen oder Zitate so zu verdrehen, daß sie am Schluß scheinbar des Gegenteil des ganz offensichtlich Gemeinten »beweisen«.

Ein Beispiel waren die Reaktionen auf die Beteiligung des Dramatikers Botho Strauß an dem von Heimo Schwilk und Ulrich Schacht herausgegebenen Sammelband *Die selbstbewußte Nation*. Strauß hatte das Projekt mit den Herausgebern abgestimmt und seinen zuerst im *Spiegel* veröffentlichten Beitrag »Anschwellender Bocksgesang« als Leittext zur Verfügung gestellt. Dem Dramatiker warf deshalb in der Zeitschrift *Theater heute* Peter von Becker vor, er habe sich in die Gesellschaft von Autoren begeben, die Auschwitz »nur noch in Anführungszeichen« schrieben.[21] Der Theaterkritiker Gerhard Stadelmeier übernahm diese Behauptung in einem Beitrag für das (zunehmend linkslastige) Feuilleton der *Frankfurter Allgemeinen* und attackierte dort den »unsäglichen Aufsatzsammelband . . ., in dem über Auschwitz gerne in höhnischen Anführungszeichen hinweggegangen wird«.[22] Dabei wird Auschwitz an zwei Stellen des Bandes natürlich nicht deshalb in Anführungszeichen geschrieben, weil die fabrikmäßige Ermordung der Juden bestritten werden soll, sondern weil an den betreffenden Stellen der Begriff gemeint ist und nicht der Ort: Auschwitz als Synonym für den Massenmord an den europäischen Juden.[23]

Die Beteiligung von Botho Strauß an dem Band führte zu erheblichen Irritationen, weil manch einer gehofft hatte, dem Dramatiker eine Brücke zurück zur Gemeinde der »politisch Korrekten« zu bauen. Verschiedentlich hatte es geheißen, Strauß habe seinen Essay möglicherweise gar nicht so gemeint, wie er verstanden worden sei. Vielleicht sei Strauß, der sich durch seine Mitarbeit an dem Sammelband »zur Kühlerfigur eines Vehikels machen [ließ], das braune Soße und trübe Rabulistik keß an die Leute kutschierte«[24], nur ein Naivling, der sich von finsteren braunen Kräften habe mißbrauchen lassen. »War der leicht gläubige Strauß da womöglich unter die Räuber gefallen?« fragte der *Spiegel*, mußte jedoch diese Frage verneinen, da Strauß sich inzwischen in mehreren Briefen zu seiner Mitarbeit an dem Band ausdrücklich und ohne Einschränkung bekannt hatte. Sich unter dem Druck der linken Kampagne von dem Band zu distanzieren, wie dies etwa Eduard Beaucamp in einer Selbstbezichtigungsglosse in der *FAZ* getan hatte[25], lehnte Strauß in einem Schreiben an den Herausgeber Heimo Schwilk entschieden ab: »Aber sich zu distanzieren jetzt von einem Buch, dessen Herausgeber, Thema und Autoren man kannte, ist nichts als feige und etwa so lauter wie das Dementi eines Politikers, der ›aus Versehen‹ eine vom Lager abweichende Meinung äußerte.«[26]

Dieses Verhalten von Botho Strauß brachte ihm Respekt nicht nur bei Gleichgesinnten ein. So verteidigte der Direktor der Münchner Kammerspiele, Michael Wachsmann, in einem Beitrag für *Die Woche* den Dramatiker:»Botho Strauß als der erste ›rechte Dichter‹ seiner Generation – was wäre daran skandalös? Die Demokratie wird's nicht kosten; Kopf hoch und etwas mehr Selbstbewußtsein, liebe Nation. Und Besinnung auf die eigenen Prämissen: Die Nagelprobe für ein Gemeinwesen ist ihr Umgang mit Dissentern; zu einem Ganzen – und das ist dies Land nun einmal geworden – gehören Teile, Ränder, Bruchstellen. Den Seismographen aber für das Beben haftbar zu machen, das er registriert – und eben diese Fähigkeit zeichnet Strauß vor vielen anderen ›Meinern‹ und ›Wissern‹ aus – ist töricht. Und wenn sich im Kielwasser des Dichters eine ›Rechte‹ hervordefiniert: gut so – dann weiß man, mit wem und was man's zu tun hat.«[27]

Diese Gelassenheit, die eigentlich in einer pluralistischen Gesellschaft selbstverständlich sein sollte, ist heute im Umgang mit demokratischen Rechten leider noch die Ausnahme. Die Hysterie, mit der auf »rechtes Gedankengut« reagiert wird, ist aber auch Ausdruck einer Schwäche der Linken. Wer sich nur noch mit der Verhängung von Frage-, Diskussions-, Publikations- und Kontaktverboten behaupten kann, verrät damit die eigene Unsicherheit und befindet sich geistig bereits in der Defensive. Nach 25 Jahren kontinuierlicher Linksentwicklung ist die politische Linke zwar auf dem Höhepunkt ihrer Macht, aber im intellektuellen Bereich hat sie erheblich an Attraktivität verloren.

Peter Glotz, einer der klügsten Köpfe der demokratischen Linken, schrieb im September 1994 im SPD-Theorieorgan *Die Neue Gesellschaft*:»Es wäre falsch zu sagen, daß das Volk auf ein Losungswort wartet. Aber ein *Roosevelt-Ruck* – der dringend nötig wäre – kann nur durch eine starke These ausgelöst werden. Von wem wird sie kommen? Möglicherweise von der neuen konservativen Intelligenz ... Für die Linke ist es ein Jammer, aber es ist wahr: Ullstein und Siedler sind heute prägender als Piper und Hanser. Selbst Suhrkamp und der *Spiegel* schlingern wie unschlüssige Fahrer auf glitschigem Grund.«[28]

Schon lange ist von der linken Seite kein Buch mehr erschienen, dessen Thesen wirkliche Aufmerksamkeit gefunden oder das gar eine große Debatte angestoßen hätte. Ob im Historikerstreit oder in der Botho-Strauß-Debatte: Es geht um die Thesen der Rechten, auf die die Linke mit hysterischer Abwehr statt mit eigenen Gedanken reagiert.

Die jüngsten Reaktionen auf die »89er«, wie sie etwa Jürgen Busche[29], Herbert Riehl-Heyse[30] und Matthias Greffrath[31] im Feuilleton der *Süddeutschen* vortragen, sind so langweilig und nichtssagend, daß man getrost schweigend darüber hinweggehen kann. Anders als etwa Artikel von Ernst Nolte in der *FAZ* oder von Botho Strauß im *Spiegel* verpuffen diese Diskussionsbeiträge im Nichts, lösen weder Zustimmung noch Widerspruch aus, und zwar einfach deshalb, weil sie keinen einzigen interessanten Gedanken enthalten. Ihr Inhalt reduziert sich im Grunde darauf, der Rechten »Larmoyanz« (Busche) und »Jammern« (Riehl-Heyse) vorzuwerfen, weil sie die tägliche Praxis der Ausgrenzung, Diffamierung und des Meinungsterrors nicht mehr einfach hinnimmt. Als seinerzeit die Linke über »Berufsverbote« für Kommunisten und den »Abbau demokratischer Rechte« klagte, hatte die »liberale Öffentlichkeit« viel Verständnis – niemand sprach von »Larmoyanz«. Heute, wo Linksextreme mit massivem Terror versuchen, demokratische Rechte mundtot zu machen, schweigt diese »liberale Öffentlichkeit« und wundert sich über die »Larmoyanz« derjenigen, die nicht länger bereit sind, diese Zustände als Normalität einer demokratisch-pluralistischen Gesellschaft zu akzeptieren.

Anmerkungen

Vorwort

1 Habermas, Nachholende Revolution, S. 163.
2 Vgl. dazu Kapitel II.
3 Medien-Monitor Nr. 9 vom 15. 11. 1994, S. 2, 8.
4 Ralf Georg Reuth, in: Focus 48/1994, S. 25.
5 Interview mit Arnulf Baring, in: Focus 18/1994, S. 114.
6 Stephan, Betroffenheitskult, S. 27.
7 Vgl. das Buch von Friedbert Pflüger: Deutschland driftet.
8 Elisabeth Noelle-Neumann, Interview in: Die Welt vom 12. 9. 1994, S. 7.
9 Der Appell wurde in der Süddeutschen Zeitung und der taz am 23. 9. 1994 veröffentlicht. Zu der Diskussion, die u. a. durch die nachträgliche Distanzierung von drei Unterzeichnern ausgelöst wurde vgl. den Kommentar von Eckhard Fuhr, FAZ vom 15. 10. 1994, S. 1.
10 Martin Walser, Über freie und unfreie Rede, in: Der Spiegel 45/1994, S. 138, 134f.

I. Antitotalitarismus oder Antifaschismus?

1 Konrad Adenauer, Erinnerungen 1945-1953, S. 51.
2 Theodor Heuss, zit. nach Kittel, S. 63.
3 Dehler, zit. nach Klingl, S. 35.
4 Zit. nach Merz, S. 64f. Hervorhebung im Original.
5 Zit. nach ebenda, S. 66.
6 Bracher, Zeit der Ideologien, S. 271.
7 Doering-Manteuffel, S. 125.
8 Zit. nach: Dehler greift Hochkommissare an, Frankfurter Rundschau vom 4. 9. 1950.
9 Rede Kurt Schumachers im Deutschen Bundestag: »Deutschlands Einheit in Freiheit«, in: Albrecht, S. 924.
10 Kittel, S. 365.
11 Vgl. zu diesen Themenkomplexen die Beiträge von Fait und Schick.
12 Kittel, S. 358.
13 Kielmannsegg, S. 27.
14 Leonhard, S. 288.

15 Schaffendes Volk in Stadt und Land! Männer und Frauen! Deutsche Jugend! Aufruf des ZK der KPD vom 11. Juni 1945, in: Berthold/Diehl, S. 191–200.
16 Loth, S. 24.
17 Stößel, S. 618.
18 Ebenda, S. 628.
19 Zit. nach ebenda, S. 76.
20 Gründungs-Erklärung des zentralen Einheitsfront-Ausschusses vom 14. 7. 1945, in: Suckut, S. 65.
21 Die CDU zum Volksentscheid in Sachsen, Beschluß des Hauptvorstandes vom 5. 6. 1946, in: ebenda, S. 145.
22 Zitiert nach Hacke, Kaiser, S. 29.
23 Jakob Kaiser, Um Demokratie und Freiheit. Rede gehalten in Berlin-Neukölln am 10. 1. 1948, in: Hacke, Kaiser, S. 302.
24 Sethe, Öffnung nach Osten, S. 12ff., 80ff.
25 Sethe, Zwischen Bonn, S. 157f.
26 Nolte, Deutschland und der Kalte Krieg, S. 253.
27 Jesse, Der Schutz..., S. 134.
28 Zit. nach Rudzio, S. 206.
29 Zit. nach ebenda, S. 116f.
30 Vgl. ebenda, S. 117.
31 Ebenda.
32 Kittel, S. 371.

II. Der Bruch von 1968

1 »Träume im Kopf, Sturm auf den Straßen«, von Jürgen Leinemann, in: Der Spiegel 19/1988, S. 133.
2 Ebenda, S. 137, 140f.
3 Ebenda, S. 138.
4 Bracher, Zeit der Ideologien, S. 298.
5 Leggewie, 1968, S. 5
6 Ebenda, S. 14.
7 Jürgen Habermas, Frankfurter Rundschau vom 11. 3. 1988, S. 45.
8 Rohrmoser, S. 320.
9 Vgl. etwa Leggewie, 1968, S. 13; Sontheimer, S. 36.
10 Rabehl, S. 5f.
11 Daniel Cohn-Bendit, Interview mit der taz, 10. 4. 1993.
12 Der Spiegel 17/1988, S. 86.
13 Krahl, S. 23.
14 Cohn-Bendit, Interview mit der taz vom 10. 4. 1993.
15 Krahl, S. 243f.
16 Allensbacher Jahrbuch 1968–1973, S. 458.

17 Ebenda, S. 457.
18 Ebenda, S. 458.
19 Ebenda, S. 462.
20 Haffner, zit. nach Franz Schneider, S. 165.
21 Leggewie, 1968, S. 11.
22 Axel Springer, Rede vom 9. 3. 1972, zit. nach: Naeher, S. 227.
23 Axel Springer, Rede vom 18. 6. 1976, in: Springer, Reden, S. 119.
24 Axel Springer, Rede vom 27. 6. 1981, ebenda, S. 153.
25 Zit. nach Naeher, S. 225.
26 Christian Semler, taz vom 10. April 1993, S. 42.
27 Zit. nach Naeher, S. 234f.
28 Allensbacher Institut, Student und Politik im Sommer 1967, Tabelle 24.
29 Zit. nach Naeher, S. 235.
30 Vgl. Franz Schneider, S. 75.
31 Axel Springer, Rede vom 18. 6. 1976, in: Springer, Reden, S. 121.
32 Allensbacher Jahrbuch 1968–1973, S. 460.
33 Knut Nevermann, Staatstragend – doch kritisch geblieben, in: Die Zeit vom 12. 3. 1993, S. 6.
34 Franz Schneider, S. 17.
35 Renate Köcher, Freiheit, Gleichheit, Autorität und Norm – ungeklärte Verhältnisse, in: Noelle-Neumann/Köcher, Die verletzte Nation, S. 291.
36 Ebenda, S. 290f.
37 Ebenda, S. 292.
38 Vgl. Rohrmoser, S. 323.

III. Das Ende der Abgrenzung

 1 Seebacher-Brandt, S. 66.
 2 Noller, S. 23.
 3 Vgl. Müller-Rommel, S. 79f.
 4 Zit. nach Müller-Rommel, S. 122f.
 5 Zit. nach Rudzio, S. 63.
 6 Zit. nach ebenda, S. 53.
 7 Zit. nach ebenda, S. 71.
 8 Ebenda, S. 74.
 9 Ebenda, S. 99.
10 Walter Jens, Rede auf dem SPD-Parteitag 1979, zit. nach Löw, S. 92.
11 Monnerot, S. 137.
12 Rudolf Bahro, zit. nach Rudzio, S. 175.
13 Bahro, S. 104.
14 Erhard Eppler, zit. nach Rudzio, S. 181.
15 Unsere Zeit (UZ), zit. nach ebenda, S. 201.
16 Zit. nach ebenda, S. 204.

17 Ditfurth, S. 50.
18 Ebenda, S. 51.
19 Ebenda, S. 57f.
20 Vgl. Fichter, S. 174ff.
21 Ditfurth, S. 62.
22 Fichter, S. 173.
23 Gerd Bucerius, Aus der Vergangenheit nichts gelernt? Die Zeit Nr. 38 vom 11. 9. 1987.
24 Ulrich Schacht, »Wir deutschen Kommunisten und Sozialdemokraten . . .«, in: Welt am Sonntag vom 30. 8. 1987.
25 Zit. nach: Löw, S. 98.
26 Bärbel Bohley, Der fatale Opportunismus, in: FAZ vom 14. 3. 1992, S. 27.
27 Erhard Eppler, Links blinken, rechts fahren, in: Der Spiegel Nr. 29 vom 7. 7. 1988.
28 Ditfurth, S. 57.
29 Interview mit Erhard Eppler, in: Gorholt/Kunz, S. 192.
30 Erhard Eppler, Bundestagsrede vom 17. 6. 1989, in: Eppler, S. 30–46.
31 Ditfurth, S. 55.
32 Oskar Lafontaine, zit. nach Hacker, S. 207.
33 Bahr, S. 141.
34 Ebenda, S. 144.
35 Wilke, S. 47.
36 Protokoll 8. Ordentlicher Gewerkschaftstag, Industriegewerkschaft Druck und Papier, Koblenz 1968, Antrag 270, S. 161.
37 Protokoll 10. Ordentlicher Gewerkschaftstag, Industriegewerkschaft Druck und Papier, Hamburg 1974, S. 265.
38 Gewerkschaften: Hummer und Lupe, in: Der Spiegel vom 16. 1. 1978.
39 Leonhard Mahlein, Gewerkschaften heute, Nachrichten-Reihe 27, Frankfurt/M. 1983, S. 20f.
40 Zentralvorstand IG Druck und Papier, 2. 9. 1976, Bericht über den Aufenthalt der Delegation des Hauptvorstandes der IG Druck und Papier im DGB in der Zeit vom 23. bis 28. 8. 1976, in: Wilke, S. 332.
41 Detlef Hensche, Besuch in der DDR – Wir brauchen keine Dolmetscher, in: Druck und Papier Nr. 21 vom 11. 10. 1976, S. 6f.
42 Zentralvorstand IG Druck und Papier, 27. 8. 1981, Erste Information über den Besuch einer Delegation des Hauptvorstandes der IG Druck und Papier im DGB unter der Leitung des Vorsitzenden Leonhard Mahlein, in: Wilke, S. 372.
43 Der Kommunistischen Partei geht es noch immer um die Zerschlagung der freien Gewerkschaften, in: Handelsblatt vom 19. 6. 1987.
44 Motschmann, S. 21f.
45 Gollwitzer, Kann ein Christ, S. 371.
46 Gollwitzer, Forderungen der Umkehr, S. 168.
47 Forck, S. 81.

48 Barth, S. 201.
49 Zit. nach Motschmann, S. 237.
50 Zit. nach ebenda.
51 Zit. nach Knolle, S. 9.
52 Zit. nach Motschmann, S. 32.
53 Motschmann, S. 34
54 Zahlreiche Belege bei Püttmann, vor allem S. 211–250.
55 Motschmann, S. 82.
56 Zit. nach ebenda, S. 76f.

IV. Die Grünen zwischen Extremismus und Demokratie

1 Kritisch zu Haußleiter (aus linker Sicht) vgl. die Studie von Richard Stöss, Vom Nationalismus zum Umweltschutz.
2 Van Hüllen, S. 114.
3 Ebenda, S. 393f.
4 Ebenda, S. 197f.
5 Vgl. zu diesem Aspekt Raschke, S. 476f.
6 Van Hüllen, S. 239.
7 Ebenda, S. 312.
8 Ebenda, S. 313.
9 Ebenda, S. 233.
10 Ebenda, S. 244.
11 Raschke, S. 473.
12 Ebenda, S. 79.
13 Ebenda, S. 80.
14 Zit. nach ebenda, S. 82.
15 Zit. nach ebenda.
16 Ebenda, S. 418.
17 Allensbacher Jahrbuch, Bd. 9, S. 738.
18 Vgl. etwa die vom Institut der deutschen Wirtschaft herausgegebene Studie von Emil-Peter Müller.
19 Weischenberg u.a., S. 162.
20 Van Hüllen, S. 210f.
21 Zit. nach Westerhoff/Neumann, S. 322.
22 Zit. nach ebenda, S. 324.
23 Zit. nach ebenda, S. 326.
24 Zit. nach ebenda, S. 330.
25 Zit. nach ebenda.
26 Zit. nach Hüllen, S. 363.
27 Zit. nach ebenda, S. 363f.

28 Zit. nach Raschke, S. 694.
29 Ebenda, S. 695.
30 Zit. nach Schmidt, S. 125f.
31 Zit. nach ebenda, S. 126.
32 Zit. nach ebenda, S. 111.
33 Van Hüllen, S. 437.
34 Allensbacher Jahrbuch, Bd. 9, S. 606.
35 Ebenda.
36 Wolfgang Schäuble, Interview in: Der Spiegel 47/1994, S. 23.
37 Peter Gauweiler, Grün und Schwarz ist Grau, in: FAZ vom 1. 12. 1994.
38 Allensbacher Jahrbuch, Bd. 9, S. 921.
39 Ebenda, S. 914.

V. Weizsäcker, Geißler und die CDU-Linke

 1 Fink, S. 32.
 2 Vgl. etwa das kritische Buch von Uwe Greve, Parteienkrise.
 3 Weizsäcker, S. 101ff.
 4 Geißler, Im Gespräch, S. 123.
 5 Dettling, S. 156.
 6 Eberhard Jäckel, Einleitung zu: Weizsäcker-Reden, S. 12.
 7 Brief Adenauers an Wilhelm Sollmann vom 18. 1. 1947, zit. in: Köhler, S. 451.
 8 Allensbacher Jahrbuch 1947–1955, S. 125.
 9 Vgl. Frankfurter Rundschau vom 13. 10. 1988: Weizsäcker: Verbrechen der Nazis ohne Vergleich. Präsident ergreift Partei im Historikerstreit.
10 Dettling, S. 98.
11 Brigitte Seebacher-Brandt, Richard von Weizsäcker, in: FAZ-Magazin, Heft 748 vom 1. 7. 1994, S. 22.
12 Ebenda, S. 26.
13 Allensbacher Jahrbuch, Bd. 9, S. 754 und 761.
14 Ebenda, S. 735.
15 Geißler, Zugluft, S. 180.
16 Ebenda, S. 209.
17 Ebenda, S. 10.
18 Ebenda, S. 204.
19 Geißler, Im Gespräch, S. 91.
20 Ebenda, S. 43.
21 Ebenda, S. 245.
22 Ebenda, S. 67.
23 Geißler, Zugluft, S. 205f.
24 Geißler, Im Gespräch, S. 378.
25 Ebenda, S. 142.

26 Zit. nach Kummer, S. 16.
27 Vgl. ebenda, S. 65ff.
28 Geißler, Im Gespräch, S. 326.
29 Ebenda, S. 357.
30 Ebenda, S. 360.
31 Ebenda, S. 223.
32 Ebenda, S. 36.
33 Ebenda, S. 37.
34 Ebenda, S. 57.
35 Ebenda, S. 150.
36 Ebenda, S. 35.
37 Ebenda, S. 36.
38 Ebenda, S. 83.
39 Ebenda, S. 116f.
40 Ebenda, S. 255.
41 Ebenda, S. 254.
42 Ebenda, S. 255.
43 Ebenda, S. 222.
44 Geißler, Zugluft, S. 119.
45 Dettling, S. 33f.

VI. Die Macht der Medien – und ihre Grenzen

1 Weischenberg u.a., S. 162.
2 Ebenda.
3 Köcher, S. 59.
4 Weischenberg u.a., S. 163.
5 Köcher, S. 62f.
6 Noelle-Neumann, Öffentliche Meinung, S. 212.
7 Ebenda, S. 213.
8 Köcher, S. 90.
9 Schneider/Schönbach/Stürzebecher, S. 358.
10 Ebenda, S. 368.
11 Ebenda, S. 377.
12 »Die Arroganz der Macht war größer, als ich es vermutet hätte«, Joachim
    Gauck, Interview, in: Die Welt vom 15. 8. 1994, S. 7.
13 »Die Konservativen sollten nicht so ungeduldig sein«. Interview mit Elisa-
    beth Noelle-Neumann, in: Die Welt vom 12. 9. 1994, S. 7.
14 Gehirnwäsche via TV-Unterhaltung, TM 8+9/1994, S. 6.
15 Allensbacher Jahrbuch, Bd. 9, S. 432.
16 Ebenda, S. 434.
17 Ebenda, S. 437.
18 Ebenda, S. 438.

19 Theo Sommer, Quo vadis Germania? Eine Standortbestimmung der Bundesrepublik nach den Besuchen von Bush und Gorbatschow, in: Die Zeit vom 26. 6. 1987.
20 Robert Leicht, Die neue Welle alter Träume. Das Wiedererwachen nationaler Erwartungen aus dem deutschen Drang nach dem Unmöglichen, in: Süddeutsche Zeitung vom 18. 1. 1985.
21 Vgl. Doler.
22 Hacker, S. 324.
23 Allensbacher Jahrbuch, Bd. 9, S. 452.
24 Ebenda, S. 530.
25 Ebenda, S. 531.
26 Ebenda, S. 542.
27 Ebenda, S. 137.
28 Ebenda, S. 913.
29 Ebenda, S. 915.
30 Ebenda, S. 921.
31 Kepplinger, S. 103.
32 Ebenda, S. 105.
33 Allensbacher Jahrbuch, Bd. 9, S. 381.
34 Vgl. dazu auch Kowalsky, Rechtsaußen, S. 21–46.
35 Zitiert nach Jaschke, Republikaner, S. 53.
36 Allensbacher Jahrbuch, Bd. 9, S. 382.
37 Jenninger im Bericht aus Bonn (ARD), 11. 11. 1988, zit. nach Laschet/Malangré, S. 41.
38 Erklärung der Abgeordneten Jutta Oesterle-Schwerin, ebenda, S.34.
39 Graw/Lessenthin, S. 122.
40 Martin Walser, Über freie und unfreie Rede, in: Der Spiegel 45/1994, S. 136.
41 Michael Fürst, in: Heute-Journal (ZDF) vom 10. 11. 1988, zit. nach: Laschet/Malangré, S. 34f.
42 Bild-Zeitung vom 11. 11. 1988.
43 Hamburger Morgenpost vom 11. 11. 1988.
44 Berliner Morgenpost vom 11. 11. 1988.
45 taz vom 11. 11. 1988.
46 Frankfurter Rundschau vom 12. 11. 1988.
47 Der Spiegel vom 14. 8. 1988.
48 Der Stern vom 17. 11. 1988.
49 Der Stern vom 17. 11. 1988.
50 Vgl. Laschet/Malangré, S. 65ff.
51 Vgl. Filbinger, Vorwort zur 3. Auflage.
52 Graw/Lessenthin, S. 95.
53 Vgl. die 1990 erschienene Studie von Neubauer.
54 Zit. nach Graw/Lessenthin, S. 102.
55 Vgl. Der Spiegel vom 10. 10. 1994, S. 213–218.
56 Hans Halter, Aids auf Rezept, in: Der Spiegel vom 14. 11. 1994, S. 37.

57 Noelle-Neumann, Öffentliche Meinung, S. 339.
58 Vgl. dazu Bericht und Kommentar von Volker Zastrow in FAZ vom 30. 6. 1994, S. 1 und S. 3, sowie Arnulf Baring in der FAZ vom 5. 10. 1994, S. 39.

VII. Der Geist steht links

1 Lenin, Was tun?, S. 386.
2 Krahl, S. 155.
3 Kocka, S. 3.
4 Nipperdey, in: Historikerstreit, S. 216.
5 Eley, S. 17.
6 Ebenda, S. 24.
7 Kurt Sontheimer, Debattenbeitrag in: Deutscher Sonderweg, S. 31f.
8 Wehler, S. 7.
9 Ebenda, S. 198.
10 Ebenda, S. 11.
11 FAZ vom 10. 12. 1986.
12 Vgl. Graw, (Historiker-)Streit.
13 Geiss, Habermas-Kontroverse, S. 83.
14 Nolte, in: Historikerstreit, S. 46.
15 Stephan, Betroffenheitskult, S. 28.
16 Fest, in: Historikerstreit, S. 100 ff.
17 Evans, S. 149f.
18 Brumlik, in: Historikerstreit, S. 83.
19 Geiss, Hysterikerstreit, S. 201.
20 Habermas, in: Historikerstreit, S. 69.
21 Habermas, in: ebenda, S. 254.
22 Vgl.Wehler, S. 241.
23 Evans, S. 130f.
24 Ebenda, S. 144f., 159.
25 Ebenda, S. 88.
26 Wehler, S. 170.
27 Mommsen, in: Historikerstreit, S. 185, 182.
28 Die angeführten Zitate hat zusammengestellt: Geiss, Hysterikerstreit, S. 102.
29 Geiss, Habermas-Kontroverse, S. 115.
30 Bracher, Antikommunismus, S. 134.
31 Michael Schneider, S. 24f.
32 Hacker, S. 403f.
33 Stephan, Betroffenheitskult, S. 150.
34 Die im folgenden aufgeführten Beispiele sind der Studie von Ulsamer entnommen.
35 Böll, Hierzulande, S. 10.

36 Böll, Ansichten, S. 29, 202.
37 Ebenda, S. 33f.
38 Ebenda, S. 37, 207, 68.
39 Böll, Katharina Blum, S. 118.
40 Enzensberger, S. 248.
41 Böll, Radikale für Demokratie, S. 10.
42 Enzensberger, S. 250ff.
43 Allensbacher Jahrbuch 1968–1973, S. 460.
44 Der Spiegel Nr. 23/1968, S. 22.
45 Walser, S. 87.
46 Ebenda, S. 92.
47 Vgl. für diesen Zugang das Buch von Willms/Kleinewefers.
48 Kießling, S. 251.
49 Seiffert, S. 207f.
50 Robert Leicht, Die neue Welle alter Träume, in: SZ vom 5./6. 6. 1982.
51 Robert Leicht, Die Nation – eine deutsche Frage? Deutschlandfunk, Sendung am 13. 5. 1982, 15.45 Uhr, zit. nach Sendemanuskript.
52 Hans-Ulrich Wehler, Wir brauchen keinen neuen deutschen Sonderweg. Antwort eines Historikers auf den Neutralismus der Friedensbewegung, in: FAZ vom 15. 9. 1982.
53 Hans-Ulrich Wehler, Den rationalen Argumenten standhalten. Geschichtsbewußtsein in Deutschland: Entstehung, Funktion, Ideologisierung, in: Das Parlament 36/1986, S. 2.
54 Haffner, S. 324.
55 Hacker, S. 325.
56 Jens Jessen, Eine Kaste wird entmachtet. Die deutschen Intellektuellen als Hüter der Zweistaatlichkeit, in: FAZ vom 29. 9. 1990.
57 Nachgedruckt in: Schwilk, Wendezeit, S. 121.
58 Jan Philipp Reemtsma, in: Janssen-Jurreit, S. 29.
59 Janssen-Jurreit, S. 9f.

VIII. Der Schock von 1989 und das Rollback der Linken

1 Michael Schneider, S. 12.
2 Vgl. Neues Deutschland vom 29. 11. 1989; Der Spiegel vom 4. 12. 1989.
3 Vgl. Neues Deutschland vom 1. 12. 1989.
4 Ebenda.
5 Vgl. Neues Deutschland vom 29. 11. 1989.
6 Berliner Zeitung vom 29. 11. 1989.
7 Leserbrief an die Neue Zeit vom 7. 12. 1989.
8 Habermas, Nachholende Revolution, S. 161.

9 Ebenda, S. 165.
10 Ebenda, S. 162.
11 Grass, Lastenausgleich, S. 7.
12 Ebenda, S. 8.
13 Grass, Lastenausgleich, S. 11.
14 Vgl. auch Doler.
15 Antje Vollmer, Die Träume der alten Männer, Neues Deutschland vom 6. 1. 1990.
16 Im Gespräch: Psychiater Richter über Deutsche. Verdecktes kriecht hervor, in: Frankfurter Rundschau vom 22. 3. 1990.
17 Die folgenden Zitate aus: »Wir halten am Sozialismus fest«, Interview mit Klaus Croissant und Till Meyer, in: taz vom 15. 3. 1990.
18 »Nie wieder Deutschland!« Kampf gegen Wiedervereinigung einigt zerstrittene Linke, in: Der Tagesspiegel vom 28. 6. 1990.
19 In Frankfurt flogen Steine, in: Neue Zeit vom 14. 5. 1990.
20 Krawalle bei Demonstration gegen Einheit, in: Die Welt vom 14. 5. 1990.
21 »Nie wieder Deutschland«, in: Der Tagesspiegel vom 28. 6. 1990.
22 »Neusel verkörpert die Kontinuität des deutschen Faschismus«, Erklärung der Rote Armee Fraktion, in: taz vom 1. 8. 1990.
23 Habermas, Nachholende Revolution, S. 206.
24 Kuby, S. 7.
25 Ebenda, S. 96.
26 Ebenda, S. 94.
27 Ebenda, S. 100.
28 Ebenda, S. 102.
29 Gegen Einverleibung der DDR. Für selbstbestimmtes Leben. Aufruf eines Ost-West-Frauenbündnisses zur Demonstration am 29. 9., in: taz vom 4. 9. 1990.
30 »Leere Hände, leere Hirne«, in: Der Spiegel vom 19. 2. 1990.
31 Alle genannten Beispiele aus: »Leere Hände, leere Hirne«, in: Der Spiegel vom 19. 2. 1990.
32 Zu lange mit Harry Tisch am Tisch gesessen, in: Die Quelle 1/1990, S. 12.
33 Hermann Meyn, zitiert nach: Löw, S. 161.
34 Michael Schneider, S. 111.
35 Ebenda, S. 11.
36 Daniel Cohn-Bendit, Die postsozialistische Linke, in: taz vom 20. 4. 1990.
37 Vgl. die im Anhang zu Fichter abgedruckten Beiträge von Rudi Dutschke, ursprünglich erschienen in: das da und avanti.
38 Nenning, S. 96f.
39 Vgl. Neonazistische Aktivitäten nehmen zu, in: FAZ vom 29. 12. 1989.
40 »Unser Land braucht eine breite Einheitsfront gegen rechts«, in: Neues Deutschland vom 4. 1. 1990, S. 1.
41 Klaus Hartung, Antifaschismus und Wahlkampf. Der bequeme Ausweg der SED, in: taz vom 30. 1. 1990.

42 Klaus Hartung, in: taz vom 8. 7. 1989.
43 Leggewie, Republikaner, S. 9f.
44 Ebenda, S. 54.
45 Ebenda, S. 130.
46 Vgl. Die Welt vom 31. 7. 1989 und vom 2. 8. 1989.
47 Neues Deutschland vom 1. 8. 1989.
48 Vgl. Ulrich/Vollmer.
49 Vgl. Kowalsky, Rechtsaußen.
50 Vgl. Glotz, Die deutsche Rechte.
51 Ute Knight/Wolfgang Kowalsky, Rituale aus der Mottenkiste. Antifa-Methoden helfen nicht gegen Fremdenfeindlichkeit, in: Die Zeit vom 29. 11. 1991.
52 Knight/Kowalsky, S. 23f.
53 Hans-Martin Tillack, Inländerfeinde, in: taz vom 7. 11. 1991.
54 Wolfgang Pohrt, Waffen für Hoyerswerda, in: konkret 11/1991, S. 27.
55 Eberhard Seidel-Pielen, Spiel mir das Lied vom Tod, in: taz vom 21. 10. 1994.
56 Christoph Stollowsky, »Mildes Urteil« beendet Kaindl-Prozeß, in: Der Tagesspiegel vom 17. 11. 1994.
57 Harald Feulner, Video gegen Gewalt und Haß, in: Berliner Morgenpost vom 2. 3. 1993.
58 Klaus Ott, Sich gegen den braunen Karren stemmen, in: Süddeutsche Zeitung vom 21. 6. 1994.
59 Die Woche vom 2. 9. 1994.
60 Vgl. Dokumentation zum Fall Heitmann, in: Hamburger Abendblatt vom 13. 10. 1993.
61 Rechter Mann, rechte Zeit, in: Der Spiegel vom 6. 9. 1993.
62 Guter Mann aus Dresden, in: Der Spiegel vom 13. 9. 1993.
63 Süddeutsche Zeitung vom 18./19. 9. 1993.
64 Oskar Lafontaine am 20. 9. 1993, in: Dokumentation zum Fall Heitmann, Hamburger Abendblatt vom 13. 10. 1993.
65 Der Stern vom 23. 9. 1993.
66 Eckhard Fuhr, Ein Kulturkampf, in: FAZ vom 29. 9. 1993.
67 Vgl.: Wirtschaft rückt von Heitmann ab, in: Die Welt vom 1. 11. 1993.
68 Friedbert Pflüger, Der falsche Mann, das falsche Signal, in: Die Zeit vom 8. 10. 1993.
69 Martin S. Lambeck: Beifall für Heitmann vor der Union, in: Die Welt vom 20. 10. 1993.
70 Gunter Hofmann, Ein Beitrag zur Ehrlichkeit, in: Die Zeit vom 3. 12. 1993.
71 Friedrich Nowottny, Der Kandidat und die Kampagne, in: Süddeutsche Zeitung vom 8. 11. 1993.
72 Zit. nach Rudorf, S. 17.
73 Zit. nach ebenda, S. 18.
74 Allensbacher Archiv, IfD-Umfragen 5085, 5086.

75 Ebenda.
76 Ebenda.
77 Allensbacher Archiv, IfD-Umfrage 5986.

IX. Auf dem Weg in eine andere Republik

1 Allensbacher Archiv, IfD-Umfrage 5094.
2 Elm, S. 35.
3 Ebenda, S. 36.
4 Ebenda, S. 37.
5 Ebenda, S. 187.
6 Mohler, S. 342.
7 Ebenda, S. 343.
8 Ebenda, S. 344.
9 Ebenda, S. 344f.
10 Vgl. Gauck, S. 89ff.
11 Spiegel-Gespräch mit Egon Bahr, in: Der Spiegel 43/1994, S. 45.
12 Egon Bahr, in: Der Spiegel 43/1994, S. 47.
13 Leggewie/Maier, in Stephan, S. 53.
14 Vgl. die Bücher von Reuth und von Gries/Voigt.
15 Cora Stephan, Wir lieben sie doch alle, in: dies., Wir Kollaborateure, S. 15.
16 Ebenda, S. 28.
17 Ebenda, S. 23.
18 Ebenda, S. 17.
19 Zitelmann, Demokraten.
20 Hartung, S. 145.
21 Vgl. Fichter, Die SPD und die Nation.
22 Egon Bahr, Interview in: Der Spiegel Nr. 43/1994, S. 41.
23 Moreau/Lang, Was will die PDS?
24 Ebenda, S. 169.
25 Ebenda, S. 20.
26 Gregor Gysi, zit. nach: ebenda, S. 20.
27 Allensbacher Archiv, IfD-Umfragen 9007/II, 5092.
28 Allensbacher Archiv, IfD-Umfragen, 5054, 5076, 5088.
29 Allensbacher Archiv, IfD-Umfrage 5093.
30 Vgl. Moreau/Lang, S. 96.
31 Regieren mit der PDS?, in: Der Spiegel Nr. 27 vom 4. 7. 1994.
32 Rudolf Augstein, Vom Mitgestalten, ebenda.
33 Ulrich Rosenbaum, Die SPD geht auf die PDS zu, in: Die Welt vom 29. 6.
   1994.
34 Regieren mit der PDS?, in: Der Spiegel vom 4. 7. 1994.
35 Falsche Freunde, in: Der Spiegel vom 15. 8. 1994.
36 Wer PDS wählt, schadet der SPD, in: Die Welt vom 18. 8. 1994.

37 Allensbacher Archiv, IfD-Umfrage 5109/19.
38 Streit um Einflußmöglichkeiten der PDS eskaliert, in: Süddeutsche Zeitung vom 26. 9. 1994.
39 Jens Reich, in: Die Zeit vom 12. 8. 1994.
40 Michael Müller, Offener Brief an alle Mitglieder der SPD und PDS in Deutschland, in: Neues Deutschland vom 10. 8. 1994.
41 Stephan Hilsberg, Knallhart bekämpfen, in: taz vom 27. 6. 1994.
42 Stephan Hilsberg, Rache ist ein schlechter Ratgeber, in: Tagesspiegel vom 8. 7. 1994.
43 Schwierzina: Bei PDS-Bündnis ist »Ende der Fahnenstange«, in: Berliner Morgenpost vom 9. 10. 1994.
44 Hans Apel, Magdeburger Dummheiten, in: Focus vom 4. 7. 1994.
45 »Für ein klares Nein zur PDS«, in: Der Tagesspiegel vom 24. 8. 1994.
46 Solidaritätsaufruf verärgert Baracke, in: Die Welt vom 25. 8. 1994.
47 Wilde Sau, in: Der Spiegel vom 10. 10. 1994.
48 Die SPD geht auf die PDS zu, in: FAZ vom 27. 10. 1994.
49 Zit. in: Focus 46/1994, S. 14.
50 Frank Schirrmacher, Eine Restauration, in: FAZ vom 8. 11. 1994.
51 Pflüger, S. 84ff.
52 Ebenda, S. 79.
53 Funk, S. 344.
54 »Uns fehlen die richtigen Waffen«, Spiegel-Interview mit Alwin Ziel, in: Der Spiegel 35/1994, S. 38.
55 Jaschke, Auf dem rechten Auge blind?, S. 165.
56 Ebenda, S. 179. Hervorhebung im Original.
57 Ebenda, S. 183f.
58 Michael Wolffsohn, Das Kartell der Verharmloser, in: Die Welt vom 22. 1. 1994.
59 Jaschke, Eine verunsicherte Institution, S. 332.
60 Ebenda, S. 310.
61 Die folgenden Beispiele aus: Lösch, S. 175ff.
62 Jaschke, Eine verunsicherte Institution, S. 322f.

X. Chancen einer demokratischen Rechten

1 Kepplinger, S. 110.
2 Ebenda, S. 111f.
3 Karlheinz Weißmann, Die Nation denken, in: FAZ vom 22. 4. 1994, S. 33.
4 »Lehrmeister des Hasses«, in: Der Spiegel 42/1994, S. 239.
5 Focus 45/1994, S. 156ff.
6 Kraus, S. 89.
7 Graw, (Historiker-)Streit, S. 381.
8 Brill, Geopolitik, S. 168.

9 Zitelmann, Neutralitätsbestrebungen, S. 188.
10 Vgl. das Buch von Mechtersheimer, Friedensmacht Deutschland.
11 Vgl. dazu den Beitrag von Wolfgang-Uwe Friedrich.
12 Die folgenden Zitate aus: Eckhard Fuhr, Westen, was sonst?, in: FAZ vom 8. 6. 1994, S. 1.
13 Inacker, S. 378.
14 Ebenda, S. 374.
15 Ebenda, S. 380.
16 Baring, S. 114.
17 Ebenda, S. 164.
18 Ebenda, S. 137.
19 Wassermann, S. 260.
20 Ebenda, S. 261.
21 Ebenda, S. 263.
22 Herrmann, S. 17.
23 Heimo Schwilk, Interview in: Junge Freiheit vom 4. 11. 1994, S. 3.
24 Leggewie, Der Geist, S. 213.
25 Gesine Schwan, Focus 45/1994, S. 158.
26 Einen Überblick vermittelt das Parteienhandbuch von Richard Stöss.
27 Rohrmoser, Interview in: Leggewie, Der Geist, S. 55.
28 Leggewie, Der Geist, S. 22.
29 Vgl. hierzu FAZ vom 1. 11. 1994: In der FDP Thesenpapiere und ein wilder Streit der Meinungen. Vgl. Interview mit Alexander von Stahl, in: Focus 45/1994. S. 28.
30 Walter, S. 1100.
31 Renate Köcher, Der Phönix unter der Asche, in: FAZ vom 23. 11. 1994, S. 5.
32 Allensbacher Jahrbuch 1947–1955, S. 266.

XI. Gefahren für die geistige Freiheit

1 Klaus Harpprecht, Die Torheit der Gesinnungswächter, in: Die Zeit vom 27. 1. 1995, S. 50.
2 Brandsätze gegen geistige Brandstifter. Der Widerstand gegen die faschistische Wochenzeitung ›Junge Freiheit‹ geht weiter!!! In: taz vom 21. 12. 1994.
3 Appell veröffentlicht in: Junge Freiheit vom 16. 12. 1994.
4 Zitiert nach: Mit Gewalt gegen die »Junge Freiheit«, in: FAZ vom 9. 12. 1994.
5 Zitiert nach ebenda.
6 Linker Terror gegen die JF, in: Junge Freiheit vom 9. 12. 1994.
7 Autonome überfielen französischen Philosophen, in: Berliner Morgenpost vom 9. 2. 1993.
8 Bekennerschreiben, zitiert nach: taz vom 11. 2. 1988.
9 Eckhard Fuhr, Systematische Verlogenheit, in: FAZ vom 23. 12. 1994.

10 Reinrassige Ansichten, in: taz vom 3. 9. 1994.
11 Jochen Kummer, Erledigt mit einem lapidaren Satz von Scharping?, in: Welt am Sonntag vom 4. 12. 1994.
12 Duve und Scharping zitiert nach: ebenda.
13 Zitate von Suhr, Friedmann, Bubis und Sakellariou, in: Eiliger Abschied von Afrikanern, in: taz vom 10. 9. 1994.
14 Klaus Natorp, Kanthers mangelndes Gespür, in: FAZ vom 19. 12. 1994.
15 Zur folgenden Darstellung vgl.: FAZ vom 14. 12. 1994, FR vom 15. 12. 1994, Berliner Morgenpost vom 17. 12. 1994, TM 1/95, S. 4f.
16 Bild am Sonntag vom 15. 1. 1995.
17 Vgl. FAZ vom 17. 1. 1995.
18 Die Welt vom 17. 1. 1995.
19 Die Welt vom 18. 1. 1995.
20 Focus 4/1995, Tagebuch.
21 Peter von Becker, Abschied von Botho Strauß, in: Theater heute 12/1994, S. 4.
22 Gerhard Stadelmeier, Gouvernante heute, in: FAZ vom 10. 12. 1994.
23 Vgl. dazu Heimo Schwilk, Geistlose Brandstifter, in: FAZ vom 13. 1. 1995.
24 Fritz Rumler, Im rechten Licht, in: Der Spiegel 2/1995, S. 163.
25 Eduard Beaucamp, Beiträgers Erbleichen, in: FAZ vom 20. 10. 1994.
26 Botho Strauß an Heimo Schwilk, in: FAZ vom 27. 10. 1994, Brief jetzt auch abgedruckt im Vorwort zur 2., erweiterten Auflage des Bandes »Die selbstbewußte Nation«.
27 Michael Wachsmann, Was darf ein Dichter denken?, in: Die Woche vom 13. 1. 1995, S. 29.
28 Peter Glotz, Editorial, Die neue Gesellschaft – Frankfurter Hefte, 9/1994, S. 771.
29 Jürgen Busche, Von einem Traum blieb Papier, in: Süddeutsche Zeitung vom 29. 1. 1995.
30 Herbert Riehl-Heyse, Jammern im deutschen Wolkenkuckucksheim, in: Süddeutsche Zeitung vom 21./22. 1. 1995.
31 Matthias Greffrath, Warten auf die 99er, in: Süddeutsche Zeitung vom 4./5. 2. 1995.

Bibliographie

Adenauer, Konrad, Erinnerungen. Bd. 1: 1945–1953; Bd. 2: 1953–1955, Bd. 3: 1955–1959, Bd. 4: 1959–1963, Stuttgart 1965ff.

Albrecht, Willy (Hrsg.), Kurt Schumacher. Reden – Schriften – Korrespondenzen 1945–1952, Berlin–Bonn 1985, zitiert als: Albrecht.

(Allensbacher) Jahrbuch der öffentlichen Meinung 1947–1955. Hrsg. von Elisabeth Noelle und Erich Peter Neumann, Allensbach 1956. Zitiert als: Allensbacher Jahrbuch 1947–1955.

(Allensbacher) Institut für Demoskopie, Student und Politik im Sommer 1967. Ein Beitrag zur Frage nach der Ursache der Unruhe an den Unversitäten (unveröffentlicht, Allensbacher Archiv 1448 II). Zitiert als: Allensbacher Institut, Student und Politik.

(Allensbacher) Jahrbuch der öffentlichen Meinung 1968–1973. Hrsg. von Elisabeth Noelle und Erich Peter Neumann, Allensbach–Bonn 1974. Zitiert als: Allensbacher Jahrbuch 1968–1973.

Allensbacher Jahrbuch der Demoskopie 1984–1992, Bd. 9. Hrsg. von Elisabeth Noelle-Neumann und Renate Köcher, München u.a. 1993. Zitiert als: Allensbacher Jahrbuch Bd. 9.

Ammon, Herbert/Schweisfurth, Theodor, Friedensvertrag. Deutsche Konföderation – Europäisches Sicherheitssystem. Denkschrift zur Verwirklichung einer europäischen Friedensordnung, München 1985.

Augstein, Rudolf/Grass, Günter, Deutschland einig Vaterland? Ein Streitgespräch, Göttingen 1990.

Backes, Otto, Die Strafjustiz im Dilemma. Zwischen Verschärfung und Verharmlosung rechtsextremistischer Gewalt, in: Heitmeyer a.a.O., S. 366–380.

Backes, Uwe, Politischer Extremismus in demokratischen Verfassungsstaaten. Elemente einer normativen Rahmentheorie, Opladen 1989.

ders./Jesse, Eckhard, Politischer Extremismus in der Bundesrepublik Deutschland, Berlin–Frankfurt/M. 1993.

ders./Jesse, Eckhard (Hrsg.), Jahrbuch Extremismus und Demokratie, Bonn 1989ff.

Backes, Uwe/Jesse, Eckhard/Zitelmann, Rainer (Hrsg.), Die Schatten der Vergangenheit. Impulse zur Historisierung des Nationalsozialismus, Frankfurt/M.–Berlin 1990.

Bahr, Egon, Sicherheit für und vor Deutschland. Vom Wandel durch Annäherung zur Europäischen Sicherheitsgemeinschaft, München–Wien 1991.

Bahro, Rudolf, Wahnsinn mit Methode, Berlin 1982.

Baring, Arnulf, Deutschland, was nun? Ein Gespräch mit Dirk Rumberg und Wolf Jobst Siedler, Berlin 1991.

Barth, Karl, How my mind has changed, in: Karl Kupisch (Hrsg.), Der Götze wackelt, Berlin 1961.

Berthold, Lothar/Diehl, Ernst (Hrsg.), Revolutionäre deutsche Parteiprogramme. Vom Kommunistischen Manifest zum Programm des Sozialismus, Berlin 1967.

Böll, Heinrich, Ansichten eines Clowns, Berlin 1963.

ders., Hierzulande. Aufsätze zur Zeit, München 1963.

ders., Radikale für Demokratie, in: ders., Schwierigkeiten mit der Brüderlichkeit, München 1963.

ders., Die verlorene Ehre der Katharina Blum, München 1976.

Bracher, Karl Dietrich, Das Problem des »Antikommunismus« in den zwanziger und dreißiger Jahren, in: Hildebrand, Klaus/Pommerin, Rainer (Hrsg.), Deutsche Frage und europäisches Gleichgewicht. Festschrift für Andreas Hillgruber zum 60. Geburtstag, Köln–Wien 1985.

ders., Zeit der Ideologien. Eine Geschichte politischen Denkens im 20. Jahrhundert, München 1985.

Brandt, Peter/Ammon, Herbert (Hrsg.), Die Linke und die nationale Frage. Dokumente zur deutschen Einheit seit 1945, Reinbek bei Hamburg 1981.

Brandt, Peter/Groh, Dieter, »Vaterlandslose Gesellen«. Sozialdemokratie und Nation 1860–1990, München 1992.

Brill, Heinz, Deutschland im geostrategischen Kraftfeld der Super- und Großmächte (1945–1990), in: Zitelmann/Weißmann/Großheim, a.a.O., S. 259–276.

ders., Geopolitik heute. Deutschlands Chance?, Frankfurt/M.–Berlin 1994.

Broszat, Martin (Hrsg.), Zäsuren nach 1945. Essays zur Periodisierung der deutschen Nachkriegsgeschichte, München 1990.

ders./Henke, Klaus-Dietmar/Woller, Hans (Hrsg.), Von Stalingrad zur Währungsreform. Zur Sozialgeschichte des Umbruchs in Deutschland, München 1988.

Bubik, Roland, Herrschaft und Medien. Über den Kampf gegen die linke Meinungsdominanz, in: Schwilk/Schacht, a.a.O., S. 182–194.

Dettling, Warnfried, Das Erbe Kohls. Bilanz einer Ära, Frankfurt/M. 1994.

Deutscher Sonderweg – Mythos oder Realität? Kolloquien des Instituts für Zeitgeschichte, München–Wien 1982, zit. als: Deutscher Sonderweg.

Ditfurth, Christian von, Angst vor den Akten. Archive enthüllen den Umgang von SPD- mit SED-Politikern, in: Der Spiegel 35/1992, S. 50–63.

Doering-Manteuffel, Anselm, Die Bundesrepublik Deutschland in der Ära Adenauer, Darmstadt 1988.

Dohse, Rainer, Der Dritte Weg. Neutralitätsbestrebungen in Westdeutschland zwischen 1945 und 1955, Hamburg 1974.

Doler, Ingolf, Rudolf Augstein, die deutsche Frage und die Westbindung, in: Zitelmann/Weißmann/Großheim, a.a.O., S. 195–214.

Dudek, Peter/Jaschke, Hans-Gerd, Entstehung und Entwicklung des Rechtsextremismus in der Bundesrepublik. Bd. 1: Zur Tradition einer besonderen politischen Kultur, Bd. 2: Dokumente und Materialien, Opladen 1984.

Duhm, Dieter, Der Mensch ist anders, Lampertheim 1975.

Dutschke, Rudi, Die Revolte. Wurzeln und Spuren eines Aufbruchs, Hrsg. von Gretchen Dutschke-Klotz, Jürgen Miermeister und Jürgen Treulieb, Reinbek bei Hamburg 1983.

Eley, Geoff, Wilhelminismus, Nationalismus, Faschismus. Zur historischen Kontinuität in Deutschland, Münster 1991.

Elm, Ludwig, Nach Hitler. Nach Honecker. Zum Streit der Deutschen um die eigene Vergangenheit, Berlin 1991.

Enzensberger, Hans Magnus, Klare Entscheidungen und trübe Aussichten, in: Beate Pinkerneil/Dietrich Pinkerneil/Volker Zmegac (Hrsg.), Literatur und Gesellschaft. Zur Sozialgeschichte der Literatur seit der Jahrhundertwende, Frankfurt/M. 1973.

Eppler, Erhard, Reden auf die Republik. Deutschlandpolitische Texte 1952–1990, München 1990.

Evans, Richard J., Im Schatten Hitlers? Historikerstreit und Vergangenheitsbewältigung in der Bundesrepublik, Frankfurt/M. 1991.

Falter, Jürgen W., Wer wählt rechts? Die Wähler und Anhänger rechtsextremistischer Parteien im vereinigten Deutschland, München 1994.

Fait, Barbara, Die Kreisleiter der NSDAP – nach 1945, in: Broszat/Henke/Woller, a.a.O., S. 213–300.

Fest, Joachim, Der zerstörte Traum. Vom Ende des utopischen Zeitalters, Berlin 1991.

Fichter, Tilman, Die SPD und die Nation. Vier sozialdemokratische Generationen zwischen nationaler Selbstbestimmung und Zweistaatlichkeit, Berlin–Frankfurt/M. 1993.

Filbinger, Hans, Die geschmähte Generation. Politische Erinnerungen, 3., ergänzte und bearbeitete Auflage, Esslingen–München 1994.

Fink, Ulf, 1968 – Die Antwort der CDU: Programmpartei, in: *Aus Politik und Zeitgeschichte. Beilage zur Wochenzeitung Das Parlament*, B 20/88, S. 27–35.

Flocken, Jan von/Klonovsky, Michael, Stalins Lager in Deutschland 1945–1950. Dokumentation – Zeugenberichte, Berlin–Frankfurt/M. 1991.

Forck, Gottfried, Der politische und gesellschaftliche Wandel in der ehemaligen DDR, in: Manfred Spieker (Hrsg.), Friedenssicherung. Die Neuordnung Europas, München 1991.

Foschepoth, Josef (Hrsg.), Adenauer und die Deutsche Frage, Göttingen 1988.

Friedrich, Wolfgang-Uwe, Westbindung. Zur Staatsräson der Berliner Republik. Nachwort zu: Daniel Hamilton, Jenseits von Bonn. Amerika und die »Berliner Republik«, Frankfurt/M.–Berlin 1994, S. 221–255.

Funk, Albrecht, Der erkenntnisarme Verfassungsschutz. Strukturelle Grenzen bei der Erfassung des Rechtsextremismus, in: Heitmeyer, a.a.O., S. 340–365.

Gauck, Joachim, Die Stasi-Akten. Das unheimliche Erbe der DDR, Reinbek bei Hamburg 1991.

Gaus, Günter, Wo Deutschland liegt. Eine Ortsbestimmung, Hamburg 1983.

ders., Die Welt der Westdeutschen. Kritische Betrachtungen, Köln 1986.

Geiss, Imanuel, Die Habermas-Kontroverse. Ein deutscher Streit, Berlin 1988.

ders., Der Hysterikerstreit. Ein unpolemischer Essay, Bonn–Berlin 1992.

Geißler, Heiner, Zugluft. Politik in stürmischer Zeit, München 1990.

ders., Im Gespräch mit Gunter Hofmann und Werner A. Perger, München 1994.

Gente, Hans-Peter (Hrsg.), Marxismus – Psychoanalyse – Sexpol. Band 1, Frankfurt/M.–Hamburg 1970.

Gesellschaft für Kulturwissenschaft (Hrsg.), Konservativ statt Rechts. Texte aus 10 Jahren. 1982–1992, Bietigheim/Baden 1993.

Glotz, Peter, Die deutsche Rechte. Eine Streitschrift, Stuttgart 1989.

Gollwitzer, Helmut, Kann ein Christ Kommunist sein? Nachdruck in: Christliche Daseinsgestaltung. Äußerungen evangelischer Ethik zu Fragen der Gegenwart. Ausgewählt von Heinz-Horst Schrey mit einer Einleitung von Helmut Thielicke, Bremen 1958.

ders., Forderungen der Umkehr. Beiträge zur Theologie der Gesellschaft, München 1976.

Gorholt, Martin/Kunz, Norbert (Hrsg.), »Deutsche Einheit. Deutsche Linke«. Reflexionen der politischen und gesellschaftlichen Entwicklung, Köln 1991.

Grass, Günter, Deutscher Lastenausgleich. Wider das dumpfe Einheitsgebot. Reden und Gespräche, Frankfurt/M. 1990.

Graw, Ansgar/Lessenthin, Martin, Lothar Späth. Politik, Wirtschaft und die Rolle der Medien, Wiesbaden 1991.

Graw, Ansgar, (Historiker-)Streit unter Adenauers Enkeln, in: Zitelmann/ Weißmann/Großheim, a.a.O., S. 365–390.

Greve, Uwe, Parteienkrise. CDU am Scheideweg, Frankfurt/M.–Berlin 1993.

Gries, Sabine/Voigt, Dieter, Manfred Stolpe in Selbstzeugnissen. Eine kritische Untersuchung von Veröffentlichungen, Schriften und Reden aus den Jahren 1972 bis 1990, Frankfurt/M.–Berlin 1993.

Grosser, Alfred, Geschichte Deutschlands seit 1945. Eine Bilanz, München 1982.

Gruhl, Herbert, Ein Planet wird geplündert. Die Schreckensbilanz unserer Politik, Frankfurt/M. 1978.

Habermas, Jürgen, Die nachholende Revolution, Frankfurt/M. 1990.

ders., Vergangenheit als Zukunft, Zürich 1990.

Hacke, Christian (Hrsg.), Jakob Kaiser. Wir haben Brücke zu sein. Reden, Äußerungen und Aufsätze zur Deutschlandpolitik, Köln 1988.

Hacker, Jens, Deutsche Irrtümer. Schönfärber und Helfershelfer der SED-Diktatur im Westen, Berlin–Frankfurt/M. 1992.

Haffner, Sebastian, Von Bismarck zu Hitler. Ein Rückblick, München 1987.

Haider, Jörg, Die Freiheit, die ich meine, Frankfurt/M.–Berlin 1993.

Hartung, Klaus, Im Spiegelkabinett der Vereinigung. Die neue deutsche Täter-Opfer-Ordnung und die alten Fluchten aus der Realität, in: Stephan, Wir Kollaborateure, a.a.O., S. 131–156.

Heitmeyer, Wilhelm (Hrsg.), Das Gewalt-Dilemma. Gesellschaftliche Reaktionen auf fremdenfeindliche Gewalt und Rechtsextremismus, Frankfurt/M. 1994.

Hellfeld, Matthias von (Hrsg.), Dem Haß keine Chance. Der neue rechte Fundamentalismus, Köln 1989.

Henke, Klaus-Dietmar, Wann bricht schon mal ein Staat zusammen! Die Debatte über die Stasi-Akten auf dem 39. Historikertag 1992, München 1993.

Herf, Jeffrey, War by Other Means. Soviet Power, West German Resistance, and the Battle of the Euromissiles, New York 1991.

Herrmann, Ludolf, Hitler, Bonn und die Wende. Wie die Bundesrepublik ihre Lebenskraft zurückgewinnen kann, in: *Die politische Meinung*, 28/1983, S. 13 bis 28.

Hildebrand, Klaus, Deutsche Außenpolitik 1871–1918, München 1989.

»Historikerstreit«. Die Dokumentation der Kontroverse um die Einzigartigkeit der nationalsozialistischen Judenvernichtung, München 1987.

Hoffmann, Christa, Stunde Null? Vergangenheitsbewältigung in Deutschland 1945 und 1989, Bonn–Berlin 1992.

Hüllen, Rudolf van, Ideologie und Machtkampf bei den Grünen. Untersuchung zur programmatischen und innerorganisatorischen Entwicklung einer deutschen »Bewegungspartei«, Bonn 1990.

Inacker, Michael J., Macht und Moralität. Über eine neue deutsche Sicherheitspolitik, in: Schwilk/Schacht, a.a.O., S. 364–380.

Iranbomy, S. Shahram (Hrsg.), Einwanderbares Deutschland oder Vertreibung aus dem Wohlstands-Paradies?, Frankfurt/M. 1993.

James, Harold, Vom Historikerstreit zum Historikerschweigen. Die Wiedergeburt des Nationalstaates, Berlin 1993.

Janssen-Jurreit, Marielouise (Hrsg.), Lieben Sie Deutschland? Gefühle zur Lage der Nation, München 1985.

Jaschke, Hans-Gerd, Auf dem rechten Auge blind? Innere Sicherheit, streitbare Demokratie und das Primat der Gesinnungsjustiz, in: Paul, a.a.O., S. 164–194.

ders., Die »Republikaner«. Profile einer Rechtsaußen-Partei, Bonn 1990.

ders., Eine verunsicherte Institution. Die Polizei in der Auseinandersetzung mit

Rechtsextremismus und Fremdenfeindlichkeit, in: Heitmeyer, a.a.O., S. 305–339.

Jesse, Eckhard, Der Schutz demokratischer Verfassungsstaaten vor extremistischen Bestrebungen, in: ders. (Hrsg.), Politischer Extremismus in Deutschland und Europa, München 1993.

ders., »Vergangenheitsbewältigung« in der Bundesrepublik Deutschland, in: *Der Staat* 4/1987, S. 539–565.

ders., Der sogenannte »Historikerstreit«: Ein *deutscher* Streit, in: Gauly, Thomas M. (Hrsg.), Die Last der Geschichte. Kontroversen zur deutschen Identität, Köln 1988, S. 9–54.

Kepplinger, Hans-Mathias, Ereignismanagement. Wirklichkeit und Massenmedien, Zürich 1992.

Kielmansegg, Peter Graf, Lange Schatten. Vom Umgang der Deutschen mit der nationalsozialistischen Vergangenheit, Berlin 1989.

Kießling, Günter, Neutralität ist kein Verrat. Entwurf einer europäischen Friedensordnung, Erlangen u.a. 1989.

Kittel, Manfred, Die Legende von der »Zweiten Schuld«. Vergangenheitsbewältigung in der Ära Adenauer, Berlin–Frankfurt/M. 1993.

Klingl, Friedrich, »Das ganze Deutschland soll es sein!« Thomas Dehler und die außenpolitischen Weichenstellungen der fünfziger Jahre, München 1987.

Klönne, Arno, Zurück zur Nation? Kontroversen zu deutschen Fragen, Köln 1984.

Knight, Ute/Kowalsky, Wolfgang, Deutschland *nur* den Deutschen? Die Ausländerfrage in Deutschland, Frankreich und den USA, Erlangen u.a. 1991.

Knolle, Uta, Ist Gott männlich? Anfragen des Feminismus an die Theologie, Gelnhausen u.a. 1979.

Knütter, Hans-Helmuth, Die Faschismus-Keule. Das letzte Aufgebot der deutschen Linken, Frankfurt/M.–Berlin 1993.

Kocka, Jürgen, Klassengesellschaft im Krieg, Göttingen 1978.

Köcher, Renate, Spürhund und Missionar. Eine vergleichende Untersuchung über Berufsethik und Aufgabenverständnis britischer und deutscher Journalisten, Dissertation Universität München, Allensbach 1985.

Köhler, Henning, Adenauer. Eine politische Biographie, Frankfurt/M.–Berlin 1994.

Korte, Karl-Rudolf, Der Standort der Deutschen. Akzentverlagerungen in der deutschen Frage in der Bundesrepublik Deutschland seit den siebziger Jahren, Köln 1990.

Kowalsky, Wolfgang, Rechtsaußen und die verfehlten Strategien der deutschen Linken, Frankfurt/M.–Berlin 1992.

Krahl, Hans-Jürgen, Konstitution und Klassenkampf. Zur historischen Dialektik von bürgerlicher Emanzipation und proletarischer Revolution. Schriften, Reden und Entwürfe aus den Jahren 1966–1970, Frankfurt/M. 1971.

Kraus, Hans-Christof, Die deutschen Konservativen, England und der Westen, in: Zitelmann/Weißmann/Großheim, a.a.O., S. 61–102.

Kuby, Erich, Der Preis der Einheit. Ein deutsches Europa formt sein Gesicht, Hamburg 1990.

Kummer, Jochen, Ausländerkriminalität. Legenden und Fakten zu einem Tabu, Frankfurt/M.–Berlin 1993.

Langner, Manfred (Hrsg.), Die Grünen auf dem Prüfstand. Analyse einer Partei, Bergisch Gladbach 1987.

Laschet, Armin/Malangré, Heinz (Hrsg.), Philipp Jenninger. Rede und Reaktion, Aachen–Koblenz 1989.

Lasky, Melvin J., Wortmeldung zu einer Revolution. Der Zusammenbruch der kommunistischen Herrschaft in Ostdeutschland, Frankfurt/M.–Berlin 1991.

Leggewie, Claus, 1968: Ein Laboratorium der nachindustriellen Gesellschaft? Zur Tradition der antiautoritären Revolte seit den sechziger Jahren, in: *Aus Politik und Zeitgeschichte. Beilage zur Wochenzeitung Das Parlament*, B 20/88, S. 3–15. Zitiert als: Leggewie, 1968.

ders., Der Geist steht rechts. Ausflüge in die Denkfabriken der Wende, Berlin 1987. Zitiert als: Leggewie, Geist.

ders., Die Republikaner. Phantombild der Neuen Rechten, Berlin 1989. Zitiert als: Leggewie, Republikaner.

ders./Meier, Horst, Zum Auftakt ein Schlußstrich? Das Bewältigungswerk »Vergangenheit Ost« und der Rechtsstaat, in: Stephan, Wir Kollaborateure, a.a.O., S. 51–79.

Lenin, W. I., Was tun? Brennende Fragen unserer Bewegung, in: ders., Werke, Bd. 5, Mai 1901–Februar 1902, Berlin 1973.

ders., Zwei Taktiken der Sozialdemokratie in der demokratischen Revolution, Peking 1966.

Leonhard, Wolfgang, Die Revolution entläßt ihre Kinder, München 1979.

Lösch, Holger, Bad Kleinen. Ein Medienskandal und seine Folgen, Frankfurt/M.–Berlin 1994.

Löw, Konrad, . . .bis zum Verrat der Freiheit. Die Gesellschaft der Bundesrepublik und die »DDR«, München 1993.

Lohmann, Hans-Martin (Hrsg.), Extremismus der Mitte. Vom rechten Verständnis deutscher Nation, Frankfurt/M. 1994.

Lohmeyer, Henno, Springer. Ein deutsches Imperium, Berlin 1992.

Loth, Wilfried, Stalins ungeliebtes Kind. Warum Moskau die DDR nicht wollte, Berlin 1994.

Lübbe, Hermann, Der Mythos der »kritischen Generation«. Ein Rückblick, in: *Aus Politik und Zeitgeschichte. Beilage zur Wochenzeitung Das Parlament*, B 20/88, S. 17–25.

Mayer, Tilman (Hrsg.), Jakob Kaiser. Gewerkschafter und Patriot. Eine Werkauswahl, Köln 1988.

Mechtersheimer, Alfred, Friedensmacht Deutschland. Plädoyer für einen neuen Patriotismus, Frankfurt/M.–Berlin 1993.

Meier, Christian, Deutsche Einheit als Herausforderung. Welche Fundamente für welche Republik?, München–Wien 1990.

Merz, Kai-Uwe, Kalter Krieg als antikommunistischer Widerstand. Die Kampfgruppe gegen Unmenschlichkeit 1948–1959, München 1987.

Meyn, Hermann, Massenmedien in der Bundesrepublik Deutschland, Berlin 1994.

Militärgeschichtliches Forschungsamt (Hrsg.), Anfänge westdeutscher Sicherheitspolitik 1945–1956. Bd. 2: Die EVG-Phase. Von Lutz Köllner, Klaus A. Maier, Wilhelm Meier-Dörnberg und Hans-Erich Volkmann, München 1990.

Mohler, Armin, Der Nasenring. Die Vergangenheitsbewältigung vor und nach dem Fall der Mauer, München 1991.

Monnerot, Jules, Soziologie des Kommunismus, Köln–Berlin 1952.

Moreau, Patrick/Lang, Jürgen, Was will die PDS?, Frankfurt/M.–Berlin 1994.

Motschmann, Jens, Die Pharisäer. Die evangelische Kirche, der Sozialismus und das SED-Regime, Frankfurt/M.–Berlin 1993.

Müller, Emil-Peter, Republikaner und Grüne – zwischen Ideologie und Protest, Köln 1989.

Müller-Rommel, Ferdinand, Innerparteiliche Gruppierungen in der SPD. Eine empirische Studie über informell-organisierte Gruppierungen von 1969–1980, Opladen 1982.

Naeher, Gerhard, Axel Springer. Mensch, Macht, Mythos, Erlangen u.a. 1991.

Nenning, Günther, Die Nation kommt wieder. Würde, Schrecken und Geltung eines europäischen Begriffs, Zürich 1990.

Neubauer, Franz, Das öffentliche Fehlurteil. Der Fall Filbinger als ein Fall der Meinungsmacher, Regensburg 1990.

Noack, Paul, Deutschland, deine Intellektuellen. Die Kunst, sich ins Abseits zu stellen, Stuttgart u.a. 1991.

Noelle-Neumann, Elisabeth, Eine demoskopische Deutschstunde, Zürich 1983.

dies./Köcher, Renate, Die verletzte Nation. Über den Versuch der Deutschen, ihren Charakter zu ändern, Stuttgart 1987.

dies./Schulz, Winfried/Wilke, Jürgen (Hrsg.), Das Fischer Lexikon Publizistik – Massenkommunikation, Frankfurt/M. 1989.

dies., Demoskopische Geschichtsstunde. Vom Wartesaal der Geschichte zur Deutschen Einheit, Zürich 1991.

dies., Öffentliche Meinung. Die Entdeckung der Schweigespirale. Erw. Ausgabe, Frankfurt/M.–Berlin 1991.

Noller, Gerhard, Die Veränderung der SPD, Reutlingen 1977.

Nolte, Ernst, Der Faschismus in seiner Epoche. Die Action française, der italienische Faschismus, der Nationalsozialismus, München 1963.

ders., Deutschland und der Kalte Krieg, München 1974.

ders., Der europäische Bürgerkrieg 1917–1945. Nationalsozialismus und Bolschewismus, Frankfurt/M.–Berlin 1987.

ders., Das Vergehen der Vergangenheit. Antwort an meine Kritiker im sogenannten Historikerstreit, Frankfurt/M.–Berlin 1987.

ders., Lehrstück oder Tragödie? Beiträge zur Interpretation der Geschichte des 20. Jahrhunderts, Köln u.a. 1991.

Paul, Gerhard (Hrsg.), Hitlers Schatten verblaßt. Die Normalisierung des Rechtsextremismus, Bonn 1989.

Pflüger, Friedbert, Deutschland driftet. Die Konservative Revolution entläßt ihre Kinder, Düsseldorf u.a. 1994.

Plack, Arno, Wie oft wird Hitler noch besiegt?, Düsseldorf 1982.

Püttmann, Andreas, Ziviler Ungehorsam und christliche Bürgerloyalität. Konfession und Staatsgesinnung in der Demokratie des Grundgesetzes, Paderborn u.a. 1994.

Rabehl, Bernd, Geschichte und Klassenkampf. Einführung in die marxistische Geschichtsbetrachtung der Arbeiterbewegung, Berlin 1973.

Raschke, Joachim, Die Grünen. Wie sie wurden, was sie sind, Köln 1993.

Reich, Wilhelm, Die Massenpsychologie des Faschismus, Frankfurt/M. 1977.

Reuth, Ralf-Georg, IM Sekretär. Die »Gauck-Recherche« und die Dokumente zum »Fall Stolpe«, Frankfurt/M.–Berlin 1992.

Röhl, Klaus Rainer, Linke Lebenslügen. Eine überfällige Abrechnung, Frankfurt/M.–Berlin 1994.

Rohrmoser, Günter, Der Ernstfall. Die Krise unserer liberalen Republik, Berlin–Frankfurt/M. 1994.

Rudorf, Reginald, Die vierte Gewalt, Frankfurt/M.–Berlin 1994.

Rudzio, Wolfgang, Die Erosion der Abgrenzung. Zum Verhältnis zwischen der demokratischen Linken und Kommunisten in der Bundesrepublik Deutschland, Opladen 1988.

Schacht, Ulrich, Gewissen ist Macht. Notwendige Reden, Essays, Kritiken zur Literatur und Politik in Deutschland, München 1992.

Schick, Christa, Die Internierungslager, in: Broszat/Henke/Woller, a.a.O., S. 301–326.

Schmidt, Giselher, Die Grünen. Portrait einer alternativen Partei, Krefeld 1986.

Schneider, Beate/Schönbach, Klaus/Stürzebecher, Dieter, Journalisten im vereinigten Deutschland. Strukturen, Arbeitsweisen und Einstellungen im Ost-West-Vergleich, in: *Publizistik. Vierteljahrshefte für Kommunikationsforschung*, Heft 3, Juli–September 1993, S. 353–382.

Schneider, Franz (Hrsg.), Dienstjubiläum einer Revolte. »1968« und 25 Jahre, München 1993.

Schneider, Michael, Die abgetriebene Revolution. Von der Staatsfirma in die DM-Kolonie, Berlin 1990.

243

Schöllgen, Gregor, Angst vor der Macht. Die Deutschen und ihre Außenpolitik, Berlin–Frankfurt/M. 1993.

Schwarz, Hans-Peter, Vom Reich zur Bundesrepublik. Deutschland im Widerstreit der außenpolitischen Konzeptionen in den Jahren der Besatzungsherrschaft 1945–1949, 2., erweiterte Auflage, Stuttgart 1980.

Schwilk, Heimo, Wendezeit – Zeitenwende. Beiträge zur Literatur der achtziger Jahre, Bonn–Berlin 1991.

ders./Schacht, Ulrich (Hrsg.), Die selbstbewußte Nation. »Anschwellender Bocksgesang« und weitere Beiträge zu einer deutschen Debatte, Berlin–Frankfurt/M. 1994.

Seebacher-Brandt, Brigitte, Die Linke und die Einheit, Berlin 1991.

Seiffert, Wolfgang, Die Deutschen und Gorbatschow. Chancen für einen Interessenausgleich, Erlangen u.a. 1989.

Sethe, Paul, Zwischen Bonn und Moskau, Frankfurt/M. 1956.

ders., Öffnung nach Osten. Weltpolitische Realitäten zwischen Bonn, Paris und Moskau, Frankfurt/M. 1966.

Sieferle, Rolf Peter, Fortschrittsfeinde? Opposition gegen Technik und Industrie von der Romantik bis zur Gegenwart, München 1984.

ders., Epochenwechsel. Die Deutschen an der Schwelle zum 21. Jahrhundert, Berlin 1994.

Sommer, Theo (Hrsg.), Reise ins andere Deutschland, Reinbek bei Hamburg 1986.

Sontheimer, Michael, Rebellion ist gerechtfertigt. Bericht eines »Post68ers«, in: *Aus Politik und Zeitgeschichte. Beilage zur Wochenzeitung Das Parlament*, B 20/88, S. 36–45.

Springer, Axel, Reden wider den Zeitgeist, Berlin–Frankfurt/M. 1993.

Steinweg, Reiner, Die neue Friedensbewegung. Analysen aus der Friedensforschung, Frankfurt/M. 1982.

Stephan, Cora (Hrsg.), Wir Kollaborateure. Der Westen und die deutschen Vergangenheiten, Reinbek bei Hamburg 1992.

dies., Der Betroffenheitskult. Eine politische Sittengeschichte, Reinbek bei Hamburg 1993.

Stöss, Richard, Vom Nationalismus zum Umweltschutz. Die Deutsche Gemeinschaft/Aktionsgemeinschaft Unabhängiger Deutscher im Parteiensystem der Bundesrepublik, Opladen 1980.

ders. (Hrsg.), Parteienhandbuch. Die Parteien der Bundesrepublik Deutschland 1945–1980, 4 Bde., Opladen 1983ff.

Stößel, Frank Thomas, Positionen und Strömungen in der KPD/SED 1945–1954, 2 Bde., Köln 1985.

Stolz, Rolf (Hrsg.), Ein anderes Deutschland. Grün-alternative Bewegung und neue Antworten auf die Deutsche Frage, Berlin 1985.

ders., Der deutsche Komplex, Erlangen u.a. 1990.

Streithofen, Heinrich Basilius, Ist die CDU noch zu retten? Bilanz und Perspektive einer Volkspartei, München 1983.

Suckut, Siegfried, Blockpolitik in der SBZ/DDR 1945–1949. Die Sitzungsprotokolle des zentralen Einheitsfront-Ausschusses, Köln 1986.

Uhrlau, Ernst, Gibt es neue »Aufschaukelungs«-Phänomene zwischen dem Links- und dem Rechtsextremismus?, in: Heitmeyer, a.a.O., S. 435–451.

Ulrich, Bernd/Vollmer, Antje, Für Demokratie – Gegen Sicherheit und Sauberkeit, in: Hellfeld, a.a.O., S. 163–169.

Ulsamer, Lothar, Zeitgenössische deutsche Schriftsteller als Wegbereiter für Anarchismus und Gewalt, Esslingen 1987.

Venohr, Wolfgang (Hrsg.), Die deutsche Einheit kommt bestimmt, Bergisch Gladbach 1982.

Vilmar, Fritz, Was heißt hier kommunistische Unterwanderung? Eine notwendige Analyse – und wie die Linke darauf reagiert, Frankfurt/M.–Berlin 1981.

Walser, Martin, Über Deutschland reden, Frankfurt/M. 1989.

Walter, Franz, Partei der Bessergekleideten. Die FDP auf dem Weg zurück in die Zukunft, in: *Blätter für deutsche und internationale Politik*, 1994, S. 1091–1100.

Wassermann, Rudolf, Recht und Gewalt. Über die Hilflosigkeit des Staates gegenüber dem Verbrechen, in: Schwilk/Schacht, a.a.O., S. 249–266.

Weber, Jürgen (Hrsg.), Die Republik der fünfziger Jahre. Adenauers Deutschlandpolitik auf dem Prüfstand, München 1989.

Wehler, Hans-Ulrich, Entsorgung der deutschen Vergangenheit? Ein polemischer Essay zum »Historikerstreit«, München 1988.

Weidenfeld, Werner (Hrsg.), Geschichtsbewußtsein der Deutschen. Materialien zur Spurensuche einer Nation, Köln 1987.

ders., Der deutsche Weg, Berlin 1990.

ders./Korte, Karl-Rudolf, Die Deutschen. Profil einer Nation, Stuttgart 1991.

ders./Korte, Karl-Rudolf (Hrsg.), Handbuch zur deutschen Einheit, Bonn 1993.

Weischenberg, Siegfried/Löffelholz, Martin/Scholl, Armin, Journalismus in Deutschland, in: *Media Perspektiven* 4/1994, S. 154–167.

Weißmann, Karlheinz, Rückruf in die Geschichte. Die deutsche Herausforderung, Frankfurt/M.–Berlin 1993.

Weizsäcker, Richard von, Demokratische Leidenschaft. Reden des Bundespräsidenten. Hrsg. und eingeleitet von Eberhard Jäckel, Stuttgart 1994.

Westerhoff, Horst-Dieter/Neumann, Heinz, Grüner Aktionismus und die Gewaltfrage, in: Langner a.a.O., S. 313–350.

Wilke, Manfred/Hertle, Hans-Hermann, Das Genossen-Kartell. Die SED und die IG Druck und Papier/IG Medien. Dokumente, Frankfurt/M.–Berlin 1992.

Willms, Bernard/Kleinewefers, Paul, Erneuerung aus der Mitte. Prag – Wien – Berlin. Diesseits von Ost und West, Herford 1988.

Wolffsohn, Michael, Ewige Schuld? 40 Jahre deutsch-jüdisch-israelische Beziehungen, München 1988.

Zänker, Alfred, Epoche der Entscheidungen. Deutschland, Eurasien und die Welt von morgen, Asendorf 1992.

Zitelmann, Rainer, Vom Umgang mit der NS-Vergangenheit, in: Rolf Italiaander (Hrsg.), Bewußtseins-Notstand. Thesen von 60 Zeitzeugen, Düsseldorf 1990, S. 69–79.

ders., Träume vom neuen Menschen, in: Richard Saage (Hrsg.), Hat die politische Utopie eine Zukunft?, Darmstadt 1992, S. 27–33.

ders., Wiedervereinigung und deutscher Selbsthaß, in: *Deutschland-Archiv. Zeitschrift für das vereinigte Deutschland*, 8/1992, S. 811–819.

ders., Demokraten für Deutschland. Adenauers Gegner – Streiter für Deutschland, Frankfurt/M.–Berlin 1993.

ders./Weißmann, Karlheinz/Großheim, Michael (Hrsg.), Westbindung. Chancen und Risiken für Deutschland, Frankfurt/M.–Berlin 1993.

ders., Neutralitätsbestrebungen und Westorientierung, ebenda, S. 173–194.

Personenregister

Abendroth, Wolfgang 127
Adenauer, Konrad 13, 16, 18, 23, 27, 85, 87, 95, 104, 122, 129, 165 f., 175, 185, 187, 203
Adorno, Theodor 115, 127
Albers, Detlev 139
Albertz, Heinrich 62
Ammon, Herbert 129 f., 207
Anhalt, Joachim Ernst Herzog von 22
Apel, Hans 42, 173
Augstein, Josef 111
Augstein, Rudolf 104, 111, 135, 171
Aust, Stefan 162, 179
Axen, Hermann 53

Bachmeier, Roland 179
Bahr, Egon 49, 52 ff., 104, 161, 165 f.
Bahro, Rudolf 47
Baring, Arnulf 9 f., 188, 190
Barth, Karl 59
Bastian, Gert 75
Baum, Gerhart 198 f.
Beaucamp, Eduard 215
Becker, Peter von 215
Benneter, Klaus-Uwe 43
Benoist, Alain de 208
Berlusconi, Silvio 101
Biedenkopf, Kurt 197
Biehle, Alfred 213 f.
Bisky, Lothar 169 f.
Bismarck, Otto von 89
Bissinger, Manfred 35
Blackbourn, David 117
Bobrzik, Irmgard 48
Bohley, Bärbel 50, 52, 162
Böhr, Christoph 196
Böll, Heinrich 35, 125 ff., 197
Bölling, Klaus 104

Bonfert, Hans-Christoph 113
Bönte, Andreas 102, 163
Börner, Holger 42
Bracher, Karl Dietrich 28, 122
Brandt, Peter 129 f.
Brandt, Willy 45, 135
Braun, Jürgen 11
Braun, Volker 134
Brill, Heinz 187
Broder, Henryk M. 165
Brumlik, Micha 121
Brunner, Manfred 186
Bubis, Ignatz 211
Bucerius, Gerd 51
Busche, Jürgen 216 f.

Chruschtschow, Nikita S. 34
Cohn-Bendit, Daniel 29 f., 74, 140, 142, 207
Croissant, Klaus 136

Dahrendorf, Ralf 188
Dehler, Thomas 14, 16, 23, 188, 200
Delbrück, Justus 22
Dettling, Warnfried 84, 88
Ditfurth, Christian von 49
Ditfurth, Jutta 70, 76, 136
Diwald, Hellmut 129
Doering-Manteuffel, Anselm 15
Dönhoff, Marion Gräfin 104
Dregger, Alfred 85
Duchrow, Ulrich 60
Dutschke, Rudi 31, 36 f., 139, 141
Duve, Freimut 50, 210

Ebermann, Thomas 74
Eidenmüller, Ullrich 207
Einsiedel, Horst von 22

247

Rainer Zitelmann/Karlheinz Weißmann/Michael Großheim
Westbindung
Chancen und Risiken für Deutschland

Propyläen

»Ein mitunter provokatives, in jedem Fall anregendes und zu weiterem Nachdenken aufforderndes Buch.«

Prof. Gregor Schöllgen
in der Süddeutschen Zeitung

»Der Ton ist gelassen, die Stimmung zuversichtlich; man spürt die natürliche Selbstsicherheit neuer Generationen.«

Prof. Arnulf Baring
in der Frankfurter Allgemeinen Zeitung

»Das Buch . . . steht für das Recht auf einen offenen Horizont. Es ist von hohem Streitwert für die Bürger Europas, eine Geschichte ihrer Probleme, ein Lehrbuch für die *comitas gentium*, die Gesittung der Völker durch Kenntnis der gemeinsamen Gegenwart als Anschauungsform je eigener Geschichte.«

Prof. Manfred Funke
im Bonner General-Anzeiger

Rainer Zitelmann

Demokraten
für Deutschland

Adenauers Gegner –
Streiter für Deutschland

Ullstein Buch 35324

»Heute besteht die Gefahr, daß wiederum die Sieger Geschichte schreiben – und dabei Adenauer als Vorkämpfer der deutschen Einheit glorifizieren. Daher ist es gut, wenn Rainer Zitelmann schon jetzt für die Gegner Adenauers einen ehrenvollen Platz in den Geschichtsbüchern reklamiert ... Zitelmanns Studie verdeutlicht, daß Adenauers Gegner keine weltfremden Phantasten waren, sondern durchaus stichhaltige Argumente und Konzepte vorzuweisen hatten.«
Erhard Eppler im Vorwort

»Das Buch kommt zur rechten Zeit – gerade weil es nicht einstimmt in den angeblich zeitgemäßen Chor der Adenauer-Verherrlicher.«
Rolf Stolz in der taz

Uwe Backes/Eckhard Jesse/
Rainer Zitelmann

Die Schatten der Vergangenheit

Impulse zur Historisierung des Nationalsozialismus

Ullstein Buch 33161

»Als die Herausgeber ihr Werk in Angriff nahmen, konnten sie nicht ahnen, wie sehr die Wirklichkeit ihre Absichten untermauern würde ... Kurzum, der Band erhellt die nationalsozialistische Epoche und regt aufs neue an, über den rechten Umgang mit ihr nachzudenken.«
Brigitte Seebacher-Brandt
im Rheinischen Merkur

»Zum Nachdenken über die Vergangenheit, aber auch über die Fehler und Unterlassungen der bundesdeutschen Geschichtsschreibung gibt indes fast jeder Beitrag Anlaß. Daher wünscht man diesem Buch viele kritische Leser.«
Werner Johe in Die Zeit

»Im wesentlichen erweist sich der Band somit als selbstbewußtes Produkt eines Teils einer neuen Generation von Geisteswissenschaftlern.«
Kai-Uwe Merz im Tagesspiegel

Heimo Schwilk/Ulrich Schacht
(Hrsg.)

Die selbstbewußte Nation

»Anschwellender Bocksgesang« und weitere Beiträge zu einer deutschen Debatte

3., erw. Aufl. mit Beiträgen von Peter Gauweiler, Steffen Heitmann und Wolfgang Templin
DM 58,–, Ullstein Buch 07067

»Der Sammelband DIE SELBSTBEWUSSTE NATION erschüttert die deutsche Kulturlandschaft.«
FOCUS

»Ein Buch, das wahrhaftige Aufmerksamkeit verdient.« *RUPERT SCHOLZ*
im RHEINISCHEN MERKUR

»Immerhin ist dieses Buch aufschlußreich. Es zeigt die intellektuelle Rechte in Deutschland gleichsam im Augenblick ihrer Selbsterschaffung.« *THOMAS E. SCHMIDT*
in der FRANKFURTER RUNDSCHAU

»Die Autoren unterscheiden sich wohltuend von all den hoffnungslos der Entwicklung hinterherhinkenden, linkelnden Meinungsführern . . .«
ARNULF BARING

»Die meisten Beiträge stellen eine Kampfansage an Teile des Grundkonsenses der alten Bundesrepublik dar.« *FRIEDBERT PFLÜGER in der ZEIT*